메타철학이란 무엇인가?
An Introduction to Metaphilosophy

국립중앙도서관 출판시도서목록(CIP)

메타철학이란 무엇인가? /
지은이: 쇠렌 오버가르, 폴 길버트, 스티븐 버우드 ; 옮긴이: 김랜시. -- 용인 : 생각과사람들, 2014
    p. ;   cm

원표제: Introduction to metaphilosophy
원저자명: Søren Overgaard, Paul Gilbert, Stephen Burwood
영어 원작을 한국어로 번역
ISBN 978-89-98739-18-8 13110 : ₩24000

철학(사상)[哲學]
형이상학[形而上學]

110-KDC5
110-DDC21   CIP2014016787

An
Introduction
to   쇠렌 오버가르·폴 길버트·스티븐 버우드 지음
        김랜시 옮김
Metaphilosophy
메타철학이란
무엇인가?

contents

10
도입_
메타철학은 유용한가?
Introduction_what good is metaphilosophy?

30
철학이란
무엇인가?
What is philosophy?

64
철학, 과학,
그리고 인문학
Philosophy, science and the humanities

94
철학적
논쟁의 자료
The data of philosophical arguments

134
분석철학과
대륙철학
Analytic and continental philosophy

172
철학
그리고 진리의 추구
Philosophy and the pursuit of truth

204
좋은 철학이란
무엇인가?
What is good philosophy?

234
철학은
소용이 있는가?
What good is philosophy?

서문

이 책은 메타철학에 대한 개괄서다. 메타철학이란 철학이 무엇인지, 철학을 어떻게 해야 하는지, 또한 철학은 왜 해야 하는지를 묻는 철학의 한 분과를 말한다. 우리가 아는 한, 이 책은 메타철학에 대해 영어로 저술한 첫 번째 책이다. 적어도 분명한 것은 이 책이 메타철학 관련 서적으로는 유일하게 출판된 책이라는 점이다. 우리는 완전한 미지의 영역을 탐험한다는 기분으로 이 책을 저술했다. 메타철학에 대한 최초의 저서라는 생각에 흥분되기도 했지만, 저술은 매우 어렵고 힘든 일이었다. 그러나 이 책을 읽은 후에 메타철학에 좀 더 흥미를 느끼고, 우리의 한계와 실수를 지적하는 다른 메타철학 관련 도서가 출판된다면, 우리의 임무를 충실히 이행했다고 여길 것이다.

이 책의 각 장을 학생들이 되도록 쉽게 읽을 수 있도록 저술했지만, 이러한 노력이 성공하지 못한 부분도 있을 것이다. 그러나 스트로슨이 말했듯이 "철학이라는 저수지에는 얕은 부분이 없다."(1992 : vii) 다른 철학 분과와 마찬가지로, 이는 메타철학에도 적용된다.

이 책을 저술하는 데 많은 분이 도움을 주었다. 먼저 다양한 정보를 제공해 준 데이빗 세르본, 안토니 해치스태브루(Antony Hatzistavrou) 봅 플랜드, 수잔 유니애크와 캠브리지 출판부 독자들에게 감사드린다. 또한 여러 가지 유용한 제안을 해준 우리의 정리 독자(clearance reader)에게도 감사의 달을 전한다. 4장의 일부는 코펜하겐대학교에서 2011년 12월에 개최된 박사 세미나인 〈철학에서의 직관〉에서 발표된 내용의 도움을 받았다. 유용한 질문과 코멘트를 해준 참가자들에게 감사드린다. 특히, 인내심을 가지고 적극적인 도움을 준 캠브리지 출판부의 힐러리 개스킨과 안나 로우에게도 감사의 인사를 전한다.

1.
도입_
메타철학은 유용한가?

Introduction_what good is metaphilosophy?

도입_
메타철학은 유용한가?

"어떤 일을 하시나요?" 가끔 이런 질문을 받고는 한다. "철학자입니다." 운이 좋으면 대화는 여기서 끝나지만 대개의 경우 계속 이어진다. "네, 우린 모두 각자의 방식을 지닌 철학자죠. 제 말은 삶의 목적이 무엇인지 각자 생각이 다르다는 거예요. 제 생각에는……." 혹은 이런 식이다. "철학자라……. 이렇게 어려운 시기에 정말 부럽네요. 어떠한 상황이든 침착하게 받아들이고 우리처럼 평범한 사람들이 골머리를 앓는 사소한 문제에는 초연할 테니 말이에요." 그것도 아니면 이런 식이다. "정말 멋지군요. 사람들을 제대로 이해하고, 그들의 마음 깊은 곳에 닿을 수 있으니 말이에요. 제게도 충고를 해 주실 수 있을 것 같은데요." 이것도 아니면 최악의 경우는 다음과 같다. "철학이란 무엇이죠?"[1]

추측하건대 철학과 학생 및 철학 관련 종사자 대부분은 앞서 에이어(A. J. Ayer)가 설명한 불편함을 느껴본 적이 있을 것이다. 차라리 무엇을 하는지 아무도 물어보지 않는 편이 낫겠다고 생각한 적도 있을 것이다. 어떻게 해도 질문을 피할 수 없다면, 적어도 "전, 철학자입니다." 하고 고백한 후 더 이상 주제에 대해 논하고 싶지 않을 것이다. 그러나 당황스럽게도 우리는 종종 에이어가 앞서 언급한 상황 중 하나와 맞닥뜨리게 된다.

에이어가 상상한 여러 대화의 상황 중 한 가지는 이젠 거의 일어나지 않지만, 나머지 세 가지는 흔히 벌어지는 상황이다. 단, 요즘에도 철학을 역경 속에서도 평정을 유지하는 능력으로 생각하는 사람이 많은지는 모르겠다. 사실, 철학자와

---

[1] Ayer 1969 : 1.

철학에 대한 이런 종류의 인식은 오랫동안 비웃음의 대상이었다. 실제로, 자신의 작품에서 "치통을 참을성 있게 견딜 수 있는 철학자는 결코 없었다."라고 말한 셰익스피어로부터, "철학은 타인의 불운을 침착하게 견디는 법을 가르쳐 준다."는 오스카 와일드에 이르기까지, 많은 사람의 비웃음을 사지 않았던가. 그런데도 철학이 인생의 문제를 해결하는 데 도움을 준다는 더 포괄적인 인식은 여전히 존재한다. 몇 년 전, 중세 철학자 보에티우스(Anicius Manlius Severius Boethius)의 저서 『철학의 위안(The Consolation of Philosophy)』을 떠올리게 하는 책이 출간되어 일반인들에게 열광적인 호응을 이끌어 낸 바 있다.[2] 심지어 철학자들도(비록 책 자체에 대해서는 크게 호평하지는 않았지만) 철학이 우리 삶에 영향을 미칠 수 있으며, 그래야 한다는 저자의 확신에 이의를 제기하지 않았다.[3] 대신, 철학이 우리가 짊어지고 살아가야 하는 뼈아픈 진실을 밝히기보다는 위안을 주는 역할을 한다는 데 의문을 표하기는 했지만 말이다. 그러나 철학이란 일반적으로 삶과 죽음 혹은 옳고 그름의 문제에 관해 자신의 의견을 피력하는 활동으로 여겨진다. 혹자는 막연히 공항 서점에 있는 '마음, 몸, 영혼' 섹션과 철학을 연결시키기도 한다. 하지만 철학에 관한 가장 흔한 생각은 그것이 무엇인지 명확하게 모른다는 것이리라.

이처럼 철학이 무엇이고, 철학자들이 무엇을 하는지 등 사람들이 제대로 알지 못하는 것이 비단 철학에만 해당되는 이야기는 아니다. 세상에는 피부과 전문의가 뭐 하는 사람인지 모르는 사람이 있는가 하면, 천문학자의 직업이 무엇인지 모르는 사람도 있다. 단, 명확하게 철학에만 해당하는 문제도 있다. 바로 철학에 종사하는 사람들이 '철학이란 무엇인가'라는 명확한 대답을 요구하는 질문을 받는 것을 '가장 최악의 경우'로 생각한다는 것이다. 심지어 다른 잘못된 인식에 부딪히는 경우보다 더 심각하게 말이다. 가령, 피부과 전문의가 직업에 관한 질문을 받는다면 특별히 당황해할 이유는 없을 것이다. 또한 상대가 "피부병학이란 무엇

---

[2] de Botton, 2000. 알랭 드 보통의 저서 『The Consolations of Philosophy』를 말한다. 국내에서도 『철학의 위안』이라는 제목으로 출간되었다(역자 주).
[3] Skidelsky, 2000.

이죠?"라고 연이어 물어도 당황하지 않을 것이다. 천문학자 역시 점성술에 대한 질문을 받는다면 당황스럽겠지만 철학자가 겪는 정도의 당황스러움을 느끼지는 않을 것이다. 사실 누군가 그에게 그런 질문을 한다면, 이를 계기로 오해를 풀 수 있으니 안도감을 느낄 만한 일이다. 그렇다면 왜 유독 철학자만 이 질문을 어려워하는 것일까?

이는 부분적으로 철학의 본성에서 비롯되었을 수도 있다. 사실 우리가 무엇을 하는지 설명하는 것은 절대 쉬운 일이 아니다. 기본적으로 철학은 특정한 대상(별이나 행성, 혹은 피부병 등)을 연구 분야로 삼아 매진하는 학문이 아니다. 가령 우리가 옳고 그름, 정신과 육체의 관계 혹은 그 외의 본성을 연구한다고 하더라도, 이러한 주제를 아우르는 단일한 주제가(만약 있다면) 무엇인지 확실하지 않다. 게다가, 철학자의 연구를 피부과 전문의나 천문학자의 관찰 활동과 비교하는 것은 불가능하다. 단, 이 점을 분명히 해도 철학자가 실제로 무엇을 하는지 전달하는 방법은 질문한 사람들이 직접 경험하는 것 외에는 사실상 없다. 그러나 이 방법은 직접 경험하게 함으로써 철학이 무엇인지 알려 주는 것이지, 질문자들이 용례를 선정하는 데 사용하도록 답을 제시하는 것이 아니다.

도발적으로 말하자면 '철학자가 하는 일은 무엇인가'라는 질문에 우리가 당황하는 것은, 우리 자신도 철학이 무엇인지 모른다는 사실을 보여 준다. 물론 철학에서 사용하는 일부 개념이라면 잘 알고 있을 것이다. 특질(特質)이 무엇인지, 선언주의(disjunctivism)가 무엇인지, 이중 효과(double effect)의 원리가 무엇인지 잘 알고 있다. 하지만 철학이 무엇인지도 안다고 똑같이 확신할 수 있는가? 아마도 아닐 것이다. '철학이란 무엇인가?'라는 질문은 '선언주의란 무엇인가?'라는 질문과 매우 다르며, 오히려 '지각 경험의 구조란 무엇인가?'라는 질문과 훨씬 유사하다. 전자는(정도의 차이는 있지만) 명확한 답이 있는 철학적 개념에 관해 묻는 것이다. 반면, 후자는 철학자가 자문하는 까다로운 질문에 속한다. '철학이란 무엇인가?'라는 질문 역시 이와 마찬가지다.

'철학이란 무엇인가?'라는 질문은 그 자체로 철학에서 근본적인 질문 중 하나다. 이것이 철학적인 질문인 이유는 철학이 세계와 우리 자신에 대한 지식 및 이해를 제공하고자 하는 연구에 유사한 질문을 제기하기 때문이다. 예를 들어

'과학이란 무엇인가?' 혹은 '역사란 무엇인가?' 라고 질문하는 식이다. 우리 철학자들이 이러한 질문을 하는 이유는 과학자 혹은 역사가가 제시할 수 있는 종류의 답을 얻기 위해서가 아니라, 이러한 연구가 어떤 종류의 지식 혹은 이해를 제공하는지를 알기 위해서다. 즉, 우리는 철학자로서 지식과 이해가 무엇인지, 그리고 이를 얻는 방법은 무엇인지 알기를 원한다. 그래서 철학 자체에 대해서도 동일한 종류의 질문을 하는 것이다. 이것이 그 자체로 철학적 질문이라는 사실이 의미하는 바는 여러 가지가 있지만, 그중에서도 가장 주목할 만한 부분은 이 질문에 대한 옳은 답이 무엇인지를 둘러싸고 논쟁이 존재한다는 것이다.

이러한 상황에서는 논쟁의 여지가 많은 답도 크게 당황하지 않고 제시할 수 있다. 가령 지각 경험의 본성에 대한 질문을 받는다면, 열성적인 선언주의자는 단순히 이렇게 말할 것이다. "제 생각은 이러이러합니다. 물론 동의하지 않는 사람들이 있을 겁니다." 이러한 종류의 대답은 '철학이란 무엇인가?' 라는 질문에는 그다지 매력적인 대답이 아니다. 그 이유로 두 가지를 생각해 볼 수 있다. 첫째, 당신과 같은 업종에 있는 사람이 하는 일이 무엇인지에 대해 제공할 수 있는 답이 오직 논쟁의 여지가 많은 대답뿐이라는 것은 정말 이상한 일이다. 천문학자와 피부과 전문의(이 문제에 있어서는 배관공과 경제학자도 마찬가지다.)의 경우, 자신의 직업에 관한 문제에서 동종업자와 의견이 일치하지 않는 경우는 거의 없다. 역사 혹은 사회학자가 자신이 하는 일이 무엇인지에 대한 의견이 다른 경우에는 어떠한가? 가령 물리과학 분야처럼 검증될 수 있는 이론을 제시하고 있는지, 혹은 그래야 하는지에 대해 의견이 다른 경우, 이들은 자신이 연구하는 분야의 본성이 무엇인지에 대한 철학적인 의견 차이를 드러낼 것이다. 해당 문제에 대한 의견은 다르지만, 연구 주제와 기본 방식에 대해서는 논쟁의 여지가 없는 의견을 제시할 수도 있다. 이러한 종류의 답이 철학에서도 가능하지 않을까? 단, 그러려면 의견 차이가 나는 문제가 무엇인지 논쟁의 여지없이 규명하는 능력이 필요하다. 그러나 철학의 경우, 문제가 그렇게 간단하지만은 않다. 철학에 관한 명확한 예시를 드는 데까지는 철학자들의 동의를 얻을 수 있어도, 왜 그러한가에 대해 설명하는 과정에서 동의하지 않는 경우가 흔하기 때문이다. 그런데 철학자들이 철학이 무엇인가, 하는 질문에 당황하는 이유는 철학이 논쟁의 여지가 많은 학문이기 때문이 아니다. 대다수 철학자는 논쟁을 다루는 데 익숙하며, 만약 그렇지 못하다면 업종을 잘못 택한 것이다.

"제 생각은 이러이러합니다. 물론 동의하지 않는 사람들이 있을 겁니다."라는 대답이 '철학이란 무엇인가?'라는 질문에 적절치 못할 것 같은 두 번째 이유는 다음과 같다. 대부분의 철학자는 현재 진행하는 연구에서 '지각 경험의 구조란 무엇인가?', '공정한 사회란 무엇인가?' 혹은 '과학이란 무엇인가'와 같은 질문에 골몰할 뿐, '철학이란 무엇인가?'와 같은 질문은 무시하는 경향이 있다. 콜린 맥긴(Colin McGinn)이 표현했듯이 메타철학(철학적 질문 및 그 질문에 대한 답을 제시하면서 채택한 혹은 채택할 방법의 본성에 대한 탐구)은 "철학에서 가장 미개발 영역"[4]이다. 이에 관해 최근 저서를 펴낸 작가의 말을 빌리자면, 메타철학은 "다소 도외시된" 철학 분과다.[5] 이러한 사실이 '철학이란 무엇인가?'라는 질문에 확답이 있다는 의미라면 염려할 필요가 전혀 없을 것이다. 재빨리 철학 사전을 보면 문제가 해결될 테니 말이다. 그러나 앞서 언급했듯이(그리고 맥긴과 레쉬 모두 강조했듯이) 메타철학은 철학의 다른 분과만큼이나 논쟁으로 들끓는 분과다. 요컨대 철학자가 철학의 본성에 관해 논쟁의 여지가 많은 관점을 제시하는 것을 어색하거나 어렵다고 느끼는 두 번째 이유는 이 문제가 그들이 노력을 기울여 진지하게 생각해 볼 만한 주제가 아니기 때문이다. 물론 철학이라는 것이 무엇인지에 대해 많은 생각을 했을 수도 있다. 그러나 철학을 하면서 자신이 무엇을 하는지에 대해서는 거의 생각하지 않았을 것이다. 대개 우리가 어떻게 작업할 것인가에 대해 고민하기 전에 하고자 하는 것이 무엇인지 알기를 원한다는 점을 고려할 때 이는 매우 이상한 일이다. 이러한 홀대의 결과 중 하나가 바로 이 책이 우리가 아는 한 메타철학에 관해 구할 수 있는 유일한 개괄서라는 사실이다.

---

4) McGinn 2002 : 199.
5) Rescher 2001 : 1.

이것은 중요한 문제인가?

저녁 식사 파티에서 이따금 맞닥뜨리는 당황스러운 감정은 잠시 논외로 하고, 다음의 내용을 살펴보자. 우리가 철학이란 무엇인지 알아야 하는 이유가 있는가? 메타철학이 미개척지로 남아 있는 데는 그만한 이유가 있을지도 모른다. '철학이란 무엇인가?'는 정말 중요한 질문인가? 적어도 모든 사람이 그렇게 생각하는 것은 아닌 것 같다.

과학자·철학자의 역할은 자신 혹은 다른 철학자들이 무엇을 하고 있는지 (혹은 무엇을 할 것인지)에 대해 논의하는 것이 아니라, 과학적·철학적 문제를 해결하는 것이라고 나는 생각한다. 설령 과학적·철학적 문제를 제대로 해결하지 못했다 하더라도 그 과정에 충실히 임했다면, 이는 '과학이란 무엇인가' 혹은 '철학이란 무엇인가?'에 대해 논의하는 것보다 유의미한 작업이다. 후자의 질문을(마땅히 해야 하는) 더 나은 형태로 바꿔 '철학적 문제의 특성이란 무엇인가?'로 한다고 해도 나는 크게 개의치 않을 것이다. 철학에서 아주 사소한 질문(가령 모든 논의 혹은 비판은 그 자체로 확실한 '가정' 혹은 '전제'에서 항상 출발해야 하는가)과 비교했을 때도, '철학이란 무엇인가'라는 질문의 비중은 적다고 여길 것이다.6)

물론 여기서 우리는 '철학이란 무엇인가?'라는 질문의 중요도를 어떻게 측정할 것인지 질문을 제기해야 한다. 사실 이러한 질문은 암 치료법에 대한 연구와 비교할 때 그다지 중요하지 않은 것처럼 보인다. 하지만 이런 식으로 따지자면 철학에 관한 질문 대다수가 마찬가지일 것이다. 따라서 위의 질문이 철학적으로 얼마나 중요한지 살펴봐야 한다. 흥미롭게도 포퍼는 이러한 측면에서 '과학이란 무엇인가?'와 '철학이란 무엇인가?'라는 질문이 동일하다고 생각한다. 즉, 포퍼는 두 질문 모두 특별히 중요하지 않다고 여긴다. 사실 전통적으로 '과학이란 무

---

6) Popper 1968 : 66.

엇인가?'라는 질문은(과학적으로는 아니더라도) 철학적으로 중요하게 여겨졌다. 하지만 포퍼는 이와 다르게 생각할 것이다. 그는 경험과학(empirical science)과 철학의 본질적인 차이를 인정하지 않는다. 과학과 철학 모두 문제를 해결하는 학문이며, 철학적 문제가 중요도를 갖는다고 인정받게 된다고 해도 이는 과학과 인간의 삶 전반에 뿌리내린 중차대한 문제로 말미암은 결과라고 여긴다. 포퍼는 "제대로 된 철학적 문제는 항상 철학 밖의 긴급한 문제에 뿌리를 두고 있으며, 이것이 썩으면 철학적 문제도 생명을 다하게 된다."[7]고 말한다. 진리란 무엇인지, 정신을 자연의 일부로 간주할 수 있는지, 왜 살인을 저지르면 안 되는지 등에 대한 의문을 제기할 때, 이러한 질문은 철학자의 탁상을 넘어 인간의 삶과 연관성을 갖게 되는 것처럼 보인다. 그런데 막상 메타철학에 관한 탐구에 들어가면 이러한 연관성이 절단되고 철학은 한가롭게 철학적 명상에 잠긴 채 세상에 등을 돌린다. 그렇기에 잠시 숨을 돌리고 우리가 무엇을 하고 있는지, 혹은 무엇을 할 것인지 생각하는 것이 소중한 시간을 낭비하는 행위가 되어 버리는 것이다. 포퍼의 말에 따르면 "철학자는 철학을 해야 한다(a philosopher should philosophize). 철학자는 철학에 관해 말하는 것이 아니라 철학적 문제를 해결해야 한다."라고 할 수 있다.[8] 이와 비슷한 말을 한 철학자들이 또 있다. 버나드 윌리엄스(Bernard Williams)는 "철학이 가장 흥미롭지 않을 때는 바로 철학이 자신에 대해 이야기할 때다"[9]라고 말했다. 로티(Richard Rorty)는 "철학의 방법" 혹은 "철학적 문제의 본성"은 "무익함을 드러내기 쉽다."[10]라고 말하며 메타철학의 유용성에 회의적인 기색을 드러냈다. 마지막으로, 라일(Gilbert Ryle)은 "방법론에 대한 질문에 몰두하다 보면, 정작 방법 자체를 탐구하는 것을 방해할 수 있다. 뛰는 와중에 발에 대해 지나치게 생각하면 대개 잘 달리게 되는 것이 아니라 못 달리게 된다."라고 말했다.[11]

　포퍼가 메타철학에 관한 연구는 중요하지 않다고 말할 때, 그는 분명히 특정

---

7) Popper 1968 : 72.
8) Popper 1968 : 72.
9) Williams 2006 : 169.
10) Rorty 1992c : 374.
11) Ryle 2009b : 331.

한 메타철학적 견해를 전제하고 있다. 바로 제대로 된 철학적 문제가 무엇인지, 철학자가 하는 활동이란 무엇인지, 혹은 무엇을 해야 하는지에 관한 특별한 견해를 가지고 있는 것이다. 즉, 포퍼는 자신이 견지하는 특정한 메타철학을 원래 그러한 것으로 간주하며, 이를 철학적 논쟁으로 삼지 않는다. 그런데 이것이 꼭 문제가 될까? 우리는 간혹 특정한 것에 대해 신중하게 철학적으로 사고하지 않고 그저 당연히 그러한 것으로 간주한다. 가령 일부 형이상학자 혹은 심리 철학자는, 자신의 연구 분야에 대한 철학적 검증을 철저히 거치면서도 정치철학에 대해서는 이러한 과정을 적용하지 않고 그저 당연하게 여긴다. 또한 일부 도덕 철학자는 지각 경험을 신중하게 검토하지 않고 순진한 실재론(realist) 입장을 취한다. 이렇듯 모든 분야를 진지하게 연구할 수는 없으므로 각자 중요하게 생각하는 문제에 집중하는 것 자체는 큰 문제가 되지 않는다. 이 과정에서 특정한 견해 혹은 입장(철학적 혹은 다른 분야에 대한 견해 및 입장)을 당연하게 여겨야 한다면……. 그럼 좋다. 이 논리에 따르자면, 포퍼가 특정한 메타철학에 관한 논의를 당연한 것이 아니라, 중요하게 여겼어야 했다는 점을 밝혀야 한다. 그래야만 포퍼의 입장이 틀렸다는 것을 입증할 수 있게 된다.

그런데 정말 포퍼가 '과학이란 무엇인가?'라는 질문이 철학적으로 거의 혹은 아예 중요하지 않다고 생각했는지는 의문스럽다. 그는 일전에 다음과 같이 기술한 바 있다. "모든 학문에 있어 그 연구 결과 및 방법론에 대한 비판적 연구는 여전히 철학적 탐구의 특성이다."[12] 이 질문이 '과학이란 무엇인가?'라는 비판적 탐구(과학자들이 '하고 있거나 할 수 있는' 일은 무엇인가에 대한 탐구)와 무엇이 다르다는 것인가? 만약 여기서 '과학이란 무엇인가?'라는 질문이 철학적인 질문의 자격을 갖추었다고(respectable) 평가 받는다면(그리고 심각한 반발에 부딪히지 않는다면) '철학이란 무엇인가?'라는 질문 역시 명예를 회복할 수 있을 것이다. 철학은 "과학과 절대 결별할 수 없으며"[13] 그래서도 안 된다고 생각하는 사람(포퍼처럼)이라면 누구나 이에 동의할 것이다. 단, 그러려면 다음의 주장 역시

---

12) Popper 1975 : 53.
13) 같은 곳

타당하게 생각해야 한다. '과학이란 무엇인가?'와 '예술이란 무엇인가?'라는 질문이 제대로 된 철학적 질문이라면, '철학이란 무엇인가?' 역시 마찬가지라는 점이다. 이때, 이 질문을 제기하는 행위는 한가한 철학적 명상으로 치부되지 않고 지식과 이해의 본성 및 가능성에 관한 전반적인 철학적 탐구에 속하게 된다.

우선, 스탠리 카벨(Stanley Cavell)의 "철학이 다루는 정상적인 연구 주제에는 철학 그 자체도 포함된다."[14]는 말에 동의해 보자. 메타철학에 관한 연구가 부족한 것이(종종 대답하기 어려운 상황에 놓이게 하는 것 외에도) 철학의 결함을 드러낸다는 이야기를 하려는 게 아니다. 아직 포퍼와 같은 회의론자들에게 이 질문이 철학적으로 중요하다고 설득할 만한 근거를 제시하지 않았기 때문이다. 따라서 철학 자체에 대한 걱정은 그만 하고, 철학적 문제를 해결하는 일에 착수하는 편이 낫다는 포퍼의 입장은 여전히 유효하다. 단, 한 가지 답은 명확하다. 전통적인 사고에 따르면 우리가 철학적인 문제를 해결하는 방법은 그저 그 문제를 곰곰이 생각하는 것뿐이다. 유명한 영국 TV 드라마 〈모스 경감(Inspector Morse)〉에서 범죄가 벌어지는 몇 시간 동안 잠재적 용의자가 했던 유일한 일 역시 '생각하는 것'뿐이었다. 루이스 경사가 모스 경감에게 이를 보고하자, 모스 경감은 믿을 수 없다는 듯 그를 쳐다본다. 이때 루이스는 이렇게 설명한다. "그러니까, 그 자가 철학박사 학위를 밟고 있답니다." 그러나 이러한 전통적 방법에 대해 비판하는 사람들(4장에서 논의할 '직관 회의론자(intuition sceptics)'가 여기에 속한다.)이 옳다면, 우리 대다수가 철학적 문제를 해결하는 방법은 사실상 철학적 문제를 해결하는 데 매우 부적절하다는 의미다. 즉, 철학을 하는 표준화된 방식을 비판하는 사람들이 옳다면, 이는 철학 전반에 영향을 미칠 것이다. 인식론, 형이상학, 과학철학, 도덕 및 정치철학 등 해당 분야에 종사하는 철학자들이 비판받는 방법을 사용하는 한, 모두 영향을 받을 수밖에 없다. 물론, 이렇듯 철학 전반에 영향을 미치는 비판은 철학적으로 매우 중요하다. 그러나 이러한 질문에 답하려는 시도(철학하는 방법에 대한 탐구)야말로 메타철학이다. 일단 타당한 철학적 방법론

---

14) Cavell 2002 : xxxⅱ. 티모시 윌리엄슨(Timothy Williamson) 또한 "철학에 관한 철학은 자동적으로 철학에 속한다."(2007 : ix) 라고 주장했다.

에 관한 논의를 시작하면, '철학이란 무엇이며, 무엇이어야 하는가?'라는 질문이 이어질 수밖에 없다. 이미 언급했듯이 방법론의 타당성을 판단하려면 무엇을 위해 그 방법론을 사용했는지에 대한 목적을 알아야 하기 때문이다.

단, 메타철학이 철학에서 중요한 분과를 차지하는 것은 단지 메타철학적 질문이 모든 철학에 영향을 미치기 때문만은 아니다. 지금까지 철학은(그 특성을 정의하는 범위와 상관없이) 인간의 지식 및 이해의 형태와 방법에 관한 비판적 탐구를 포함한 학문으로 여겨졌다. 즉, 철학은(적어도 대다수의 메타철학적 견해에 비추어 볼 때) 그 자체로 인간의 지식 혹은 이해에 대한 일종의 공헌이다. 만약 이 비판적 조명이 철학 자체를 비추지 않는다면 비판적 탐구라는 철학 프로젝트는 매우 불완전해질 것이다. 셀라스(Wilfrid Sellars)는 "사물의 구조 속에서 철학 자체의 위상이 무엇인지를 탐구하는 것이야말로 철학자를 구분 짓는 특징이다. 따라서 철학에 대한 이러한 비판적 성찰이 없다면, 그는 기껏해야 잠재적 철학자에 지나지 않는다."[15] 라고 단언하기까지 했다. 이것은 과장인지의 여부를 떠나서, 생각해 볼 만한 주제다. 티모시 윌리엄슨은(라일의 의견과 반대되는 이야기겠지만) "철학하기란, 아무 생각이 없이 달려야 잘 탈 수 있는 자전거 타기가 아니다. 게다가 프로 자전거 선수라면 분명 자신이 무엇을 하는지 생각할 것이다."라고 말했다.[16] 이러한 관점에서 보면 메타철학은 단순히 철학의 한 부분이 아니라 철학의 중요한 부분인 것이다.

그런데도 메타철학이 철학의 다른 연구 영역보다 덜 흥미롭고 덜 유익하다는 (로티와 버나드 윌리엄스가 한 말에서 드러난) 우려는 여전히 사라지지 않는다. 사실, 어떤 철학 분과가 더 흥미롭고 유익하냐는 질문의 대답은 대상자에 따라 달라진다. 또한 메타철학에 관한 논의가 '유익하지 않은' 것 같다는 주장은 평가하기가 몹시 난해하다. 우리는 여기서 '어떤 면에서 무익하다는 것인가?'라고 질문을 제기해야 한다. 가령 사회적 혹은 정치적 변화에 끼치는 영향 면에서인가, 중요한 철학적 질문을 명확하게 정의하는 면에서인가, 아니면 아무리 논의를 해

---

15) 셀라스 1991 : 3.
16) 윌리엄슨 2007 : 8.

도 의견 일치와 진보로 나아갈 수 있을 것 같지 않아서인가? 그렇다면 더 발달한 다른 철학 분과에서는 얼마나 많은 진보가 이루어졌는가?

게리 거팅(Gary Gutting)은 메타철학에 관해 2009년 출간한 저서에서, 메타철학이 무익하고 흥미롭지 않게 된 데는 두 가지 원인이 작용한다고 주장했다.

> 철학의 본성은 논쟁적인 철학적 교리(관념적 형이상학 혹은 경험적 인식론)에서 유래한다는 독단적인 태도, 그리고 철학이 행해지는 구체적인 모습에는 주의를 기울이지 않는 추상적이며 과도하게 일반화된 접근.[17]

메타철학의 특징이 유독 이러한 철학의 단점에서 영향을 받았다는 거팅의 말이 옳다면 다음과 같은 결론을 피하기 어렵다. 바로 메타철학이 철학의 다른 분과보다 만족도와 흥미도가 떨어지지 않는다는 것이다. 그러나 메타철학이 독단주의와 과도한 일반화의 희생양이 되는 것을 필연적이라고 판단하지 않는 한 우리가 얻을 수 있는 결론은 다음과 같다. 메타철학을 해서는 안 되는 것이 아니라 더 잘하려고 노력해야 하는 것이다.[18] 나쁜 철학이 좋은 철학으로 바뀔 때, 메타철학은 타 분과만큼 흥미롭고 유익해질 것이다.[19]

이 책의 목표

이 책은 메타철학 혹은 '철학에 관한 철학(종종 메타철학을 대신해 일컫는 다른 이름)'을 다룬 개괄서다. 이 책에서 우리는 철학자들이 철학에 관해 제기한 중요한 질문을 개괄적으로 살펴보고 그들이 제시한 답을 소개하며, 이와 더불어 우리가 생각한 답도 제시해 보고자 한다.

---

17) Gutting 2009 : 2.
18) 이것은 물론 거팅의 결론이기도 하다.
19) 어떤 철학이든지 유익성에 대한 기준은 메타철학에 있어 중요한 주제다. 이는 8장에서 논의될 것이다.

카벨과 윌리엄슨을 비롯한 일부 철학자는 '메타철학'이라는 용어를 탐탁지 않게 여겼다. 형이상학(metaphysics)이 물리학(physics)에 속하지 않듯이(정확히 말하자면 물리학이 아닌 것이 명백하듯이) 메타철학이라는 용어 자체가 철학이 아님을 암시한다고 생각했기 때문이다.[20] 그런데도 우리가 '메타철학'이라는 용어를 고수하기로 한 이유는 그것이 내포하는 의미, 즉 윌리엄슨의 말대로 '위에서부터 혹은 넘어서서(from above, or beyond)' 철학을 바라본다는 의미를 기꺼이 수용하기 때문이 아니다. 우리는 형이상학 혹은 규범 윤리학처럼 메타철학 역시 분명히 철학의 한 분과라는 명제에 동의한다. 따라서 이 특정한 철학 분과를 일컫는 가장 흔한 용어가 '메타철학'이기 때문에 이 용어를 사용하고자 한다.[21]

철학(철학의 분과)에 관한 개괄서는 암묵적 혹은 명시적으로 항상 주관적인 견해를 반영해 왔다. 철저하게 중립적인 책이란 존재할 수 없기 때문이다. 이 책 역시 예외가 아니다. 사실, 이 책이 메타철학에 관한 개괄서이기에 문제가 더욱 복잡해지는 면이 있다. 가령, 누군가 심리철학에 대한 개괄서를 저술하면서 주요 입장을 모두 제시하고 각 입장의 장단점을 균형 잡힌 공정한 방식으로 서술했다고 가정해 보자. 그 책은 해당 분야(심리철학)의 모든 논의에 대해 개인의 의견을 내세우지 않은 반면에 특정한 메타철학적 관점은 사용했을 것이다. 예를 들어, 신경과학 혹은 기타 실험 연구를 배제하거나 포함함으로써 철학과 경험과학의 관계에 관해 특정한 관점을 표현했을 것이다. 인식론, 윤리학 및 기타 철학 분과에 관한 책 역시 마찬가지일 것이다.

메타철학을 다룬 책의 흥미로운 점은 아무리 암묵적으로 다루더라도 해당 주제 자체에 대해 어떠한 입장도 취하지 않는 것이 불가능하다는 점이다. 따라서 메타철학에 관한 주제에 접근하는 우리의 방식은 필연적으로 철학의 본성에 관한 특정한 이해(conception), 즉 특정한 메타철학을 반영한다. 앞으로 분명해지겠지만, 우리는 이 책에서 '자연주의(naturalized)' 방식으로 주제에 접근하지 않았다.

---

20) Cavell 2002 : xxx ii ; Williamson 2007 : ix. Gloc 2008 : 6 참조.
21) 심지어 『메타철학』이라는 훌륭한 학술지도 있다. 본 학술지 1호에서 모리스 라제로위츠(Morris Lazerowitz, 비트겐슈타인의 제자)는 자신이 'metaphilosophy'(혹은 'meta-philosophy')라는 용어를 만들었다고 주장한다.

다시 말해(한두 가지 예외가 있기는 하지만) 철학자의 행동, 철학자들의 영향 관계, 철학 이론이 받아들여지는 방법, 학술지에 나타나는 인용 패턴 등에 관한 경험적 연구를 직접 하거나 참고하지 않았다.[22] 혹자가 이를 보고 우리가 경험과학과 거리를 둔 전통적인 철학적 이해에 동조한다고 지적한다면, 인정하지 않을 수 없을 것이다. 첫째, 앞서 지적한 것처럼 특정한 메타철학적 입장을 취하지 않는 것은 사실상 불가능하기 때문에, 균형 잡힌 객관적인 방법으로 논의하고자 한 문제 자체 중 일부에 대해 질문을 제기해야만 했다. 둘째, 우리의 입장과 경쟁 관계인 자연주의 입장에 대해 4장을 비롯한 여러 부분에서 균형 잡힌 시점으로 다루고자 했다. 마지막으로 철학자의 '탁상' 접근법을 사용하여 메타철학 문제를 다룬 대다수 문헌을 소개했다. 만약 자연주의 메타철학이 부상하게 된다면 앞으로 십 년 후에는 매우 다른 개괄서를 써야 할 수 있다. 하지만 적어도 한동안은 우리의 치우친 의견에 철학자 대다수가 동의할 듯하다.

단, 본문에 들어가기에 앞서 분명히 밝힐 문제가 있다. 앞서 언급했듯이, 모든 철학은 메타철학적인 함의를 갖는다. 따라서 철학자는 이 주제에 관한 논문을 학술지에 기고하여 철학적으로 주목받을 만한 주제임을 알릴 수 있다. 아니면 특정한 문체와 방법을 사용하여 적어도 이러한 것이 수용될 수 있음을 나타내는 방법도 있다. 메타철학은 모든 철학에 내포되어 있기 때문이다. 그러나 이 책의 주요 목표는 타 철학 분과의 학문적 성과에서 암묵적인 메타철학적 관점을 끌어내 논의하는 것이 아니다.(물론 5장을 비롯한 몇몇 부분에서 이러한 작업을 시도하기는 했다.) 요컨대 이 책의 주요 목표는 메타철학을 인식론 혹은 도덕철학과 같은 동등한 철학의 하위 분과로 소개하는 것이다. 따라서 우리는 '명시적 메타철학(explicit metaphilosophy)', 즉 철학의 본성, 타당한 철학적 방법론 등 명시적 철학 논의라고 부르는 것에 초점을 맞추었다.[23]

메타철학의 주요 질문은 '철학이란 무엇(What)인가?', '철학을 어떻게(How)

---

[22] '자연주의 메타철학(naturalized metaphilosophy)'에 관한 자세한 논의는 Morrow and Sula 2011 참조.
[23] 암묵적·명시적 메타철학의 구분에 대한 자세한 논의 및 암묵적 메타철학에 주로 초점을 맞춘 연구의 좋은 예는 Joll 2010 참조.

해야 하는가?', '철학을 왜(Why) 해야 하는가?'라는 세 가지 질문으로 구분할 수 있다. 이 세 가지 질문이 많은 면에서 서로 긴밀하게 연결되어 있다는 사실을 부정하고자 하는 것이 아니니 오해하지 말기를 바란다. 가령, 철학을 자연과학의 부분이라 여긴다면 특정한 철학적 방법론만 생각하는 것이 아니라, 그 철학 활동의 가치와 결과에도 주목하게 된다. 따라서 이 세 가지 질문을 인위적으로 구분하여 분석하지는 않았다. 단, 메타철학과 관련된 주제를 정리하려면 '무엇을', '어떻게', '왜'라는 식으로 질문을 구분하는 편이 유용하다고 판단했기 때문에 각 질문에 한 장씩 할애하여 주요하게 다루기로 하였다. 2장은 철학이란 무엇인가를 다루며, 4장은 철학을 어떻게 할 것인가, 8장은 철학을 왜 해야 하는가에 대한 성찰을 다루었다.

위의 질문은 기술적(descriptive)으로 해석하기보다는 매력적이고 규범적(prescriptive)으로 해석할 때 더욱 흥미로운 답이 나온다. 철학이 무엇인가, 라는 질문에 대한 기술적인 답은 과거와 현재 철학자들이 자신의 분야를 무엇이라고 이해했는지, 혹은 그들이 직접 행했던 것이 무엇이었는지 그 특징을 설명하는 것이다. 사회적·역사적 관점에서 면밀히 연구한다면 더 명확한 답을 얻게 될 것이다. 그러나 우리가 관심을 보이는 '철학이란 무엇일까?'라는 질문은 여기에만 국한되지 않는다. 철학자들은 자신의 학문을 그들의 이전 세대의 작업에서 연속되는 것으로 파악해서 과거와 현재의 철학에 공통적인 특징을 추구한다. 그렇기에 모든 철학은 플라톤 철학의 주석에 지나지 않는다는 말은 비록 과장이기는 하지만 어느 정도 사실을 담고 있기도 하다. 단, 여기에 플라톤이 자신의 작업을 무엇이라고 이해했는지, 혹은 당시 시대상으로 비추어 보았을 때 그가 한 작업이 무엇이었는지 판단하는 것은 크게 영향을 끼치지 않는다. 이는 어디까지나 이후 세대의 철학자들이 철학적 문제 및 논쟁의 중요한 출처가 플라톤이라고 생각했기에 일어난 현상이다. 그들은 플라톤이 자신들과 동일한 방식으로 철학을 한 것처럼 플라톤 철학을 탐독했으며, 지금도 그 흐름은 이어지고 있다. 다른 위대한 철학자들 역시 마찬가지다. 따라서 현대 철학자뿐만 아니라 위대한 철학자들이 무엇을 했는지 평가하는 작업이 필요하다. 철학에 대해 말해 주는 역사가 없었다면 철학은 지금의 모습을 갖추지 못했을 것이다. 그러나 철학의 역사는 위대한 철학자들이 마땅히

해야 할 일을 했다는 전제하에 쓰인 것이다. 따라서 그 외의 행적은 무시된다.

그렇다면 철학적으로 더 흥미로운 질문은 '철학은 어떤 것이어야 하는가'다. 철학은 자연과학의 일부, 초월론적 반성, 혹은 개념적 분석이어야 하는가? 이것이 바로 규범적인 'What'에 관한 질문이다. 'How' 질문에 있어 더 흥미로운 질문은 다음과 같다. 즉, 철학자들이 어떻게 철학을 진행시켰는지, 혹은 그들이 사용했던 방법론이 무엇인지를 묻는 것이 아니라, 그들이 어떻게 진행해야 하는지, 무엇이 올바른 방법론인지에 대해 묻는 것이다. 우리가 무엇을 해야 하느냐는, 무엇을 할 수 있느냐에 영향을 받는다. 따라서 'What'의 질문과 'How'의 질문을 연결하는 작업은 철학이 어떤 결과를 만들어 낼 수 있는가와 관련이 있다. 가령 철학은 자연과학과 같은 종류의 결과(더 일반적이라 하더라도)를 도출할 수 있을까? 과거의 철학자들은 종종 그렇다고 생각했으며, 여전히 그렇게 생각하는 철학자들이 존재한다. 그렇다면 다음의 내용을 상기할 필요가 있다. 바로 우리가 동일한 주제라고 생각한 것을 다른 방법을 통해 연구했다는 점이다.(비록 일부 방법은 우리의 방법과 너무 달라서 그들을 철학자로 간주할 수 없더라도 말이다.) 그러나 이렇게 방법이 변화한 이유 중 하나는 해당 주제와 관련하여 철학적 개념이 변화했기 때문이다.

마지막으로 사람들이 왜 철학을 하는가(이는 심리학 혹은 사회학 연구의 주제가 될 것이다.[24])를 더 흥미로운 질문으로 여긴다면, 이는 다음과 같다. 철학을 해야 하는 타당한 이유라도 있는가, 철학이 실질적인 가치를 가진다고 생각할 근거가 있는가? 이것은 가치 및 근거의 타당성을 다룬 많은 질문과 마찬가지로 철학적 질문에 해당한다. 일반인도 위의 모든 질문에 대해, 특히 마지막 질문에 흥미를 느끼겠지만 이러한 규범적 질문에 관심을 기울여야 하는 사람은 철학 관련 종사자 및 철학과 학생들이 될 것이다. 자신이 무엇을 해야만 하는지, 가장 잘 하는 방법은 무엇인지, 그리고 철학을 왜 해야 하는지에 대해 숙고할 필요성이 있는 이들이기 때문이다. 단, 일반인이 이러한 질문을 제기했을 때 당황하지 않게 만들어 주겠다는 약속은 할 수 없다. 그래도 이 책을 읽고 나면 적어도 이야깃거리가

---

24) 여기서는 단지 주요한 메타철학적 질문으로만 제기했다.

생기기를 희망한다.

본문 개괄

2장에서는 'What' 질문을 두 가지 현상(manifestations) 면에서 다룰 것이다. 우선 철학이 무엇인지에 대한 기술적 질문에 해당하는 답을 간략하게 살펴볼 것이다. 여기서는 극명하게 대척점에 서 있는 두 가지 입장, 즉 '본질주의(essentialist)'와 '축소주의(deflationary)'를 살펴볼 것이다. 두 입장 모두 문제점이 있다는 것을 드러내고, 이 질문에 대한 적절한 답이 두 대척점의 중간 정도에 있는 것은 아닌지에 대해 탐구할 것이다. 여기서 우리는 가족 유사성 개념을 이용한 설명 방법을 조심스럽게 제안하고자 한다. 이 질문의 답을 탐구하는 데 있어 중추적인 문제 및 특징을 드러낼 수 있기 때문이다. 단, 2장의 대부분은 규범적 질문에 할애할 것이다. 철학이 무엇이어야 하는가에 대한 규범적 질문을 놓고 다양한 방식의 답이 제시되었다. 철학은 말 그대로 과학의 일부라는 관점에서부터, 철학은 결코 인지 탐구(cognitive enterprise)가 아니라는 주장에 이르기까지 그 입장은 매우 다양하다. 이러한 대척점 사이에도 다양한 입장이 존재한다. 철학은 미숙한 과학이다, 과학의 잔여물이다, 플라토닉한 '초과학(super-science)'이다, 이해의 추구다, 경험과 인지의 가능 조건에 대한 선험적 탐구다 등이 여기에 속한다. 우리는 이러한 입장을 개괄적으로 소개하면서 각 입장에 부딪힌 난관을 제시할 것이다.(이중 대부분은 2장 이후에서 더 자세히 소개될 것이다.)

3장에서는 철학이 사망했다는 극적인 주장을 다룰 것이다. 이들은 근대 과학이 철학의 임무를 대체했으며, 철학이 발전하지 못하는 이유는 바로 과학적 방법을 사용하고 있지 않기 때문이라고 주장한다. 우리는 현대 철학자 대부분이 자연주의적 입장을 견지하고 있다는 점을 수긍한다. 이들은 존재하는 모든 것이 곧 자연세계라고 간주한다. 그러나 이 주장에 따르면 자연과학만이 세계를 기술하는 전매 특허권을 갖게 되는 것은 아닌지 의문스럽다. 사실 우리가 거주하는 일상 세계를 묘사하는 방법은 다양하다. 대부분의 경우 과학으로 우리의 행동 방식을 설명할 수 있지만, 사람들 대다수는 이에 쉽게 공감하지 않으며 아예 이해를 못하기도 한다. 철학이 유효하려면 과학과 연계하기보다 인문학에 포함되어야 한다고 우리가 제시하는 것도 이러한 이유에서다.

4장에서는 철학의 방법론에 대한 질문을 다룬다. 여기서는(논쟁의 여지는 있겠지만) 주요한 전통적 방법론, 즉 현상학적 기술(phenomenological description)과 개념적 분석(conceptual analysis)에 초점을 맞출 것이다. 이 두 가지 입장은 모두 어떤 방식으로든 그 유명한 '탁상' 접근법을 통해 철학적 자료를 수집하는 것이 가능하다고 가정한다. 바로 이러한 점 때문에 두 입장은 경험과학의 표준화된 방법을 사용해야 한다고 주장하는 방법론적 자연주의자로부터 비판을 받아 왔다. 다니엘 데닛(Daniel Dennett)이 전통 현상학을 비판하는 점을 논의하고, 그가 칭한 '이질현상학(heterophenomenology)'을 살펴볼 것이다. 그 다음으로 '실험(experimental) 철학자' 및 우리가 '직관 회의론자'라고 칭한 이들이 개념적 분석에 대해 비판한 최근 논의를 살펴보고자 한다. 이 장에서 소개된 입장 중 무엇이 옳다고 결론적인 입장을 제시하지는 않겠지만, 이들이 철학을 하는 과정에서 한 가지 이상의 철학적 자료를 제시하는 성과를 보였다는 점은 분명히 밝힐 것이다.

5장에서는 소위 대륙철학과 분석철학이라는 악명 높은 구분을 다루고자 한다. 이 두 가지 철학은 매우 달라서 비교할 수 없는 대상이지만, 어떤 이들은 이렇게 구분함으로써 실질적이고 극복 불가능한 차이를 드러낼 수 있다고 주장한다. 우리는 이렇게 다양한 입장을 살펴보고 '대륙적' 혹은 '분석적'이라는 정의에 대한 반례로 사용할 수 있는 다른 정의가 다양하다는 점을 보여 주고자 한다. 이러한 구분에 유효한 점이 있다면 이는 바로 두 가지 다른 영향의 궤도를 보여 준다는 점일 것이다. 이러한 구분은 각각 헐거운 가족 유사성으로 묶일 수 있다. 이러한 가족 유사성이 대륙·분석철학이라는 전통적 구분에 대한 타당성을 마련한다면, 그 경계는 단단한 불침투성이 아니라, 유동적인 침투성을 갖게 될 것이다. 따라서 유의미한 교집합(engagement)을 배제하며 극명한 차이를 전제하는 주장에 동의하지 않는다. 5장의 후반부에서는 바로 이러한 교집합을 보여 주는 작업이 이미 이루어지고 있음을 보여 줄 것이다.

왜! 누구나 철학적 탐구에 참여할 수 있어야 하는지를 설명하기 위해 먼저 다루어야 하는 질문은 이를 통해 우리가 기대할 수 있는 결과가 무엇인가, 하는 점이다. 특히 그 결과가 과학, 역사 혹은 세계에 관한 진리를 전달하는 다른 학문 분야에서 얻는 결과와 동일한지 여부를 다루어야 한다. 6장에서는 참 혹은 거짓이라는 소위 표상주의적 개념에 단도직입적으로 이의를 제기하는 철학적 주장들에 대해 살펴볼 것이다. 그 중에서도 리처드 로티는 이러한 개념을 비난하며 그에 대한 대안으로 철학은 교화적 대화(edifying conversation)라고 주장한다. 물론 로티의 입장을 따를 경우, 참과 거짓을 다루지 않는 문학적 산물과 철학이 별반 차이가 없게 될 수도 있다. 이러한 우려에 대해서도 논의할 것이다. 또 6장의 결론에서는 이러한 로티의 입장과 표상주의 사이의 중도를 찾고자 할 것이다. 이로써 철학하기의 전통적 접근 방식을 유지할 방도를 찾을 것이다.

철학을 어떻게 해야 하는지에 대해 물으려면 먼저 철학하기의 좋은 방법이란 무엇인지 그 표준을 명확히 제시해야 한다. 구체적으로 말하자면 철학으로 볼 수 없는 심각한 결격 사유가 무엇인지를 파악해야 한다.(철학으로 분류할 수 있는 최소한의 기준이 무엇인지를 파악해야 한다.) 7장에서는 분석 철학자들이 프랑스 후기 구조주의자 자크 데리다(Jacques Derrida)에 대해 비판한 것을 살펴보고, 이를 소피스트들을 비판했던 소크라테스의 주장과 비교하여 고찰하고자 한다. 이들에 대한 비판은 주로 철학적 문제와 방법론에 관한 것이다. 또한 철학의 덕목 및 철학 종사자들에게 요구되는 사색과 진지함이 무엇인지 살펴볼 것이다.

마지막 장인 8장에서는 철학의 가치에 대한 버트런드 러셀(Bertrand Russell)의 질문을 인용하여 본 주제를 탐구하는 데 도움을 줄 수 있는 근거를 살펴보고자 한다. 여기서 철학을 수행할 때의 가치와 철학적 산물의 가치가 구분된다. 또한 철학이 개인에게 제공하는 가치와 사회 전반에 영향을 미치는 가치도 구분된다. 철학의 산물 가운데 일부는 철학이 가진 수많은 개념 속에서 잘못된 개념을 제거함으로써 가치를 획득한다. 그런가 하면 개념의 저장고에 가치 있는 것을 추가하기도 하는데, 여기서는 특별히 철학자들이 제시한 세계관의 가치를 다루고자 한다. 우리는 철학이 도덕적 진보를 끌어내거나 사회 혹은 정치 문제에 관해 더 나은 판단을 할 수 있도록 돕는지 질문할 것이다. 그리고 철학이 다양한 지적 덕목을 조성할 수 있다는 긍정적 결론으로 마무리 지을 것이다.

2.
철학이란
무엇인가?

What is philosophy?

철학이란
무엇인가?

도입

철학이 지금까지 쌓아 온 이력을 보면 다소 실망스럽다. 한때 '만학의 여왕'으로 칭송받았던 철학이[유의미하지 않거나(irrelevant) 아예 '사망했다'는 선고를 받은 것은 아니지만] 최근 들어, 만학의 '하급 노동자'로 강등되었으니 말이다.[1] 그러나 철학은 굴하지 않고 정진하고 있다. 물론 그 과정에서 다치지 않은 것은 아니지만, 기껏해야 경미하게 긁히고 멍든 정도다. 철학과 관련한 전문직 종사자가 많았던 적은 한 번도 없었지만, 철학 강의를 수강하는 학생 수는 꾸준히 존재한다. 이처럼 위신이 떨어졌는데도 불구하고 철학은 여전히 인간에게 호소하는 면이 있는 모양이다. 그렇다면 철학이라 부르는 이것은 과연 무엇일까?

이 질문을 듣고 즉시 답을 제시하고 싶은 마음이 들더라도 잠깐 숨을 돌리자. 여기서 중요한 것은 우리가 대답해야 하는 문제가 과연 무엇인지 정확하게 파악하는 것이다. 이와 관련하여 G. E. 무어(G. E. Moore)는 다음과 같이 기술한 바 있다.

다른 철학 분과와 마찬가지로, 윤리학을 살펴보면 그 역사를 점철한 난제와 의견 차이는 아주 단순한 원인에 의해 발생한 것이다. 즉, 문제가 정확

---

[1] 칸트가 남긴 유명한 구절은 다음과 같다. "형이상학이 '만학의 여왕'이라는 지위를 부여받은 시대가 있었다."(1929 : A viii) 칸트가 한 말은 완벽하게 일치하지는 않지만 아리스토텔레스까지 거슬러 올라간다. 그는 형이상학을 '만학 중 가장 권위가 있는 학문', '가장 명예로운 학문', '가장 신성한 학문'으로 기술한 바 있다.(Aristotle 1984 : 982b~983a) 논리실증주의자와 21세기 분석 철학자 사이에서 통용되는 '하급 노동자'에 대한 비유는 로크가 한 말이다.(1997 : 11 ; 『독자에게 드리는 서한』) 다음 장에서는 철학이 현재 학문의 발달 흐름을 따라오지 못한다는 의견을 옹호하는 최근 논의에 대해 살펴볼 것이다.

An Introduction to Metaphilosophy

하게 무엇을 의미하는지 살펴보지도 않고 서둘러 답을 제시하고자 했기 때문이다.[2]

앞으로 살펴보겠지만, 철학자가 답을 제시하기 전에 해당 문제를 명확히 살펴보기만 했어도 철학을 둘러싼 이견 중 대부분이 발생하지 않았을 것이라는 무어의 암묵적 해석은 지나치게 낙관적인 면이 있다. 그렇지만 문제를 정확히 분석하고자 노력한다면, 적어도 해당 문제에 대해 의견이 일치하거나 불일치한 철학자는 누구인지, 아니면 판이하게 다른 문제를 단순히 논쟁거리로 삼은 철학자는 누구인지 파악할 수 있을지도 모른다. 이를 파악하는 데 가장 적절한 질문이 바로 '철학이란 무엇인가'다.

1장에서 언급한 대로, 질문을 이해하는 데는 두 가지 방식이 있다. 바로 기술적(descriptive) 질문과 규범적(prescriptive) 질문이다. 기술적 질문으로 해석하면, 해당 질문은 철학이 '실제로(actually)', 사실상 무엇이느는 질문이 된다. 규범적 질문으로 해석하자면, 이는 철학이 무엇을 '해야 하는가(ought)'를 묻는 셈이 된다. 알렌 우드(Allen Wood)는 이를 '반성적(apologetic)' 질문이라 일컬었으며, 기술적 질문에 대해서는 '분석적' 질문이라는 용어를 사용했다. 그는 두 가지 유형의 질문에서 드러나는 차이를 다음과 같이 기술하고 있다.

> 독실한 기독교인의 '기독교란 무엇입니까?'라는 질문과 애국심이 투철한 미국인의 '미국적인 가치는 무엇입니까?'라는 질문은 대개 반성적 질문이라는 범주에 해당한다. 인간의 삶에서 완벽한 것은 거의 존재하지 않기 때문에 인간과 관련된 대상에 대해 'A란 무엇입니까?'라고 묻는 분석적 질문을 할 경우, 대놓고 비판적인 혹은 심지어 축소주의적(deflationary) 대답이 종종 돌아오고는 한다. 기독교와 관련이 있는 그 어떤 연구도 기독교 관행에서 드러나는 윤리적 위선 및 종교적 편협을 무시하고 지나갈 수는 없다. …… 그러나 동일한 이유로, 이러한 반성적 접근은 기독교의 덕

---

[2] Moore 1991 : vii.

목 가운데 자기 정직과 관용을 실천한 것이기도 하다.³⁾

우드가 강조했듯이, 실상에서 드러나는 기독교 관행이 그 종교와 일치하지 않는다고 하더라도 이것이 '기독교란 무엇인가'라는 규범적 설명에 영향을 끼치는 것은 아니다. 이와 마찬가지로, 철학자의 실상이 매우 다르다는 것을 알게 되었다고 해서 '철학이란 무엇인가'에 대한 규범적 답을 반박할 수는 없다. 철학에 대한 규범적 질문이 철학적인 면에서 흥미롭긴 하지만(실제로 대부분 철학자가 철학이 무엇인지에 대해 논의할 때 규범적 질문을 염두에 두고 있다.), 이번 장에서는 기술적 접근의 예를 간단하게 살펴보면서 시작하고자 한다.

(실제로 존재하는) 철학은 무엇인가?

현재 서구의 대학에서 이루어지는 철학은 어떤 의미에서 매우 고대적이다. 비트겐슈타인은 "플라톤이 수행한 것을 철학이라 일컬으면서 어찌하여 나는 현재 우리의 활동 역시 철학이라 부르고자 하는가?" 하고 자문했다. 그리고 그 이유는 "아마도 특정한 유사점이 존재하거나 철학의 발전이 연속적으로 이루어졌기 때문일 것이다."⁴⁾ 라고 대답했다. 현재 철학자들이 하는 작업(일반적 질문의 종류와 이를 해결하고자 하는 방식)이 플라톤과 아리스토텔레스가 무려 2500여 년 전에 했던 방식에서 비롯되었으며, 또한 이와 무척 유사하다는 점에서 철학은 매우 고대적이다.⁵⁾ 물론 양자 역학철학 혹은 영화철학과 같은 일부 철학 분과가 최근에야 철학에 입성했다는 것은 주지의 사실이다. 그러나 일반적으로 현대 철학자들이 골몰하는 문제는 고대 그리스인이 논쟁했던 주제이기도 했다.

---

3) Wood 2001 : 98~99.
4) Wittgenstein 1979 : 28.
5) 물론 여기서 '일반적'이라는 단어가 중요하다. 플라톤과 아리스토텔레스는 게티어 문제(Gettier cases), 철로 위를 걷는 도덕적 딜레마 문제(trolley problems), 혹은 선언주의(disjunctivism)에 대해 논의한 적이 없지만(적어도 동일한 용어를 사용하여 논의한 적이 없다.) 지식, 인식 및 선(善)의 본성에 대해서는 논의했다.

그러나 혹자는, 현재 우리가 아는 철학은 그 역사가 200년이 채 되지 않는 비교적 최근에 이루어진 발명이라고 주장한다. 그 근거로 플라톤과 아리스토텔레스(이 문제에 있어서는 데카르트, 로크 및 칸트도 마찬가지다.)가 전형적인 철학 문제로 여겼던 것이 오늘날 철학자들의 연구 분야가 아니다.(이들의 철학적 궁금증을 유발한 특정 질문 역시 오늘날 몰두의 대상이 되지 않는다. 가령 소크라테스가 했던 질문을 생각해 보자. 그는 A가 '무언가를 크게 손실하지 않고도' B보다 키가 작을 수 있다는 점, 그리고 그 이유가 B가 단순히 성장했기 때문이라는 점을 매우 곤혹스러운 문제로 여겼다.)[6] 과거 철학은 우리가 아는 '이성적 탐구' 혹은 '학문(science)'과 대략 동일한 것으로 간주되었다. 가령, 데카르트에 따르면 철학은 "처세 및 건강 유지, 온갖 종류의 기술 개발"을 위해 "인간의 정신이 알 수 있는 모든 것을 포함"하는 것이었다.[7] 철학과 과학이 구분되기 시작한 것은 19세기에 들어서였다. 실제로 옥스퍼드대학의 수학과는 여전히 '자연철학'의 단과대학에 속한다. 우주의 기원, 생명체의 본성, 혹은 물질의 최소 단위를 비롯한 문제는 더 이상 철학자의 연구 대상이 아니라 물리학자와 생물학자의 연구 대상이다. 현재 우리가 철학이라고 칭하는 것은 2000년 전에도 동일한 이름으로 존재했지만, 당시 철학적 문제로 간주되었던 것은 오늘날 특수 과학의 연구 문제로 간주된다.

그렇다면 현재 '실제로 존재하는' 철학이란 무엇인가? 언뜻 생각한다면, 철학의 종류는 다양하며 그만큼 다르다고 대답할 수 있을 것이다. 논리학자, 정치 철학자, 메타 윤리학자, 인식론자, 페미니즘 철학자의 활동을 아우르는 것이(만약 있다고 한다면) 무엇인지 알기란 쉽지 않다. 설령 대답한다고 해도, 철학이란 대학이나 기타 기관에서 철학자로 고용된 사람들이 하는 일, 혹은 도서관 사서들이 철학 서적으로 분류하는 것이다.(이상 끝. 이런 식의 축소주의 대답이 돌아올 수 있다.) 이러한 관점에서 본다면 철학은 심리학, 수학, 문학 교수들의 연구 활동과 전혀 구분되지 않으며 철학자들의 활동을 아우르는 중요한 연결 고리도 존재하지

---

6) Plato 1989 : Theaetetus 155b~c.
7) Descartes 1985 : 179,180.

않는 셈이다. 콰인(Willard Van Orman Quine)의 말을 빌리자면, "철학은 학과장이나 도서관 사서들이 학문의 다양한 주제 및 문제를 도서 분류표로 관리하기 쉽도록 구분하기 위해 사용하는 일괄 용어(blanket terms) 가운데 하나에 불과하며" 두 학자가 "똑같이 철학으로 분류되는 주제를 연구한다고 해도 상대의 주제에 대해 안다고 할 수 없다."[8]

단, 이와 같은 축소주의 대답은 즉시 수용하기보다 가장 마지막 단계에서 채택 가능한 대안으로 남겨두어야 할 것이다. 하지만 이와 대척점에 서 있는 본질주의(essentialism)에 대한 전망 역시 그다지 밝지 않다. 본질주의의 입장에 대해 사이먼 블랙번(Simon Balckburn)의 말을 빌리자면, "철학에 대한 정의, 즉 영원한 담장을 세워 그 담장 안에 있는 것을 철학이라 부르고 그 밖에 있는 것을 철학이 아닌 것으로 간주하기"[9]를 희망한다. 하지만 앞서 언급했듯이 이들은 이러한 담장이 철학의 오랜 역사 동안 다른 장소에도 여러 번 세워졌다는 사실을 설명하지 못한다. 게다가 현재 우리가 철학으로 간주하는 활동만을 빠짐없이 아우를 수 있는 정의를 도출하는 것은 거의 불가능해 보인다. 본질주의자 역시 철학을 정의할 때 주제 혹은 방법론만을 다룰 수 있으며, 두 가지 모두 시도하면 이내 문제를 드러내기 마련이다. 우선 방법론 측면에서 '담장'을 둘러보자. 가령 철학을 구분 짓는 것은 선험적, 즉 '탁상(armchair)'적 방법론이라고 해보자. 하지만 이것은 적합한 정의가 아님이 곧 드러난다. 수학 및 기타 형식의 과학도 이러한 '탁상' 요건을 만족하기 때문이다.[10] 그렇다고 이보다 범위를 좁혀 방법론적 측면에서 정의를 내린다면 많은 철학이 배제된다. 가령, 철학을 '개념적 분석'이라고 정의를 내린다면, 소위 대륙철학이라고 부르는 분과뿐만 아니라 현대 '분석' 철학의 상당 부분 역시 배제된다.

이러한 반대 입장에 대해 일각에서는, 철학자들은 탁상 방법론을 통해 철학을 하고 있지만 단지 이를 깨닫지 못할 뿐이라는 주장을 제기했다. 같은 맥락으로 볼

---

[8] Quine 1976 : 228.
[9] Blackburn 2004 : x iii. 블랙번은 본질주의를 옹호하는 것이 아니라는 점을 주목할 필요가 있다.
[10] 이 정의에 따르면 반드시 포함되어야 하는 '실험철학(experimental philosophy)'이 철학에서 배제된다.

때 일각에서는, "철학적 진술은 혼란스러운 개념을 분석한 것이며", 다만 철학자가 자신의 분석 작업을 깨닫지 못할 뿐이라고 주장한다.[11] 유명한 예로 노먼 맬콤(Norman Malcom)이 무어를 설익은(avant la lettre) 일상 언어 철학자라고 해석한 부분이 있다.(무어는 이러한 해석을 완강히 거부한 바 있다.) 철학자가 실제로 어떤 작업을 하는지 모르는 채 이에 관한 주장을 평가하기는 어려울 것이다. 종종 철학자는 철학에 대한 자신의 규범적 견해(가령, 철학은 인간의 개념을 분석하거나 수정해야 한다.)를 잣대로 다른 철학자의 철학 활동을 기술한다. 하지만 적절한 기술적 관점에 도달하는 가장 안전한 방법은 철학자들이 행한 작업을 실제 보이는 그대로 받아들이는 것이다.

　주제 측면에서 정의를 내리는 방법 역시 방법론적 정의보다 사정이 낫지는 않다. 셀라스가 한 유명한 진술에 따르면, "철학은 가장 광범위한 의미에서 사물들이 결합하는 가장 광범위한 방식을 이해하는 것"을 목표로 삼아야 한다. 이 주장에 따르면 분명 철학의 모든 범위를 포함하는 것처럼 보인다. 철학자로서 거의 소개된 적이 없는 셀라스가 말한 다음의 문장을 보면 이러한 사실은 더 명확하게 드러난다. "'가장 광범위한 의미'라고 했을 때 내가 의미한 바에는 전혀 유사점이 없는 사물, 즉 '양배추와 왕' 뿐만 아니라 숫자와 직무, 가능성과 핑거 스냅스(finger snaps), 미학적 경험과 죽음까지 모두 포함된다."[12] 그러나 이러한 정의는 자연과학과 인문학을 모두 포함하게 되므로 지나치게 포괄적이며, 바로 그 점에서 철학의 정의를 규정하는 데 별 도움이 되지 않는다. 단, 이러한 정의는 모든 사물이 철학의 범주에 포함된다는 것이야말로 철학의 유일한 특징임을 제시한다. 무어 역시 이 점에 유념했을 수도 있다. 그는 철학자의 임무 중 가장 중요하고 흥미로운 일은 "우주 전체에 대해 일반적 기술"[13]을 제시하는 것이라고 말한 바 있다. 그러나 많은 철학자가 이보다 협소한 관심(가령, 숫자 혹은 책무가 무엇인지에 대한 연구)을 기울인 듯하다.

---

11) Ambrose 1991 : 1. 이는 앰브로스의 의견이 아니라 그가 책에서 인용한 문장이다.
12) 모두 Sellars 1991 : 1.
13) Moore 1953 : 1.

그렇다면 철학은 세계 내 사물의 구조 및 인간의 위상에 관한 "거창한 질문들"[14]을 다룬다고 가정해 보자. 여기에는 진리, 지식, 의미, 선의 본성 등이 포함될 것이다. 하지만 이 정의 역시 지나치게 포괄적이다. 가령, 순수 미술 및 문학 역시 이러한 '거창한 질문들'을 다룬다고 주장하지 말라는 법이 없다.

순수 미술이 철학의 범주 아래 묶이는 것을 피하려면 주제뿐만 아니라 방법론적 요건 역시 고려해야 한다. 철학을 넓게 생각하면 이성과 논거를 통해 이러한 질문들을 다룬다는 점을 알 수 있다. 또한 이는 철학이 가진 논변적 특성으로 말미암아 소설, 희곡, 회화, 조각 및 영화가 아니라 논문으로 표현된다.[15] 이렇게 주제와 방법론을 모두 고려해 정의를 내리면 철학이 무엇인지 더 확실해지는 것처럼 보인다. 그러나 이 역시 특정한 철학 분과를 배제한다. 이 정의에 따르면 스포츠 철학을 비롯한 최근에 설립된 철학 분과뿐만 아니라, 차츰 수학으로 포섭되고 있는 형식 논리학 같은 전통 분야 역시 배제되기 때문이다. 이러한 철학 분과가 인간 및 세계에서 인간의 위상에 관한 근본적인 질문을 다루고 있는지는 분명하지 않다. 마지막으로 살펴볼 정의, 즉 철학의 관심은 특히 우리의 '개념(혹은 개념 구조)'에 있다고 하여 한때 많은 지지를 받은 바 있다. 그러나 이 역시 모든 철학자에게 해당되는 주제는 아닌 것 같다. 소위 대륙 철학자뿐만 아니라 유명한 분석 철학자 역시 이 명제를 거부하기 때문이다.[16]

그렇다면 적절한 대안은 그 중도에서 찾아야 할 것이다. '영원한 담장'과 같은 정의도 존재하지는 않지만, 그렇다고 철학은 단순히 서점 주인이나 도서관 사서들이 편의상 분류하는 범주라고 지체 없이 가정할 수도 없으니 말이다. 특히 철학의 관심이 세계 및 이 세계에서 인간이 지니는 위상에 관한 근본적인 질문에 있다는 주장은 철학이 변함없는 '무게 중심'을 지녔음을 의미한다. 스튜어트 햄프셔(Stuart Hampshire)는 다음과 같이 기술하고 있다.

---

14) Rescher 2001 : 3.
15) 물론 철학자의 사상을 물리적으로 표현하는 방법으로 논문만 있는 것은 아니다. 대화, 강의, TV 혹은 라디오 프로그램 출연(블로그, 팟캐스트, 테드 강의 및 최근에 출연한 많은 매체 역시 여기에 포함된다.) 역시 철학을 하는 물리적 수단으로 사용할 수 있다.
16) Williamson 2007 : 21 참조.

> 그리스 및 서양의 전통적 맥락에서 철학을 이해할 때, 다음 6가지 단어를 합치면 철학자들의 주요 관심사를 알 수 있다. 지식(know), 참(true), 존재(exist), 동일성(same), 원인(cause), 선(good)이 여기에 해당한다. 그 어떤 야심이 있는 철학자도 6가지 개념 모두 혹은 대부분을 섭렵하여 말하지는 못했다. …… 이 개념은 특수한 실증 학문의 관심이 아니라, 가장 종합적인 학문인 철학의 관심에 해당한다.[17]

햄프셔는 철학자의 주요 관심사로 주제를 한정할 경우, 자신이 제기한 단어 목록은 완벽하다고 여긴 듯하다. 하지만 여기에도 의문의 여지는 남는다. 철학이 발생한 초기부터 이론의 여지없이 중심 분과로 자리 잡은 특정한 철학 분과를 살펴보자. 가령 심리철학의 주요 개념인 '보다(see)'와 '생각하다(think)', 논리철학의 '따라서(therefore)', 미학의 '미(beauty)'와 '예술(art)'과 같은 개념이 배제되었음을 알 수 있다. 물론 철학자들이 기본적으로 관심을 두는 철학적 개념은 비교적 한정되어 있다는 햄프셔의 주장은 비록 직관에 따른 것이지만, 어느 정도 일치하는 면도 있다. 하지만 철학에는 다른 많은 주변부도 포함되므로 철학에 대해 논의하려면 이 사실을 염두에 두어야 한다. 가령, 삶의 특정 영역에서는 근본적인 개념이 철학적 논의의 주제를 형성하기도 한다. 조금 더 구체적인 사례를 들자면 음식철학 혹은 영화철학이 여기에 해당한다.

이러한 주제로 접근한 정의에 이성과 논거라는 철학적 방법론을 더하여 생각해 보면, 철학이 무엇인가에 대한 기술적 질문에 대한 대략적인 답(이는 본질주의도 아니요, 축소주의도 아니다.)을 도출할 수 있다. 실제로 이 답은 반(反)본질주의 주장과도 완벽하게 양립할 수 있다. 반(反)본질주의적 주장에 따르면 철학은 수학과 연결되는가 하면, 자연과학으로 연결되기도 하고, 언어학·정치학·심리학·문학으로 연결되기도 한다. 따라서 철학과 다른 학문의 경계를 명확히 구분하는 것이 불가능하다. 그렇다고 이 주장이 축소주의에 해당하지는 않는다.(최소한 그럴 필요는 없다.) 비트겐슈타인이 기술한 바 있듯이, 양국이 국경을 둘러싸고

---

[17] Hampshire 1975 : 89.

분쟁을 벌인다 하더라도 거주자의 국적이 문제가 되는 것은 아니기 때문이다.[18] 이렇듯 일부 질문과 그 질문의 해결 방식은 분명히 다른 이웃 학문이 아닌 철학에 해당한다. 그리고 이는 철학과 다른 학문 사이의 명확한 구분이 존재하지 않을 수 있다는 사실과도 완벽하게 양립한다. 이 점을 염두에 두면 철학자가 철학자의 본분을 지키며 실제로 하는 일이 무엇인지를 묻는 기술적 질문에 대해 더 많은 것을 논의할 수 있을 것이다. 철학자들이 철학으로 간주하고자 하는 것은 실제로 그들이 작업하는 분야와 관련이 있으며, 이를 통해 다른 철학자들의 작업과 비교함으로써 유사점 및 차이점을 발견한다는 사실 또한 간과해서는 안 된다. 단, 일반적으로 철학자들이 더 관심을 갖는 질문은 철학은 무엇이어야 하는가(ought)와 같은 규범적 질문이다. 지금부터 이 규범적 질문에 대해 살펴보도록 하자.

대립하는 두 점을 잇는 연속체

철학이란 무엇이어야 하는가와 같은 규범적 질문을 놓고 많은 철학자가 다양한 의견을 제시해 왔다. 언뜻 생각할 때, 철학이 과학에 속한다고 보는 입장과 철학은 과학과 별개의 학문이므로 전적으로 다른 분야를 구성한다는 입장이다. 이 두 입장을 구분하는 것이 철학이라는 분야를 분할하는 적당한 방법일 것이다. 전자의 입장을 '철학은 과학의 일종'이라는 관점이라 칭하고, 후자를 '철학은 과학과 별개'의 관점이라고 해보자. 이렇게 할 경우, 메타철학에 관한 입장을 두 가지로 구분하기 전에 먼저 '과학'이 무엇인지를 규명할 필요가 있다. 만약 여기서 과학이 '자연과학'을 의미한다면(매우 단순하게 본다면, 관찰과 실험을 통해 자연의 법칙을 결정하려는 시도라고 볼 수 있다.) 철학자 대부분은 과학과 철학이 다르다고 생각할 것이다. 실제로 철학이 경험과학 혹은 자연과학(가령 디자인 실험이 여기에 속한다.)인 것처럼 접근하는 사람은 소수에 불과할 테니 말이다. 전부는 아니더라도 철학자 대부분이 철학 탐구의 대부분을 해결하는 방식은 바로 '탁

---

18) Wittgenstein 1967 : § 556.

상' 접근법이다. 물론 메타철학적 관점을 진술하라고 요청을 받는다면, '탁상에 앉아 있던 철학자들' 중 많은 이가 자신의 방법론에 대해 다른 대답을 할 것이다. 그러나 관용의 법칙에 따라, 유죄 판결 전에는 철학자에 관해 일관성 추정의 원칙을 적용해야 하지 않겠는가.

단, '형식 과학(수학, 형식 논리학 등)'이 '과학'이라는 표제어로 묶인다면, 저울의 바늘은 '철학은 과학의 일종'이라는 입장으로 기울어질 것이다. 과학을 이렇게 이해할 경우, 철학과 과학은 별개 학문이라고 주장하는 사람은 논리학이 철학에 속하지 않는다는 결론을 내릴 수밖에 없다. 앞으로 살펴보겠지만, 이는 일부 철학자들이 당면한 복잡한 숙제다. 논리학은 철학이라는 가족 관계로 묶인 집단에서 혼자 겉도는 것처럼 보인다. 하지만 과학을 좀 더 광범위하게 보면 역사 및 언어 연구와 같은 인문학을 포함하는 것으로 이해할 수도 있다. 이렇게 되면 철학자 대다수가 '철학은 과학과 별개'라는 입장을 옹호할 것이다. 여기서 내려야 할 적절한 결론은 바로 이 두 가지 대립적인 의견 이외의 입장이 더 필요하다는 것이다. 앞으로 살펴보겠지만, 사실 가장 널리 수용되는 메타철학적 관점은 두 가지 대립적인 입장 사이를 잇는 연속체를 따라 다양하게 존재한다.(철학이 자연과학의 일부라는 의견 vs 철학은 과학과는 완전히 다른 별개의 학문이라는 의견이며, 후자는 단순히 자연과학과 다른 학문인 것이 아니라 절대 인지 탐구가 될 수 없다는 주장을 말한다.)

2장의 목적은 단순히 메타철학에 관한 대략적인 윤곽을 제공하는 것이 아니므로 이러한 입장들의 문제점은 이후에 다룰 것이다. 다만 이러한 입장 사이의 차이를 구분하고, 이들 입장이 가진 장단점을 미리 엿보기 위해 다음의 두 질문을 통해 각 입장을 살펴보고자 한다.

1. 기존의 철학(과거 및 현재)과 비교할 때 어느 정도의 수정주의를 택하고 있는가? 현재 철학으로 간주되는 대부분의 분야는 사실 철학에 속하지 않는다거나, 철학자들의 방법론이 대부분 완전히 잘못되었다고 생각한다면, 철학에 불리한 의견이라고 가정할 수 있다.
2. 철학이 자연과학과 비교했을 때 상대적으로 '발전하지 못했다.'는 의견

에 대해 어떠한 입장을 취하고 있는가? 만약 철학이 진보해야 마땅했으나 그러지 못했다고 주장한다면 이는 철학에 불리한 의견이라고 가정할 수 있다.

첫 번째 가정을 하는 이유는 혹자가 제시하는 올바른 방법론이 그저 개인의 의견일 뿐, 철학으로 간주되지 않을 수도 있기 때문이다. 그러니 그 방법론을 따라야 한다고 주장할 수는 없는 노릇이다. 가령, 혹자가 골키퍼가 없을 때 축구 경기를 더 잘할 수 있음을 주장했다고 해보자. 이에 대해, 골키퍼가 없으니 골도 많이 들어가고 흥미로운 경기가 될 수도 있지만, 그것은 축구가 될 수 없다고 대답할 수 있다. 이를 철학에도 적용해 보자. 혹자가 현재 통용되는 철학과 지나치게 거리가 먼 분야를 철학이라고 주장한다면 이는 기존의 학문을 추구하는 더 나은 방법을 제시하는 것이 아니라 전혀 다른 학문을 말한 것이다. 또 다른 예로 만약 급진적 개혁자가 자신의 방식이 철학이라고 주장한다면, 그는 정통 철학을 부정하고 자격을 박탈해야 한다. 분명히 이렇게 처리된 철학 분과(과학으로 포섭된 일부 철학 분과)도 일부 존재하지만, 철학의 상당 부분을 이렇게 다른 학문으로 흡수시키는 것은 불가능하다. 요컨대 새로운 방법론에 대해 제안할 수는 있지만, 이를 결격 사유로 사용해서는 안 된다.

두 번째 가정은 이에 비해 덜 분명하다. 그런데 따지고 보면, 그리 멀지 않은 과거에 "철학의 혁명"[19]을 선포하고 이를 통해 소위 철학의 불모 상태 해결을 기대한 철학자들이 있었다. 따라서 철학자들이 철학의 발전이 전혀 이루어지지 않았다고 항상 체념하듯 인정하는 것은 아니다. 사실 그들은 철학의 방법론을 제시하면서 누군가 대체 과거의 방법론이 생산적이지 못했던 이유는 무엇이냐고 지적해 주기를 기대한다. 명시적 개념적 분석을 통해 철학의 혁명이 가능하다고 생각하는 철학자라면 과거 철학자들이 목표 및 방법론에서 명료성이 부족했다고 설명할 수도 있다. 따라서 올바른 방법론을 설명하려면 특정한 발전을 기대할 수 없는 이유 혹은 발전이 부족한 상태를 극복할 방법을 제시해야 한다. 후자를 선택한다

---

[19] Ryle 1956.

면 철학의 발전이 지체되는 이유도 살펴봐야 한다.

철학은 과학의 일부다

철학이 과연 무엇인지, 철학자가 해야 하는 일은 무엇인지에 관한 기술적 질문은 설령 축소주의로 접근한다고 해도 충분히 긍정적이며 확신에 찬 답을 제시할 수 있다. 콰인(Quine)이 이러한 예를 잘 보여 준다. 그의 주장에 따르면(철학이 과학의 "스펙트럼에서 가장 추상적이고 이론적인 끝점"을 차지하기는 하지만) 철학은 "과학의 일부"다.[20] 콰인은 '분석 명제와 종합 명제의 근본적 구분이 가능하다.'는 경험주의의 도그마를 비판한 바 있다. 또한 이와 연관하여 경험에 의해 수정되지 않는 명제란 없다고 주장했다. 이러한 그의 입장에 따르면 '자연' 과학과 '형식' 과학 사이에는 정도의 차이만 존재하는 셈이다. 모든 과학은 기본적으로 경험주의에 토대를 두지만, 수학 혹은 논리학은 화학보다 우리의 사고 체계에 중심을 차지하고 있으며, 경험적 증명에 의해 수정될 가능성 역시 적다.[21] 콰인에 따르면, 철학은 과학으로 포섭되는 망(in the web of science)에서 이와 비슷한 안정된 위치를 선점하고 있다.

그러나 일부는 콰인의 주장보다 한 걸음 더 나아가기도 한다. 소위 '실험 철학자들(experimental philosophers)'은 철학이 분명 경험과학의 일부라고 여긴다. 따라서 철학의 방법론 역시 경험과학에서 통용되는 방법론을 따라야 한다고 주장한다.(실험철학이 전통 분석철학에 대해 제기하는 비판 및 도전은 4장에서 논의된다.) 앞서 제시한 두 가지 질문을 대입해 보면 이들의 주장과 콰인의 입장이 어떻게 다른지 분명해진다. 우선, 실험 철학자들은 철학이 발전하지 못한 이유가(최소한 몇 년 전까지만 해도) 철학이라는 연구 분야와 태생적으로 맞지 않는 '탁상' 방법론을 사용해 왔기 때문이라고 분석할 것이다. 따라서 이들의 주장에 따르면,

---

[20] Quine, Magee 1882 : 143에서 재인용.
[21] Quine 1953 : 42~46 참조.

과거와 현재의 철학자 대부분의 철학적 방법론은 잘못된 것이다.

하지만 콰인의 입장에 따르면 이러한 결론이 도출되지 않는다. 과학의 스펙트럼에서 추상적이지만 더 '안정된 지위'를 확보한 철학은 '탁상' 방법론을 채택하는 것이 가능하다. 수학자 역시 이러한 방법론을 채택하고 있으니 말이다. 따라서 콰인의 입장은 급진적인 수정주의 노선을 택한 실험 철학자들과는 달리 전통적인 철학 개념에 조금 더 긍정적이다. 철학이 발전하지 못한 이유를 콰인이 어떻게 설명할 것인지는 불분명하다. 하지만 논리와 수학 역시 추상적이고 이론적임에도 충분한 발전이 이루어진 것으로 볼 때, 철학이 가까운 학문 분야만큼 발전할 수 없었던 이유는 적어도 과학에서 차지하는 위치 때문은 아닐 것이다.

철학은 미숙한 과학이다

콰인의 입장을 조금 수정하면 철학이 발전하지 못한 이유에 대한 흥미로운 답이 도출된다. 철학이 과학이기는 하지만 아직 제대로 "성숙(mature)"하지 못했거나 아주 최근에 들어서야 성숙했다는 것이다. 즉, "철학의 주제와 목표가 무엇인지 명확하게 파악"[22]하여 이러한 목표를 체계적으로 성취하도록 도와줄 방법론을 사용한 시기가 너무 늦었거나 여전히 못 하고 있다는 주장이다. 철학이 성숙해진 것은 최근의 일이라는 이러한 입장에서 흥미로운 부분은 바로 근대 철학자[데카르트, 로크, 흄, 칸트, 러셀, 후설, 그리고 최근에 들어서는 마이클 더밋(Micheal Dummit)과 티모시 윌리엄슨[23]에 이르기까지] 역시 똑같은 주장을 했다는 점이다. 가령, 더밋은 "철학은 최근에 들어서야 비로소 초기 단계에서 가까스로 빠져나와 성숙의 단계에 들어섰다."고 기술한 바 있다.[24] 아직 철학에서는 경험과학과 견줄 만한 정도의 발전을 찾아보기 어렵지만, 이 점을 내세워 철학이 성

---

22) Dummett 1978 : 457.
23) Hacker 2009 : 134, Philipse 2009 참조.
24) Dummett 1978 : 457. 더밋은 이러한 철학의 전환점이 프레게(Gottlob Frege) 이후 이루어졌다고 주장한다.

숙했다는 주장을 반박할 수는 없다. 철학이 과학의 경로를 밟은 적은 있으나(한 번 혹은 여러 번), 다만 그 경로를 계속 따라가지 못했기 때문이다. 그 결과, 성과가 묻혔다는 것이다.

그러나 이러한 입장에는 다른 약점이 있다. 그중 하나는 전통철학에 대해 극단적인 수정주의를 취한다는 것이다. 이 주장에 따르면 현대 철학자 대부분의 철학적 방법론은 잘못된 것이며, 더 나아가 후설의 표현대로 "엄밀한 학문"으로서의 철학하기가 이미 제시되었는데도 불구하고 이를 무시하고 잘못된 철학하기 방식을 고집한다는 의미가 된다. 이에 대한 반박 역시 존재한다. 철학이 마침내 성년기에 이르렀다고 제기한 주장은 모두 시기상조(premature)였으며, 그러한 주장을 할 수 있는 것은 지금뿐이라는 것이다. 그렇다면 철학의 발전은 최근에 들어서야 이루어졌으므로 철학자들이 이러한 발전을 따르지 못했다고 비난할 수는 없다. 그러나 철학이 최근에 들어서야 비로소 성년기에 접어들었다는 주장 자체도 계속 반복되었다. 이전의 주장 말고 현재 제기된 주장만 사실이라고 받아들일 만한 이유가 있을까?

동일한 질문을 다른 측면에서 살펴보자. 만약 철학이 최근 들어서야 과학의 경로에 안착했다면, 그동안 모든 철학자까지는 아니더라도 대부분의 철학자가 공통으로 행하는(혹은 행해야 한다고 여기는) 철학하기 방식이 폐기 처분된다. 즉 플라톤, 아리스토텔레스, 데카르트, 흄, 칸트, 러셀, 후설 등 철학이 과학의 경로를 따르기 이전 시대 철학자의 저술을 탐독하는 것이 무용지물이 되는 것이다. 물론 그 시점을 언제부터로 판단하느냐에 따라 여기에 포함되는 철학자의 목록은 달라질 수 있다. 신경과학자들은 데카르트가 송과샘의 기능에 대해 저술한 부분을 참고하지 않으며, 물리학자들은 뉴턴(혹은 아인슈타인)의 책을 읽지 않는다. 굳이 그래야 할 이유도 딱히 찾아보기 어렵다. 만약 현재의 철학이 과학의 경로에 안착했다면, 철학자들이 데카르트의 『제1철학에 관한 성찰』을 계속 연구해야 할까? 하지만 철학자 대부분은 과거의 위대했던 철학자의 저술과 연구를 단순히 철학하기에 관한 활동으로 치부하지 않을 것이다. 그렇지 않은가?

철학이 아직 성년기에 도달하지 않았다는 입장 역시 비슷한 우려를 낳는다. 그것은 우리의 방법론이 모두 잘못됐다는 것을 의미하지는 않을까? 이들의 입장에 따르면 철학은 과학이어야 한다. 그러나 철학자 대부분의 방법론을 볼 때, 이는 과학과는 전혀 다른 학문인 것 같은 인상을 준다. 또한 다음과 같은 의문도 든다. 2000년이라는 긴 세월 동안 인류의 가장 위대한 지성인들이 기울인 지대한 노력이 어찌하여 이러한 불운의 상태를 바꾸지 못했다는 것일까?

    콜린 맥긴은 철학이 과학 스펙트럼의 끝점을 차지한다는 입장을 견지하는데, 그의 입장은 앞서 제기한 우려 사항을 해결하는 데 도움을 줄 수 있다. 맥긴에 따르면, 철학적 질문은 자연 세계에 대한 경험적 질문에 해당한다. 우리가 이를 과학적으로 해결하지 못한 이유는 "우리는 철학 문제를 해결할 수 있는 인지 능력을 가지고 있지 않기"[25] 때문이다. 즉, "인간에겐 비행하는 능력이 없듯이 철학하는 능력 또한 없다. 필요한 장비가 아예 없는 것이다."[26] 이러한 입장에 따르면, 철학은 미성숙한 단계를 절대 극복할 수 없게 되므로, 철학이 왜 발전하지 못했는지에 대한 문제는 쉽게 설명된다. 또한 어차피 인간에게는 그럴 능력이 없으므로 과거 및 현재의 철학자에게 철학을 제대로 하지 못한 책임을 묻는 것도 합당하지 않다. 이렇게 명쾌한 설명을 제기하지만, 이 입장 역시 약점을 안고 있다. 이 입장에 따르면, 철학하기란 매우 의미 없는 활동이 되기 때문이다. 물론 자신의 입장이 '틀릴 수도 있기 때문에' 이 주장이 전 세계 철학과의 폐지를 요구하는 것은 아니라고 서둘러 무마하기는 했지만, 이는 맥긴이 해결해야 할 대목이다.[27] 또한 자신이 몸담은 철학이 무의미한 활동에 지나지 않는다는 의견을 수용할 철학자는 거의 없을 것이다. 맥긴의 입장은 마지막 단계에서야 고려해 볼 만한 주장이다. 게다가 이 주장은 심리철학과 맞는다 하더라도 가령 윤리학, 정치철학 혹은 미학은 제대로 설명하지 못한다. 정의란 무엇인가에 대한 질문이, 인지 능력이 부족하기 때문에 대답할 수 없는 경험적 질문에 해당한다는 주장은 조금 이상하기 때문이다. 이 외에도 맥긴의 관점이 설득력을 얻지 못하는 이유는 많다.

---

25) McGinn 1993 : 10.
26) 같은 책 : 13.
27) 같은 책 : 153. 그는 자신의 주장이 맞다고 하더라도 "지금까지 철학이라는 이름으로 행해진 활동 가운데 대부분은 그대로 진행할 수 있으며, 여기에는 개념적 분석, 과학, 윤리학 및 정치학의 체계화도 포함된다."고 말한다.(같은 곳)

철학은 모든 학문의 '산파'이자 '잔여물(residue)'이다

맥긴의 주장보다 널리 수용되는 주장을 소개하고자 한다. 맥긴의 입장(철학은 자연과학의 일부이며 철학이 과학처럼 발전할 수 없는 데는 그럴 만한 이유가 있다.)을 어느 정도 수용하지만, 그럼에도 불구하고 철학은 유의미한 학문이라는 입장을 견지한다. 철학이 모든 학문의 '산파' 이자 '잔여물' 이라는 이러한 주장은 폭넓은 지지를 받고 있다. 오스틴(John Langshaw Austin)은 철학의 위치에 대해 다음과 같이 설명했다.

> 인간의 탐구 역사에서 철학은 중앙에 빛나는 태양의 위치를 차지한다. 지대한 영향력을 미치지만 이내 격동기에 휩싸인다. 철학은 이따금 자신의 몸 일부를 떼어 내어 차갑고 법칙의 원리가 지배하는 행성인 과학의 자리를 차지한다. 그리고 멀리 떨어져 있는 최종 상태로 점차 이동한다.[28]

위에 제시된 이미지에 의하면, 철학의 범위가 '축소' 된 이유는 지금까지 철학적이라고 간주된 문제들이(오스틴의 말에 따르면) '위층으로 쫓겨났기' 때문이다. 오스틴은 철학자가 씨름해야 할 문제가 산재해 있으니 걱정할 필요가 없다고 말했지만, 그가 활동하던 시기의 옥스퍼드 철학자들은(정말 진지하게) 철학을 효과적으로 "끝장내는" 데 시간이 얼마나 걸릴 지 논의하고는 했다. 스트로슨(P. F. Strawson)의 회고에 따르면, 한 철학 강사는 흄의 도덕철학에 대한 강의를 마치며 다음과 같이 말했다고 한다. "흄이 도덕철학에서 보여 준 기량을 논리학(인식론)에서도 보여 주었다면……. 철학이……. 곧 끝나지 않을 수도 있을 텐데요."[29]

주요 철학자 중 다수가 철학이 만학의 잔여물이라는 입장을 옹호해 왔다. 가령 러셀은 철학과 경험과학의 근본적인 차이는 존재하지 않는다고 주장했다. 철학과 경험과학 모두 세계에 관한 지식을 수집하는 것을 목표로 하는 학문이라는

---

28) Austin 1979 : 232.
29) Strawson 2011 : 72.

것이다. 차이점이 있다면 '확고한 지식'이 가능한 경우를 '과학'이라고 부른다는 것뿐이다. 러셀에 의하면 지금까지 결정적으로 명확한 답이 도출되지 않은 '나머지' 문제를 '철학'이라고 부른다고 한다.[30] 존 설(John Searle)은 이를 좀 더 분명히 설명하고 있다. "철학적 문제를 수정하고 세심하게 다듬어서 답을 제시할 체계적 방식을 찾아낸다면, 그것은 더 이상 철학적 문제가 아니라 과학적 문제다."[31]

이 입장의 장점은 다소 분명하다. 우선, 철학이 과학만큼 발전하지 못한 이유는 놀라울 정도로 단순하다. 잭 스마트(Jack Smart)가 말했듯이, 철학이 발전하지 못한 이유는 반역죄가 절대 성공할 수 없는 이유와 같다. 반역죄가 성공하면, 그것은 더 이상 반역죄가 아니라 영광스러운 혁명으로 불리기 때문이다.[32] 철학에서 제대로 된 발전이 이루어진다고 해도 이 성과는 고스란히 새로운 과학의 몫으로 돌아간다. 이 입장은 기존의 철학에 대해서도 다소 보수적인 태도를 보인다. 만약 철학의 역할이 "격동기의 태양"으로서 "종종 자신의 일부를 제거하여 과학의 위치를 차지하는" 것이라면, 이는 철학이 과거와 현재에 마땅히 지녀야 할 모습이기 때문이다. 혹자는 언젠가 철학을 사라지게 할 수 있다는 일종의 약속(혹은 협박)을 성격이나 기질에 따라 미덕으로 간주할 수도 있다. 그 시점이 벌써 도래한 것이 아닌지에 대해 우려하는 입장은 다음 장에서 자세히 살펴보기로 한다.

그렇다면 이 입장에 대한 반박을 살펴보도록 하자. 첫 번째 반박은 이미 맥긴의 주장을 반박하면서 제기되었다. 이 주장은 도덕철학 및 정치철학이 경험과학에 포함될 수는 없기 때문에 특정 철학 분과를 배제한다는 것이다. 단 그것이 인간의 인지 능력에 대한 한계 때문은 아니다.[33] 과학에 쉽게 포함될 수 없는 특정한 철학 분과도 분명히 존재한다. 또한 특정 분과가 영원히 "격동의 시기"에 머무를 수밖에 없는 본질적인 이유가 있을 수도 있다. 대답하기 쉽지 않은 반박도 있다. 피터 해커(Peter Hacker)가 말했듯이 철학에 의해 새로운 학문이 탄생한다면,

---

30) Russell 1998 : 87, 90.
31) Searle 1999 : 2069.
32) Smart 1993 : 81.
33) Hacker 2009 : 133.

그에 따라 물리철학 혹은 심리과학철학 등 철학 탐구의 새로운 영역이 태어난다. 그러나 이러한 새로운 메타과학이 특수 과학의 문제들을 명확히 다룰 능력이 없다는 이유로 특수 과학의 문제가 철학적인 것으로 치부되는 것은 아니다.[34]

만약 해커의 주장이 틀렸다면, 이론상 무한한 종류의 메타 학문이 생겨날 수 있다. 신생 학문인 S가 생겼다고 한다면, S에 대한 철학도 생긴다. 이 S에 대한 철학이 제기하는 질문에 대답할 수 있는 체계적 방법론이 발견되면, 새로운 과학 $S(s)$가 생긴다. 그렇다면 또다시 $S(s)$에 대한 철학이 생겨나고, 고리는 무한히 이어질 것이다. 해커가 암시했듯이, 이러한 시나리오는 지나치게 과장된 면이 있다. 좀 더 현실적으로 생각하면 이중 일부는 해소된다. 예전에는 과학철학에 속했던 질문이 이제는 과학의 사회학에 해당한다고 해보자. 만약 과학의 사회학이 다시 철학적 문제를 제기한다고 해도, 그중 일부는 언젠가 더욱 수준 높은 사회학이 해결할 수도 있다. 이는 절대 비합리적이거나 개연성이 떨어지는 주장이 아니다. 따라서 철학이 과학으로 포섭되지 않는 잔여 학문이라는 입장을 반박하는 그 어떤 주장도 결정적인 반론이 될 수 없다.

플라톤주의

지금까지 살펴본 입장과 다른 주장을 살펴보자. 이 주장에 의하면, 철학은 경험과학의 영역 너머에 있는 실재의 '심오한' 무형의 영역에 해당한다. 그 영역은 플라톤의 『국가』에 등장하는 동굴의 비유에서 제시된다. 경험과학이 다루는 영역은 플라톤이 말한 '시야 내에 있는 영역'으로, 이는 동굴의 비유에서 말하는 '그림자'에 해당한다. 오직 제대로 된 철학자만이 역경을 딛고 그림자에 대한 집착

---

[34] 같은 책 : 132.

으로부터 해방되어 '진리의 세계'로 오를 수 있다.35) 이렇게 동굴 밖으로 나와 진리의 세계를 탐험한 철학자야말로 미(美) 혹은 선(善)의 참된 이데아를 경험할 수 있다. 경험 세계에서의 미나 선은 불완전한 모방에 지나지 않는다. 철학이 발전을 이루지 못한 이유는 이처럼 철학하기가 매우 어렵고 그림자 세계가 지속적으로 유혹하기 때문이다. 또한 같은 이유에서, 철학자는 개념적 분석이라는 전통적 방법론을 고수해야 한다. 이로써 앞서 제기한 두 가지 질문에 쉽게 답을 내릴 수 있다.

그러나 현대 철학자들 중(적어도 이 책에서 소개할 만한 철학자 중에서) 대놓고 플라톤주의를 지지하는 철학자는 찾아보기 어렵다. 다음 장에서 살펴보겠지만, 현대 철학자는 대부분 순수한 형상의 세계인 '플라톤의 천국'을 거부하는 '자연주의'를 옹호하기 때문이다. 어쩌면 고상한 척 허세를 부리는 플라톤주의자 특유의 인상 때문일 수도 있다. 콜린 맥긴의 말대로, 플라톤주의는 "철학은 과학보다 심오하며 격상된 것이다. 이에 비하면 과학은 단순히 감각적 관찰의 대상인 일상적 경험 세계와 연관이 있을 뿐이다."36) 많은 사람이 이를 주제넘은 주장이라고 생각하며, 심하게 말하면 과대망상에 가깝다고 여긴다. 오늘날 플라톤주의가 명맥을 유지하는 영역이 있다면 그것은 수학철학일 것이다. 프레게와 그를 추종하는 학파는 숫자를 비롯한 수학 개념을 추상적인 것으로 여긴다. 그러나 플라톤주의의 가설에 따르자면, 경험 세계에서는 형상에 대해 그 어떠한 인과 추론도 할 수 없는데 과연 우리는 무엇을 알 수 있으며 또 어떻게 알 수 있느냐는 것이다. 만약 철학이 플라톤주의에서 말하는 형상을 파악하는 것이라고 한다면, 이를 알아낼 방법이 대체 무엇인지 짐작하기 어렵다.

따라서 오늘날 '플라톤주의'는 어떤 입장을 옹호하는 철학의 한 학파를 지칭하기보다는 다른 입장을 비판할 때 사용하는 용어에 가깝다. 길버트 라일은 자신의 논문인 《현상학과 "정신의 개념"》에서 후설을 플라톤주의자라고 비판한 바 있

---

35) Plato 1989 : Republic 517b~c.
36) McGinn 2002 : 201.

다.[37] 그는 후설이 플라톤주의를 옹호한다고 비판하면서, 이 현상학의 창시자가 "물질 너머의 대상(super-objects)에 대한 초 성찰(super-inspections)하기"[38]를 고집한다고 주장했다.[39] 최근에는 실험철학에서, 전통적 방법론인 '탁상' 철학이 플라톤주의적이라고 지적하면서 도발적인 비판을 제기하기도 했다.[40] 플라톤주의는 현대 철학에서 그 명맥이 유지되는 예가 거의 없으므로, 이에 대한 논의는 여기서 마치기로 한다.

철학은 과학의 논리다

라일의 이미지에 의하면, 플라톤주의자가 생각하는 철학은 물질 너머의 대상(super-objects)을 탐구하는 초 과학(super-science)이다. 수학이 이러한 형상을 다룬다는 점을 과학이 인정한다면 철학은 경험과학과 연계된다. 논리실증주의자는 경험과학을 매우 존중하기는 했지만, 철학과 경험과학은 다르다고 믿었다. 가령, 모리츠 슐리크(Moritz Schlick)는 '철학의 본성에 대한 흥미로운 오해 및 오역'에 대해 진단한다. 그의 말을 빌리자면 "이러한 오역이 발생하는 이유는 철학과 과학의 본성이 다소 비슷하며 두 학문 모두 세계에 대한 참인 명제로 이루어졌다고 생각하기 때문이다. 사실, 철학은 명제로 이루어진 체계가 절대 아니므로 과학과는 매우 다르다."[41] 과학이 세계에 관한 진리를 발견한다면, 철학은 "의미를 찾아내는 활동"[42]을 말한다. 의미가 명확하지 않으면 명제의 참과 거짓을 판단할 수 없기 때문에 철학은 모든 학문에서 매우 중요하다. 또한 슐리크는 과학의 문제

---

37) Smart 1993 : 68, Popper 1975 : 43 참조.
38) Ryle 1009a : 187.
39) 라일은 이러한 주장으로 악명 높은 1958년 개최된 루아요몽 콜로키움에 기여한 바 있다. 루아요몽 콜리키움은 분석 철학자와 함께 주로 프랑스와 벨기에 출신의 대륙 철학자 사이의 대화를 시도하기 위해 개최된 세미나였다. 첨언하자면, 결국 두 진영 간의 대화가 실패로 돌아갔다. Overgaard 2010 참조.
40) Weinberg, Nichols, Stich 2008 : 19.
41) 두 인용 모두 Schlick 1992 : 45.
42) 같은 책 : 50.

가 제대로 된 문제만으로 이루어져 있으며, 따라서 소위 철학의 문제는 과학적 문제(제대로 된 문제)로 가장한 것이거나 무의미한 거짓 문제 중 하나로 판명 나기 마련이라고 주장했다.[43] 그가 창시한 빈 학파에 속하는 저명한 철학자인 루돌프 카르납(Rudolf Carnap)은 "철학은 과학의 논리, 즉 과학의 개념, 명제, 증거, 이론의 논리적 분석이다."[44] 라고 기술한 바 있다. 즉 카르납은 근본적으로 슐리크와 같은 주장을 했다고 볼 수 있다.[45] 철학은 특정한 과학이 아니라(플라톤주의에서 말하는 초 과학이 아닌 것은 물론이고) 과학적 개념, 명제, 이론 사이의 논리적 관계와 의미를 명확히 드러내고 분석하는 활동이다.

철학이 과학으로 포섭되지 않은 '잔류' 학문이라고 보는 입장과 비슷하게, 논리실증주의자들의 주장 역시 철학이 발전하지 못한 이유를 어렵지 않게 설명할 수 있다. 명제와 이론의 의미를 분석하고 명료화하는 것은 경험적 지식을 축적하는 것과 매우 다르기 때문에 철학이 경험과학만큼 발전하리라 기대할 수는 없다는 것이다. 의미의 명료화는 특정한 목적을 충족시키기 위한 작업이므로 의미를 명료화하는 체계적·점진적 작업이 어떻게 전개될지는 불분명하다. 이들의 주장(철학은 '과학 명제의 논리적 분석'을 수행하며 또한 마땅히 그래야 한다.)이 극도의 수정주의에 해당하는지에 관한 문제는 더 명확하다. 논리실증주의자는 철학의 모든 분과를 과학철학(좀 더 포괄적으로 보자면 경험적 지식에 대한 철학)에 대한 매우 제한적인 접근으로 축소시켰다. 또한 다른 철학자의 작업은 허튼소리 내지는 일부 경험과학의 정당한 영역을 침입하는 행위로 보았다. 5장에서 자세히 살펴보겠지만, 카르납은 하이데거의 철학이 비합리적인 형이상학의 전형적인 예라고 비판한 바 있다. 만약 그가 오래 살았더라면 현재의 분석 형이상학에도 비슷한 비판을 했을 것이다. 논리실증주의자는 그들이 그토록 경멸한 전통 형이상학과 전혀 다른 행로를 걷고 있다는 생각에 매우 만족스러워한다.

---

43) 같은 책 : 51.
44) Carnap 1992 : 54~55.
45) 물론 두 철학자 사이의 차이점도 존재한다. 철학적 명제의 유무에 관한 문제에서 두 철학자는 이견을 나타냈다. 슐리크는 비트겐슈타인의 『논리철학논고』의 영향을 받아 철학적 명제는 존재하지 않는다고 주장한다. 이에 반해 카르납은 비트겐슈타인의 이러한 입장을 비판한다. 이 외의 다른 차이점은 우리가 다루고자 하는 내용과 무관하므로 다루지 않기로 한다.

철학은 인간의 이해에 공헌한다

후기 비트겐슈타인과 그의 추종자들은 철학이 '과학과 매우 다르다.'는 슐리크의 주장에 동의할 것이다.(다른 면에서는 논리실증주의자와 견해가 다르더라도 말이다.) 비트겐슈타인 역시 자신의 방법론을 '치유책'에 비유하며 "철학자가 질문을 해결하는 것은 병을 치료하는 것과 같다."[46]고 단언한다. 그는 철학적 문제를 일종의 질병으로 보았으며, 철학자의 정당한 과제는 철학적 질문을 제기하는 고질적인 욕구를 치료하는 것이라고 생각했다. 그러나 비트겐슈타인 역시 철학이 "명료한 표상(perspicuous representation)"[47]을 제공한다며 긍정적 차원을 지적하기도 했다. 비트겐슈타인 철학의 가장 저명한 현대 주석가인 피터 해커는 이러한 부정적 의미의 치유적 분석은(비트겐슈타인의 저술에서 역시 제시되는) 긍정적 의미의 '연결적(connective)' 분석과 분리될 수 없다고 강조한다.[48]

해커가 설명하는 비트겐슈타인의 메타철학적 입장에 따르면, 철학은 자연과학의 일부일 뿐만 아니라, 인간의 지식에 그 어떠한 공헌도 하지 않는다. 그렇다고 철학에 긍정적인 면이 전혀 없다는 의미는 아니다. 해커의 말을 빌리자면, 철학은 "지식을 추구하는 것이 아니라 이해를 추구한다. 철학의 과제는 인간의 지식을 증가시키는 것이 아니라, 기존의 지식을 더 명확히 이해하도록 돕는 것이다."[49] 이런 의미에서(바로 이 점에서 논리실증주의자와 입장이 같다.) 철학이란 "2차 학문(second-order discipline)"[50]이다. 새로운 지식을 전달하지는 않지만 이미 아는 지식에 대한 반성적 이해를 가능하게 한다는 것이다. 스트로슨(Peter Frederick Strawson)의 글을 보면 이를 더 명확히 이해할 수 있다.

최초의 스페인어 문법, 정확히 말하자면 카스티야어 문법을 카스티야 이

---

46) Wittgenstein 1958 : §§ 133, 255.
47) 같은 책 : § 122.
48) 사실 해커도 주지하듯이, '연결적 분석'은 비트겐슈타인이 아니라 스트로슨(Strawson, 1992)의 용어다.
49) Hacker 1996 : 272~273.
50) White 1975 : 104 참조.

사벨라 여왕에게 소개했을 때, 여왕은 그것이 왜 필요하냐고 물었다. ……
이미 카스티야어를 유창하게 구사하는 사람들에게 문법이란 무용한 것이
었다. 그들은 이미 문법을 알고 있었다. 그런데 그들이 문법에 맞는 언어를
구사하는 이유는 그들이 말하는 것이 바로 문법에 맞는 카스티야어이기 때
문이다. 하지만 문법이 이들이 구사하는 문장의 올바른 기준을 만든 것은
아니었다. 오히려 그들이 구사하는 언어가 올바른 문법의 기준을 제시했
다. 어떤 의미에서는 그들이 언어의 문법을 안다고 할 수 있지만, 다른 의
미에선 안다고 할 수 없다.[51]

스트로슨이 말한 대로, 카스티야어를 구사하는 사람들은 문법을 암묵적으로 이해할 뿐, 문법 사항을 구체적으로 나열할 수 있을 정도로 명시적으로 이해하는 것은 아니다. 대개 "개념을 완벽하게 사용한다고 하더라도 그 개념의 규칙, 즉 사용 이론에 대해 명확하고 명시적으로 이해하는 것은 아니다."[52] 이러한 명시적·이론적 이해야말로 철학이 수행해야 하는 역할이다.

스트로슨과 해커 모두 철학적 탐구의 언어 분석 기능을 강조하는 것을 볼 때, 스트로슨의 '카스티야 문법' 이야기는 단순한 비유 이상의 의미를 지닌다는 것을 알 수 있다. 우리는 "언어의 용례"[53]를 연구하거나 문법을 "상기시키는 것(reminder)(비트겐슈타인이 한 유명한 주장대로)"[54]을 터득해야 한다. 그러나 철학은 이미 아는 내용에 대한 반성적·'이차적' 이해를 제공하는 것이라는 주장은 소위 언어적 전환(linguistic turn)과 무관하다. 이는 언어적 전환을 택하지 않은 대륙 철학자들의 입장과 철학은 인간적인 학문이라는 주장에 긴밀히 연결된다. 이에 관해 다음 장에서 자세히 살펴볼 것이다. 해커의 주장 역시 논리실증주의자와 마찬가지로 철학이 발전하지 못한 이유를 어렵지 않게 설명한다. 철학은 세계에 관한 지식을 증가시키는 것이 아니므로 과학이 이룬 발전을 기대하기 어렵다는

---

51) Strawson 1992 : 5.
52) 같은 책 : 7.
53) Hacker 2009 : 142.
54) Wittgenstein 1958 : § 127.

것이다.55) 해커의 입장이 논리실증주의자와 다른 점은, 지나친 수정주의를 택하지 않는다는 것이다. 해커에 따르면, 적어도 지식의 반성적·철학적 탐구는 주제 면에서 과학 혹은 그 외의 다른 학문에 한정되지 않는다. 그의 말대로, 철학적 질문은 "이론상 그 어떠한 주제도 망라할 수 있다." 한편, 해커는 "논증을 통해 정리(定理)를 산출할 경우"56) 이는 수학과 마찬가지로 형식과학에 해당하며, 따라서 엄밀한 의미에서 철학에 속하지 않는다고 주장하기도 했다.

철학은 선험적(transcendental) 탐구다

대륙철학에서도 비슷한 주장이 통용되었다. 많은 현상학자 역시 철학은 우리가 이미 아는 것을 명료화하는 학문이라는 주장에 동의했다. 가령, 후설은 철학하기에 앞서 자신은 "세계의 실재 및 실재 일반이 자연 세계에서 무엇을 의미하는지 종합적으로 이해하고자"57) 노력했다고 말했다.

여기서 1차적 혹은 2차적 탐구를 구분해 보자. 우리는 "자연 생활"의 주체이므로 세계가 우리에게 어떤 의미를 지니는지 분명히 알고 있다. 그리고 이를 통해 사물을 보기 때문에(흥미로운 대상을 그 의미를 통해 보기 때문에) 현상학에서 새로운 이해를 얻을 수 있다. 비록 현상학이 1차적 지식의 양을 증가시키지는 않지만 말이다.58) 후설은 오직 현상학적 2차 탐구를 통해서만 명시적 이해가 가능하다고 여겼다. 그의 말을 빌리자면, 현상학적 반성을 통해 "세계 존재의 보편적 확실성을 이해할 수 있다."고 한다.59)

다른 현상학자의 저술에서도 비슷한 주장을 엿볼 수 있다. 메를로 퐁티(Morris

---

55) 그러나 해커는 철학에서 진보가 이루어졌다고 볼 수 있는 세 가지 이유를 설명한다.(2009 : 151~153)
56) Hacker 2009 : 130, 139.
57) Husserl 1959 : 481~482.
58) Husserl 1970 : 105 참조.
59) Husserl 1970 : 180. 원문은 "the universal obviousness(Selbstverständlichkeit) of the being of the world …… into something intelligible(eine Verständlichkeit)"이다. 저자는 후설이 드물게 시도하고 있는 동음어의 사용을 영어로 제대로 표현할 수 없는 점에 대해 주석에서 안타까움을 드러내고 있다.

Merleau Ponty)는 현상학적 반성이 "세계에 대한 근본적 경험"[60]을 일깨우며, "우리를 세계에 밀착시킨 고의적인 실타래를 느슨하게 만들어 이를 알아차릴 수 있도록 해준다."[61]고 말했다. 이것이 바로 우리가 희미하게 인식하고 있던 것을 명료하게 만드는 방법이다. 철학자란 "세계가 드러내는 순수한 증명을 통해서만 말해야" 하며, "그 외의 것은 덧붙이지 말고" 오직 "결과에 대해서만" 반성적으로 말해야 한다.[62] 이러한 맥락에서 메를로 퐁티가 아우구스티누스(Augustine)의 유명한 구절을 인용한 것은 우연의 일치가 아니다. "어떠한 질문도 받지 않을 때, 나는 시간에 대해 매우 잘 알고 있다고 생각한다. 하지만 시간이 무엇이냐는 물음에 대답하려고 하는 순간 당황하고 만다."[63] 우리가 시간 혹은 세계 경험에 암묵적으로 친숙하더라도, 이러한 현상을 명료화하는 철학의 작업이 수월해지지는 않는다. 하이데거(Martin Heidegger)에 따르면 우리는 모든 사물의 존재 방식에 대해 암묵적이며 '전 존재론적(pre-ontological)' 이해를 가지고 있다. 단, 그것이 무엇이냐는 질문을 받으면 이를 명료화하지 못할 수도 있다. 오직 현상학적 반성을 통해서만 암묵적으로 아는 대상에 대해 명확하고 '존재론적(ontological)'인 이해가 가능하다.[64]

그러나 두 가지 면에서 현상학자는 해커와 비트겐슈타인 학파와의 차이점을 드러낸다. 첫째, 현상학자는 언어 사용에만 초점을 맞추지 않고, 일상생활의 경험을 어떻게 기술할지 연구한다. 가령 메를로 퐁티는 철학을 '언어 분석'으로 제한하는 것을 완강히 거부했으며, 철학자의 임무란 "단어와 의미들을 발견하거나 우리에게 드러난 세계에 대한 언어적 대응을 찾는 것이 아니다."라고 보았다.[65] 둘째로 후설과 하이데거(하이데거의 입장은 덜 뚜렷하다), 메를로 퐁티와 같은 현상학자를 비롯해 많은 대륙 철학자가 철학이 일종의 선험적 탐구에 해당한다

---

60) Merleau-Ponty 2002 : ix.
61) 같은 책 : xv.
62) Merleau-Ponty 1964a : 4.
63) Augustine 1961 : 264. Merleau-Ponty 1964a : 3 참조.
64) Heidegger 1962 : 32 참조.
65) Merleau-Ponty 1964a : 4, 96.

고 보았다. 칸트에 따르면, 선험적(transcendental) 탐구란 "대상에 직접 관여하는 것이 아니라, 대상에 대한 우리의 인식 방식에 기인하는 것이다. 단, 이때 인식이란 선천적(a priori)인 것이다."[66] 이를 다르게 표현하자면, 선험 철학자란 우리의 (1차적) 지식을 반성적으로 고찰할 때 그러한 지식의 "가능 조건(conditions of possibility)"을 드러낸다고 할 수 있다. 많은 대륙 철학자의 견해에 따르면, 철학의 본질은 일상적 혹은 과학적 경험과 탐구의 가능 조건에 대한 선험적 탐구이며(또한 마땅히 그래야 한다.), 이것이야말로 경험과학과 철학이 갖는 근본적 차이다.

철학이 선험적 탐구라고 보는 입장은(철학은 과학과 다르다고 주장하는 입장과 달리) 철학이 과학만큼 발전하지 못했다는 사실에 당황하지 않는다. 물론 선험적 탐구는 아직 경험 혹은 지식의 '가능 조건(일반적으로 동의할 수 있는 가능 조건)'을 제시하지 못했다. 이러한 실패에 대한 설명은 특히 후설의 몫이다. 그는 철학을 '엄밀한' 선험적 학문으로 만들려 했기 때문이다. 그러나 다른 면에서 보자면, 어차피 철학은 경험과학과는 엄연히 다르기 때문에, 이 이유만으로도 철학이 왜 과학처럼 발달하지 못했는지 설명할 수 있다.

그러나 이 입장이 수정주의를 지향하는지는 아직 불분명하다. 선험적 탐구로서의 철학은 정치철학 혹은 도덕철학보다는 칸트가 말한 '이론(theoretical)' 철학에 더 적절하다. 도덕적 행동의 '가능 조건'을 탐구하는 것이 불가능하기 때문은 아니다. 이 작업이야말로 현상학자인 엠마누엘 레비나스(Emmanuel Levinas)가 시도했던 것이 아닌가.[67] 단지 응용 윤리학 혹은 법철학을 제대로 설명할 수 없다는 것이다. 철학이 선험적 탐구라는 입장이 현대 철학에서 선뜻 수용되지 않는 또 다른 이유는 현재 주류 철학인 자연주의의 역할도 크다.

---

66) Kant 1929 : B 25.
67) 레비나스에 관한 이러한 주장에 대한 자세한 설명 및 옹호는 de Boer 1986 참조.

철학은 세계관(world views)을 제시한다

현상학에 뿌리를 둔 학파의 여러 갈래 중 하나가 바로 실존주의다. 대표적 기수로는 20세기 중반에 활동한 장-폴 사르트르(Jean-Paul Sartre), 시몬 드 보부아르(Simone de Beauvoir), 알베르 카뮈(Albert Camus)를 들 수 있다. 이들을 관통한 주제는 완전한 자유의 확인(affirmation)이었다. 인간은 자신 안에 존재 근거를 가지고 있지 않으며, 삶의 목적 너머의 목적도 존재하지 않기 때문에 "자유를 선고받았다."[68] 따라서 인간의 삶은 '부조리'하다는 것이다. 사르트르는 이러한 자신의 통찰에 대해 현상학적 근거를 제시했다. 다만 여기서 살펴볼 내용은 철학의 목표에 관한 것이다. 그의 철학에 따르면, 철학이란 세계관의 제시라고 요약할 수 있다.

이 입장(철학은 세계관을 조명하고 이에 관한 변론을 펼쳐야 한다.)은 그 자체로 철학이 과학에 공헌할 역할을 찾거나 과학을 기반으로 세계를 설명해야 한다는 입장에 반기를 드는 셈이다. 빌헬름 딜타이(Wilhelm Dilthey)(그는 세계관을 제시하는 철학을 발전시켰다.)의 말을 빌리자면, 이러한 실존주의에 대한 시도는 "세계를 이질적이며, 낯설고, 끔찍한 것으로 받아들이는 태도"[69]를 낳았다. 이제 철학은 과학에서 역할을 찾는 대신, 이 세계에서 인간으로서 살아간다는 것이 실제로 무엇을 의미하는지 포착해야 한다. 바로 이러한 점에서 현상학과 유사하다고 할 수 있다. 그러나 단순히 세계에 대한 경험뿐만 아니라 세계에 대한 태도를 기술해야 하며 현실적 결정에 영향을 미쳐야 한다. 이러한 의미에서, 세계관은 삶의 의미와 관련된 질문을 다룬다. 이는 사실 전통적인 철학적 주제였으나, 논리 실증주의자는 과연 이것이 유의미한지 회의를 드러냈다. 그러나 실존주의자가 삶은 부조리하다고 여긴 대목에서 드러나듯이, 특정 질문을 다룰 때 반드시 긍정적인 답을 도출해야 하는 것은 아니다. 철학이 세계관을 드러낸다는 입장을 옹호하는 현대 철학자는 다음과 같이 말한다.

---

68) Sartre 1966 : 34.
69) Dilthey 1976 : 136.

기독교인, 실증주의자, 스피노자(Baruch Spinoza), 존 스튜어트 밀(John Stuart Mill), 마르크스주의자, 실존주의자는 모두 다른 세계관을 가지고 있다. 이는 동일한 명제에 대해 중요성 및 진리(가치)를 다르게 부여하기 때문이다. 또한 실재 및 실재 안에서 인간의 위상에 대한 생각에 따라 세계관을 선택하기 때문이다.[70]

우리가 이해한 관점에서 보자면, 세계관의 목표는 세계를 받아들이는 방식, 우리가 세계에 대해 취해야 할 태도 및 세계에서 취해야 할 행동 양식을 포괄적으로 제시하는 것이다. 이런 점에서 이 입장은 '철학은 과학의 일부'라고 주장하는 입장보다 윤리학과 형이상학의 관계를 더 잘 설명할 수 있다. 또한 '거창한 질문들'이 왜 거창할 수밖에 없는지 알려 준다. 바로 그 질문의 답이 우리의 삶 속에서 매우 중요하기 때문이다.

대륙철학과는 달리[71], 분석철학은 전반적으로 이러한 입장을 수용하지 않는다. 단 실증주의자인 프리드리히 바이스만(Friedrich Waismann)은 예외라고 할 수 있다. 그는 "철학의 특징은 전통과 관습의 죽은 껍질을 뚫고 우리를 전통적 선입견에 얽매이게 하는 구속을 타파하여 종국에는 새롭고 더 광범위한 관점에 도달하는 것이다."[72] 라고 말했다. 바이스만은 이를 비전(vision)이라고 불렀으며, 모든 위대한 철학자가 제시한 세계관(Weltanschauungen)이 이 비전에 해당한다고 보았다. 이에 대해 로티는 바이스만이 옹호한 것은 "사물 본성의 기술(descriptions of the nature of things)"이 아니라 "말하는 방식의 제안(proposals about how to talk)"이라고 해석했다.[73] 그는 바이스만을 정당화하기 위해 사용했겠지만, '말하는 방식'이 세계관의 개념을 설명하는 데 필요한 특징은 아니다. 그러니 세계관에 대한 명확한 개념에 집착하기보다는 세계관을 드러내는 철학적 접근을 찾아보는

---

70) Kekes 1980 : 67.
71) 물론 후설은 그의 논문 《엄밀한 학문으로서의 철학》에서 철학의 역할이 세계관을 제시하는 데 있다는 입장을 비판한 바 있다.(Husserl 1965 : 122~147)
72) Waismann 1959 : 375.
73) Rorty 1992b : 34~35.

것이 좋을 것이다. 그 예로 최근의 페미니즘철학을 들 수 있다. 수잔 멘더스(Susan Mendus)를 위시한 페미니즘 철학자는 칸트 철학을 비롯한 많은 철학이 남성의 경험과 기대를 반영하는 남성 중심주의 사상이라고 비판한다. 페미니즘철학이 암묵적으로 가정하는 세계관이란 과연 철학이 여성의 경험을 대변하는지, 즉 남성만이 아닌 모든 성의 경험을 대변하는 보편성을 가졌는지를 철학자들이 평가해야 한다는 것이다. 드 보부아르의 경우, 실존주의는 고정된 여성성을 거부하며 정체성을 자유롭게 선택할 수 있기 때문에 여성 해방적 철학이라고 주장했다.

이 입장에서 전통 철학에 대한 수정주의는 뚜렷하게 나타나지 않는다. 과거의 철학자들이 세계관을 제공했다고 볼 것인지 여부는 그들의 철학을 어떻게 해석하느냐에 달렸는데, 이것이 실제 의도와는 상관없이 과도한 해석을 낳을 수도 있다. 게다가 철학이 세계관을 제공한다는 입장은 최근 영미 철학과는 맞지 않는다. 라일은 "교화(edification)는 동료들의 구미에 맞지 않는다. 또한 거창한 '주의(Ism)'를 주장하거나 비판하는 글을 싣기에는 논문 혹은 토론 논문(discussion paper)의 지면이 부족하다."[74] 라고 말한다. 그러나 이러한 주장이 영미 철학자를 모두 대변한다고 볼 수는 없다. 유물론처럼 일종의 집단적 현대 세계관(collective contemporary world view)을 제시한 개별 철학자도 존재하기 때문이다.

철학의 과제가 세계관을 제공하는 데 있다고 보는 입장은(8장에서 다시 살펴보겠지만) 철학이 발전하지 못한 이유를 분명히 제시한다. 사실 철학에 과학이 이룬 만큼의 발전을 기대해서는 안 된다. "일부 문제는 쉽게 사라지지 않는 고질적인 것이라, 이를 해결하려면 지속적으로 노력할 수밖에 없다."[75] 철학이 다루는 문제들, 가령 삶의 의미가 무엇인지를 묻는 것이 바로 여기에 속한다. 이러한 질문에는 다양한 답이 제시될 수밖에 없으며, 무엇이 설득력을 얻느냐는 구체적인 상황에 따라 다르다. 따라서 "한 사조가 설득력이 있다고 해도 이는 일시적인 현상이다. 시간이 지나면 상황은 바뀌기 마련이므로 반대 입장이 다시 부각될 것이

---

74) Ryle 1956 : 4.
75) Kekes 1980 : 36.

다."⁷⁶⁾ 이는 다음에서 살펴볼 입장과 일맥상통한다. 그런데 철학이 왜 발전하지 못했는지에 대해 다른 주장을 제기할 수도 있다. 철학자는 고질적인 문제를 해결하려고 문화 자원을 이용하는데, 이는 축적되지 않고 변화하기 때문이다. 종교적 신념이 감소하거나 도덕적 연민이 증가하는 것을 그 예로 들 수 있다. 단, 이는 세계관의 좋고 나쁨을 서로 비교할 수 없다는 이야기는 아니다. 앞서 살펴보았듯이, 페미니즘철학에서 이러한 작업을 하고 있기 때문이다. 다만, 철학자들이 동일한 질문에 대해 세계관을 제시한다 해도, 이는 과학에서 과거의 이론을 바탕으로 새로운 이론을 정립하거나 수학에서 새로운 공식을 산출하여 발전을 이룩하는 방식과 다르다는 것이다.

철학은 "교화적 대화(edifying conversation)"다

마지막으로 살펴볼 입장은 니체(Friedrich Nietzsche)와 데리다(Jacques Derrida)를 비롯한 대륙철학의 중요한 철학자들과 관련이 있다. 리처드 로티는 철학이 "교화적 대화"라고 지속적으로 주장했다. 그의 주장에 따르면 "철학이란, 영구적 문제를 다루면서 안타깝게도 이에 대해 허위 진술을 하거나 엉성한 변증법적 도구로 공격을 일삼는 학문이 아니다. 철학은 하나의 문화 장르며, '인류의 대화에 등장하는 하나의 목소리'다."⁷⁷⁾ 그는 이러한 철학자를 "교화 철학자(edifying philosophers)"라고 불렀으며 듀이(John Dewey), 하이데거, 비트겐슈타인이 여기에 속한다고 보았다. 로티의 설명에 따르면, "교화철학에서 중요한 것은 객관적 진리를 탐구하는 것이 아니라 지속적인 대화를 추구하는 것이다."⁷⁸⁾ 로티는 자신의 관점이 철학에 대한 일반적인 생각과 매우 다르다는 점을 잘 알고 있었고, 교화철학이 결국 학문으로서의 '철학을 폐기'⁷⁹⁾하는 결과를 야기할 수 있다는 점

---

76) 같은 책 : 40.
77) Rorty 1979 : 264.
78) 같은 책 : 377.
79) 같은 책 : 179.

또한 인정했다. 그러면서도 교화 철학자는 '절대철학을 폐기하지 않는다.'고 안심시키기도 했다. 교화 철학자는 '철학이 과학이 걷는 확고한(secure) 방법을 추구하지 않도록' [80] 돕는 역할을 맡아야 한다는 것이 그 이유다.

따라서 로티의 주장은, 철학이란 인지 학문(cognitive discipline)이 아니며 그래서도 안 된다는 해커의 주장과 일맥상통한다고 볼 수 있다. 즉, 철학은 '객관적 진리'를 추구해서는 안 된다. 단, 해커가 철학의 궁극적인 목표는 이미 아는 지식에 대한 반성적 이해를 증진하는 것으로 보았다면, 로티는 철학의 임무를 '인류의 대화'를 지속시키는 역할로 제한했다. 만약 철학의 역할이 이런 것이라면, 오늘날 철학이 자연과학만큼 발전하지 못한 것은 놀라운 일이 아니다. 로티의 관점에서 보자면 발전하는 편이 오히려 철학에 해롭다. 철학이 '과학이 걷는 확고한 방법'을 추구하게 되면 철학 본연의 임무를 수행할 수 없게 되기 때문이다. 그러나 많은 시간과 노력을 들여 자신의 논거를 제시하고 다른 사람의 철학에서 오류를 발견하는 철학자의 작업이, 교화 철학자는 '객관적 진리'를 추구하지 않는다는 로티의 주장과 양립할 수 있는지는 확실하지 않다. 로티는(우리가 인지하고 있든 아니든 상관없이) 우리가 실제로 하는 것은 "대화의 지속"이라고 주장할 것이다. 또한 철학적 논쟁이 끊이지 않고 이에 따라 철학의 발전이 정체되고 있는 것을 볼 때, 철학이 객관적·보편적 진리에 더 가깝게 도달한 것은 분명히 아니라고 주장할 것이다. 게다가 로티가 말하는 '대화'는 주제를 제한하지 않으므로 철학의 모든 분과를 포괄할 수 있다. 물론 한 논리학자는 '진리에 대한 욕망으로 김빠진 대화(talk unanimated by the desire for truth)'[81]라는 주장을 거부하기도 했지만 말이다. 로티가 주류 철학에서 보는 철학 개념을 어떻게 배격하는지는 6장에서 자세히 살펴보기로 한다.

---

80) 같은 책 : 372.
81) 찰스 그리스월드(Charles Griswold)가 로티와 데리다의 철학을 소크라테스적인 관점에서 표현한 것이다. 로티는 그의 이러한 해석을 충분히 수용하는 듯 보인다.(2003 : 21) 반면 데리다의 철학은 사실 진리의 추구로 활기를 찾는다고 볼 수도 있다.(Plant 2012 참조)

결론

이번 장에서는 철학이란 무엇인가에 대한 기술적 및 규범적 질문을 놓고 다양한 철학 사조와 입장에서 어떻게 설명하는지 살펴보았다. 기술적 접근에서 본질주의와 축소주의 모두 문제가 있다는 점이 드러났다. 그리고 그 대안으로 가족 유사성(철학에서 실제로 사용하는 중요한 철학적 접근)이 특정한 문제 및 해결 방법에 유용할 수 있다고 제시했다. 규범적 질문에 대해서도 다양한 입장을 살펴보았다. 철학은 문자 그대로 과학이라는 한 극단적인 주장에 반해 절대로 인지 탐구가 될 수 없다는 다른 극단의 주장을 두고, 그 사이에 있는 다양한 입장을 살펴보았다. 각 입장이 가진 약점을 개괄적으로 살펴보았다. 이들의 메타철학과 관련한 주제는 이후에 자세히 논의할 것이다.

3.
철학, 과학,
그리고 인문학

Philosophy, science and the humanities

철학, 과학, 그리고 인문학

도입

최근 스티븐 호킹(Stephen Hawking)은 철학이 죽었다고 단언했다. 그에 의하면, "철학은 과학, 특히 물리학이 근대에 이르러 성취한 발전을 따라오지 못하고 있다. 인간의 지식 추구에서 발견이라는 횃불을 들고 있는 자는 바로 과학자다."[1] 그 결과 철학적 논의는 시대에 뒤처졌으며 전혀 무관한 것이 되었다. 호킹의 주장이 옳다면, 철학은 우리와 무관한 과거에 묻히게 된다. 즉 철학에는 미래가 없다는 것이다.

물론 호킹의 주장은 자기 의도와는 달리 그 자체로 철학적 견해에 해당한다. 그는 인식하지 못했지만, 여기에는 철학의 본성에 관한 논쟁적인 가정이 많이 전제되어 있다.[2] 이는 철학을 과학의 '잔여물'로 파악한 관점과 유사해 보인다. 철학은 물리학 및 특수 과학과 경쟁하여 자연 세계를 설명하고자 하지만, 비체계적이며 실패한 활동이다. 2장에서 설명했듯이, 철학은 점차(수년 동안 조금씩) 자신의 주제를 자연과학에 넘겨주다가 결국에는 '간극(gaps)'만 생기고 말았다. 가령 자연과학은 '우주는 실재하는가'와 같은 질문에 쉽게 대답하지 못했다. 그러나

---

[1] Hawking and Mlodinow 2010 : 5.
[2] 사실, 호킹과 믈로디노프가 철학을 완강히 배격하고 있기는 하지만, 이들이 주장을 펼치는 방식 자체는 철학적이라고 볼 수 있다. 또한 개념의 역사를 아는 사람에게 이들의 논문 혹은 주장은 전혀 새로운 것이 아니다. 가령 『위대한 설계(The Grand Design)』의 3장에서, 이들은 일종의 실재론을 시도하면서 '모형 의존적 실재론(model-dependent realism)'을 제안하기에 이른다. 인간의 뇌는 감각적 정보를 통해 세계에 대한 모형을 형성하고, 우리가 '실재'라고 받아들이는 것은 사건을 설명하는 데 가장 성공한 모델이라는 것이다. 호킹과 믈로디노프는 여기서 과학에 대한 도구적 관점으로 속행한다. 여기서 모형이 '실재에 부합하는가(actually real)'라는 질문은 무용하다. 중요한 점은 어떠한 모형이 관찰 경험에 가장 잘 부합하는가, 라는 것이다. 이 주장이 얼마나 타당한지는 여기서 논의하지 않을 것이다. 자세한 논의는 Norris 2011을 비롯한 다른 저술을 참조하라.

호킹에 따르면, 이러한 질문도 현재는 과학의 영역으로 넘어왔다. 철학이 시대에 뒤떨어지게 되자 철학의 목적이 찬탈당한 것이다.

이러한 주장은 철학자의 심기를 불편하게 만들었지만, 사실 저명한 철학자의 주장도 이와 크게 다르지 않다. 20년 전, 힐러리 퍼트넘(Hilary Putnam)은 다음과 같이 말한 바 있다.

> 과학이(혹은 과학만이) 주관의 개입 없이 세계를 있는 그대로 보여 준다는 생각이 점차 철학자들을 사로잡고 있다. …… 과학으로 말미암아 독자적인 학문으로서의 철학의 입지가 사라졌다는 생각은 이미 팽배하다. 하물며 저명한 (분석) 철학자마저도, 철학이 할 수 있는 일은 형이상학적 질문에 대한 과학의 해결책이 무엇인지 예견하려고 노력하는 것뿐이라고 말한다.[3]

퍼트넘이 옳다면, 저명한 철학자는 호킹의 입장(과학의 진보로 더 이상 철학자가 자신의 영역이라고 부를 만한 '틈(gaps)'이 없어졌다.)에 근본적으로 동의하는 셈이다.

자연주의와 과학에 대한 옹호를 거침없이 드러내는 21세기의 한 철학자인 윌프리드 셀라스(Wilfrid Sellars)는 "세계를 기술하고 설명하는 차원에서 과학은 모든 사물을 측정하고 그러한 것을 그러하다고, 그러하지 않은 것을 그러하지 않다고 판단하는 작업을 수행한다."[4] 이번 장에서는 '과학의 발전으로 독자적인 학문으로서의 철학의 입지가 사라졌다.'는 셀라스의 주장(이 주장이 철학계에서 마땅히 지지를 얻을 것이라는 퍼트넘의 의견은 타당해 보인다.)과 비교하여 다양한 입장을 살펴보고자 한다. 그러나 이보다 먼저 살펴봐야 할 질문이 있다. 과학만이 세계를 있는 그대로 기술하는 것은 '주관의 개입'이 없기 때문이라는 명제(호킹과 셀라스를 비롯하여 퍼트넘이 언급한 모든 철학자가 참이라고 생각하는 명제)가 정말 참인가? 그렇다면, 그렇게 생각할 만한 이유는 무엇인가?

---

[3] Putnam 1992 : ix-x
[4] Sellars 1991 : 173.

과학 : 필적할 수 없는 상대

개념의 역사에서 자연과학이 점차 철학의 그늘에서 벗어나기 시작한 것은 르네상스와 근대 초기에 이르러서였다. 사물의 본성에 대한 경험적 검증이 제대로 이루어지지 않았던 당시, 체계화된 관찰 및 경험적 방법론이 도입되었던 것이다. 자연철학의 문제가 서서히 새로운 과학의 연구 주제가 된 것은 자연스러운 수순이었다. 그러나 이러한 발전이 이루어지는 오랜 기간 동안, 철학자 혹은 철학의 역사에 등장한 인물들(당시 철학을 신생 학문인 과학과 크게 다르지 않다고 생각한 것을 고려하자면)은 지속적으로 자연과학의 발전에 지대한 공헌을 했다. 그 예로는 가상디(Pierre Gassendi)의 분자설, 디드로(Denis Diderot)가 자연 선택론에 미친 영향, 칸트가 은하와 성운은 다른 '섬 우주(island universes)', 즉 은하단이라고 말했던 것을 들 수 있다. 물론 이러한 공헌이 항상 성공적이었던 것은 아니지만[그 예로는 데카르트(René Descartes)가 제시한 행성의 소용돌이 운동론 혹은 "동물의 영(animal spirit)"이라는 개념을 사용해 영혼(pneumatics)과 생리학을 관련지은 시도를 들 수 있다.], 그럼에도 불구하고 기억될 만한 업적으로 역사에 남아 있다.

사실, 영국 과학진흥협회의가 1833년 개최한 회의에서 윌리엄 휴얼(William Whewell)이 사무엘 콜리지(Samuel Coleridge)와 벌인 유명한 논쟁을 보면 휴얼이 '과학자(scientist)'라는 용어를 처음 제안했을 때, 그의 실제 의도에는 풍자적인 요소도 가미되어 있었다는 것을 알 수 있다. '예술가(artists)'와 유사성을 조명하고, 이미 확립된 용어인 '경제학자(economist)'와 '무신론자(atheist)'와의 대조점을 드러내고자 했던 것이다. 휴얼은 지식 분야가 점차 세분화되는 세태를 한탄했다. 이러한 경향에서 '철학자'는 '너무나 광범위하고 고결한 용어'로 간주되어 그가 지칭한 '과학의 재배자(cultivators of science)'와는 맞지 않았다.[5] 그러나 지

---

[5] 휴얼과 콜리지의 논쟁은 영국의 문예지 「쿼털리 리뷰(The Quarterly Review)」에 휴얼이 익명으로 작성한 매리 소머빌(Mary Somerville)의 저서 《물리 과학들의 연결성에 관하여(On the Connexion of the Physical Sciences)》에 대한 서평이 실리면서(1834년) 알려지게 되었다. 휴얼의 의도와는 달리, '과학자'라는 용어는 정착되어 사용되기 시작했다. 물론 점차적으로 사용되었으며 마지못해 사용되는 경우도 종종 있었다. 그가 '과학자'라는 용어를 다시 사용한 것(이때는 '과학의 재배자'라는 용어와 함께 사용함)은 1840년 그의 저서 『철학과 귀납적 과학(Philosophy and the Inductive Sciences)』을 통해서였다.(Yeo 1993와 Holmes 2008 참조)

식이 점차 특수화되고 이에 따른 전문성이 대두되었던 시대적 요청을 감안하면, 지식의 세분화 및 과학적 지식 증진에 따른 철학자의 역할 축소는 당연한 수순이었다. 호킹도 이에 대해 분명히 동의할 것이다.

이러한 역사의 궤적을 참고하여, 많은 현대 철학자는 자연과학을 좇아 새로운 사실을 발견하고 자연 현상을 설명하려고 한다. 앞서 지적했듯이, 이들은 호킹의 주장에서 암시하는 또 다른 가정, 즉 과학은 사물의 상태를 발견하는 방법론으로서 유일하게 효과적인 학문이며, 다른 탐구 방식에는 이와 견줄 만한 성과를 기대할 수 없다는 입장에 동의할지도 모른다. 설령, 이러한 가정을 반박하고 싶어도 자연과학의 성과(학문과 실용성을 모두 이룬 성과)를 부정할 수는 없을 것이다. 자연과학으로 말미암은 엄청난 기술적 발전(우리가 일상생활에서 누리는 과학적 진보의 성과)만 보더라도 이를 입증하기에 충분하다. 흔히 하는 말로, 과학은 필적할 수 없는 상대다. 이는 과학이 아닌 다른 학계에 종사하는 사람들에게 불안의 요소로 작용할 수 있다. 특히 사회·정치적 맥락에서 볼 때, 학계에 자금을 제공하는 사람들이 지식의 가치를 점차 도구적인 관점에서만 보는 상황에서는 더욱 그러하다.

철학에서 발전이라고?

자연과학이 엄청난 발전을 성취했다는 데는 이론의 여지가 없을 것이다. 하지만 이를 철학과 비교하여 철학의 부진함을 문제 삼는 것에는 이론의 여지가 있을 수 있다. 이러한 입장을 지지하는 이들은 과학과 비교했을 때, 철학은 성과가 현저히 부족하며 발전이 없다고 주장한다. 하지만 정말 그럴까?

다른 한편에서 보자면, 철학자는 만장일치까지는 아니더라도 의견 합일에 도달할 수 있다.(서로 동의하지 않는 입장에 대해서도 의견 합일이 가능하다.) 가령, 데카르트가 말한 실체 이원론에 동의하는 현대 철학자는 거의 없다. 정신(mind)을 연구하는 철학자라면 대부분 자신이 유물론주의자라 생각하고, 널리 통용되는 이론을 정립하고자 할 것이다. 즉, 많은 철학자가 자신의 작업을 토머스

쿤(Thomas Kuhn)이 과학의 역사와 관련하여 '패러다임'이라 지칭한 것과 유사한 일로 여긴다. 여기서 패러다임이란 이론적 및 경험적 연구를 위한 사유의 틀(framework)로서 공동체가 공유하는 이론, 신념, 가치, 혹은 기술을 지칭한다.[6] 또한 철학적 이론을 다듬는 과정 자체가 성취이며, 이는 철학계의 지식 증가에 도움이 된다는 주장도 가능하다. 가령, 티모시 윌리엄슨은 다음과 같이 주장한다.

> 2007년은 50년 전인 1957년보다 알려진 것이 많다. 1957년에는 1907년보다 알려진 것이 많다. 1907년은 1857년보다 알려진 것이 많다. 이렇듯 공동체의 집단 지식은 종종 반대의 목소리에 부딪히기도 하지만, 기본적으로 자연과학과 같은 방식으로 증가한다. 철학의 경우, 근본적으로 의견의 불일치가 두드러지지만, 2007년 특정 분야에서 이루어진 최고 이론이 1957년 만들어진 최고 이론보다 훨씬 발달한 것은 분명하다. 그전의 역사를 살펴보아도 마찬가지다.[7]

철학에서 발달한 지식의 예는 다양하다. 문제의 본성 명료화, 특정 논쟁이 초래한 난제 및 해결 방식, 답안 도출 과정에서 유용한 구분 및 개념적 도구가 여기에 포함된다. 논리학을 비롯한 철학의 일부 분과에서는 이러한 발달의 양상이 더 두드러진다. 마이클 더밋은 최근 논리학의 발달을 고려해 볼 때, 철학에서 의견 일치가(비록 현저히 느린 속도로 이루어지긴 하지만) 가능하다고 주장했다. "철학도 발전하며 성과를 도출할 수 있다. 중세 논리학자들이 곤혹스러워했던 문제를 지금에 와서는 초보자도 다섯 손가락을 움직이는 운동만큼이나 간단하게 해결하는 것을 보면 알 수 있다."[8] 논리학이 특수한 경우라고 볼 수도 있지만, 더밋의 주장에도 분명히 일리는 있다. 논리학이 근대에 이르러 성취한 체계적 형식화는 19~20세기에 이룬 위대한 지적 성과 중 하나다.

---

6) Kuhn 1962 : 175.
7) Williamson 2007 : 280.
8) Dummett 2010 : 14.

데이빗 루이스(David Lewis)는 논리학뿐만 아니라 전형적인 철학적 논의 역시 성과를 낼 수 있다고 주장한다. 물론 여기서 말하는 성과란 특정 이론 혹은 입장에 대한 보편적 합의가 아니다. 정확히 말하자면, 철학자가 대개 동의할 수 있는 한계를 명확히 드러내는 것이다. 물론, 그러한 한계가 얼마나 심각한 것인지에 대해서는 또다시 이견이 생기겠지만 말이다.[9] 단, 철학자가 반드시 해결해야 하는 문제가 무엇인지에 대해 전반적인 동의를 얻은 것은 일종의 발전이라고 볼 수 있다.

만일 과학자가 철학에서 의견 합일이 불가능한 것을 비웃는다면 철학자들은 다음과 같이 응수할지도 모른다. 과학 분야에서도 기본 원칙을 둘러싸고 이견이 벌어졌던 사례가 분명히 존재하며, 사실 의견 일치야말로 과학의 전문 분야가 아닌가. 또 과학계의 이단아는 확립된 과학 이론조차 반대하고 나서지 않는가. 가령, 영국의 천문학자 프레드 호일(Fred Hoyle)은 '빅뱅' 용어의 창시자이긴 하지만 대폭발 이론(big bang theory)이 기대만큼 대단한 기획이 아니었다고 주장했다. 그는 대신 정상 우주론(the steady state theory)을 주창했다. 또한 스티븐 제이 굴드(Stephen J. Gould)는 진화 생물학의 주류 입장인 점진 진화설의 날선 비판을 받으며 단속 평형설(punctuated equilibrium)을 주장했다.[10] 이러한 논쟁은 현재에도 진행 중이며, 과학계에서의 학문적 논쟁을 넘어 정치적 혼란을 야기하는 경우도 종종 있다. 가령, 프리먼 다이슨(Freeman Dyson)은 지구 온난화에 대한 일반적 견해에 동의하지 않고 여전히 회의를 드러낸다.

단, 이러한 과학계의 이단아는 대개 개인적 차원의 비순응자에 지나지 않는다. 과학에서는 의견 합일이 잘 이루어지는 데 반해 철학에서는 논쟁만이 생산될 뿐이라는 주장은 분명히 지나친 과장이지만, 과학은 결과의 확실성을 보장하는 반면 철학은 그렇지 않다는 사실을 부정할 수 없다. 실제로 과학의 연구 중 많

---

9) Lewis 1983 : x.
10) 단속 진화설에 따르면 생물은 상당 기간 안정적으로 종을 유지하다, 특정한 시기에 종 분화가 집중되어 갑자기 완벽한 형태로 나타난다. 이러한 단속 진화설을 두고 'evolution by jerks'라 비판하자, 굴드는 점진 진화설(gradualism)을 주장하는 이들을 'evolution by creeps'라고 부르며 응수했다. (jerk는 갑자기 홱 잡아끄는 움직임을 말하지만, 속어로는 얼간이를 뜻한다. '얼간이들의 입장'이라는 비판에 굴드 역시 '굼벵이들의 주장'이라고 응수한 것이다. -역자 주)

은 부분의 논쟁이 종료되어 잠정적 혹은 일시적 상태를 벗어났다. 가령 윌리엄 하비(William Harvey)가 발견한 혈액의 순환계, 지구가 태양 주위를 돈다는 지동설, 물 분자의 구조(수소 분자 2개와 산소 분자 1개로 구성), 멘델레예프(Dmitrii Ivanovich Mendeleev)의 주기율표, 베게너(Alfred Lothar Wegener)가 주장한 대륙이 맨틀 위를 떠다닌다는 대륙 이동설이 여기에 포함된다. 이 외에도 많은 과학적 발견이 과학계에서 '실질적 성과'로 간주되며, 후속 연구 및 발견을 통해 반박할 수 없는 과학적 사실로 굳어졌다. 과학적 사실이 된다는 것은 모든 이의 승인을 얻어 그 어떤 반박도 유효하지 않게 되는 것이다.[11] 철학이라고 해서 특정 결론에 대해 확실성을 말할 수 없는 것은 아니다. 다만 이러한 확실성이 철학에서는 매우 낯선 개념이라 선뜻 주장하기 어렵고, 또 그러한 주장을 하는 것이 과연 '철학적'인지에 대해서도 의문을 제기할 수 있다. 그리고 의견 불일치로 말미암은 논쟁은 철학의 고질적인 문제여서 자연과학의 입장에서는 이를 병적인 현상이라고 평가할 수도 있다.

그렇다면 유독 철학에서 의견 불일치가 잦은 이유는 무엇일까? 철학적 논쟁 방식이 유독 적대적이고, 결론이 도출되지 않으며, 끝없는 갈등을 조장한다고 볼 수는 없다. 그러나 의견 불일치가 쉽게 일어나는 것은 분명하다. 가령, 혹자는 "철학적 논의는 사실상 이견을 낳는 조건을 유지하는 집단적 노력이다."[12] 라고 주장한다. 여기서 요점은 어떠한 결론이 철학적 가치를 가지려면 반드시 자유로운 해석이 가능해야 한다는 것이다. 즉, 철학적 논의에서 설득은 상대방의 의견을 기꺼이 승인하는 것이지 수사학적 술책으로 얻어내는 것이 아니다. 철학자란 논쟁에 있어 열린 자세를 취해야 하며 이론(異論)의 여지를 허용해야 한다. 이는 철학적 토론을 통해 문제를 제대로 이해하는 데 필요한 자세이기도 하다. 그러나 이

---

11) 이는 모든 과학 명제는 잠정적이고 임시적이기 때문에 항상 반박이 가능하다는 후기 포퍼주의(post-Popperian)의 도그마와 배치되는 주장이다. 여기서 말한 과학적 발견은 그 자체로 강령에 해당하는 위치를 확보하는데, 이는 과학의 각 분과뿐만 아니라 더 넓게는 우리의 사고 체계에서도 마찬가지다. 이는 추측에 근거하거나 확증되지 않은(less established) 경험적 주장과는 엄연히 다르다. 다른 경험적 주장과는 달리, 이러한 과학적 사실은 우리의 사고 체계에서 '확고한(hard)' 역할을 수행한다고 말할 수 있을 것이다.(Wittgenstein 1968 참조)

12) Johnstone 1978 : 19.

는 자연과학을 포함한 모든 학계에도 적용되므로 철학에서 논쟁이 고질적인 이유를 제대로 설명해 주지 않는다. 과학적으로 유용한 결론은 자료를 왜곡하지 않고, 실험상의 오류를 숨기지 않고, 반대 입장에 대해 인신공격을 하지 않고, 설득할 때뿐이라는 주장도 가능하다. 이러한 방법을 쓰는 것은 출세를 비롯한 다른 목적을 염두에 두는 것이므로 과학적으로 결코 유용하지 않다. 리처드 파인먼(Richard Feynman)의 말대로 "자연은 속일 수 있는 대상이 아니"[13])기 때문이다.

이에 대해 조금 불편한 주장이 있는데, 바로 끝없는 갈등을 조장하는 것은 철학적 논쟁이 아니라 철학자라는 것이다.[14]) 철학자의 태도 자체가 이견을 낳는 조건을 유지하는 것이 아니라 실제로 이견을 지속시킨다는 주장이다. 수학자나 과학자가 진척을 보이는 이유는 이들이 의견 합일을 위해 노력하기 때문이다. 이와 반대로, 철학자는 동의하지 않으려고 노력한다. 이는 개인의 심리적 문제가 아니라 직종에 따른 기질의 문제다. 철학자는 학계에 종사하면서 지나칠 정도로 비판에 시달린다. 수학 세미나에서 제기되는 비판과 달리, 철학 세미나에서 제기되는 비판은 "질문자가 아무리 예의를 갖춘다고 하더라도 본성상 비판적이며 적대적이다."[15]) 앨스터 매킨타이어(Alster MacIntyre)가 근대 대학에서 이루어지는 인문학 및 사회과학의 연구 방식을 비판한 것도 이와 같은 맥락에서였다. 그가 비판한 대목 중 하나는 반박이 "거리낌 없이 무제한적으로 이루어지는 비판"이라는 점이다. 이는 근대 이전의 대학을 특징지었던 "창의적이고 흩리적인 이견"과 많은 차이가 난다.[16]) 물론 "주장에 이의를 제기(test the argument)"하는 토의를 하다 보면 의견 불일치가 편재할 수도 있다. 이는(단순히 논쟁을 위한 논쟁을 하는 것은 아니지만) 분명히 본질적인 문제이기도 하지만 수사학적 문체와 관련된 문제이기도 하다. 앞서 살펴보았듯이, 이러한 비판 덕분에 단순히 피상적으로 생각할 때보다 철학의 실질적인 발전이 이루어진 것이 사실이다. 또한 다른 각도에서 보자면,

---

13) Feynman 1986 : F5
14) Weber 2011
15) 같은 책 : 199. 이에 대해 그레이엄 프리스트(Graham Priest)는 철학의 기본 정신은 "통제할 수 없는 비판(unbridled criticism)"이라고 더 긍정적인 시각을 제시한 바 있다.
16) MacIntyre 1990 : 225.

철학적 논의는 의견의 일치 및 문제의 명료화가 서서히 이루어지는 일종의 협력적 논쟁이라고 볼 수 있다.

아리스토텔레스가 대학에 간다면?

그러나 어떠한 이유에서 철학의 진보를 주장하든, 자연과학이 성취한 엄청난 업적에 비하면 현재 철학이 현격한 차이를 보인다는 점은 부정할 수 없다. 철학자이자 인지 과학자인 에릭 디트리히(Eric Dietrich)가 제시한 가상 시나리오를 살펴보면서 철학과 자연과학의 발전 차이를 가늠해 보자. 아리스토텔레스가 시간 왜곡(time warp)을 경험하고 21세기 사회에 떨어졌다고 상상해 보는 것이다. 여기서 그는 영어로 말할 수 있으며, 영어권 국가의 한 캠퍼스를 방문했다고 가정한다. 급작스러운 상황이기는 하지만 아리스토텔레스는 정신 착란을 일으키지도 않고 심지어 당황하지도 않는다. 그는 물리학 강의를 들어서 주위에 이상하게 생긴 이 사람들이 대체 이 세계를 어떻게 이해하고 있는지 알아보기로 한다.

> 그는 물리학 강의를 듣고 충격에 빠진다. 철로 된 공과 깃털이 진공 상태에서 떨어지는데 그 속도가 같다니……. 무겁다고 해서 더 빠른 속도로 떨어지는 것이 아니라니……. 그는 좀처럼 이해할 수 없는 이야기였다. 아리스토텔레스는 다른 학생들과 함께 아폴로 15호의 지휘관인 데이비드 스콧(David Scott)이 달(달이라고?!?!?!)에서 이를 증명한 실험에 대해 듣는다. 사과가 왜 떨어지는지 설명해 주는 방정식(방정식?!?!?!)을 대입해 보면 달이 지구의 궤도를 벗어나지 않는다는 것을 알 수 있다. 또한 지구가 태양의 궤도(궤도라니?!?!?!)를 이탈하지 않는 이유도 알 수 있다. 그는 기묘 양자 역학에 대해서도 배운다. 강의가 진행될수록 그는 많은 충격에 빠진다.[17]

---

17) Dietrich 2011 : 334.

우주론과 생물학 강의에서도 마찬가지다. 대폭발 이론, 은하계, 암흑 물질, 유전자 및 진화라는 듣도 보도 못한 개념들에 대한 강의를 들으니, 그는 연이은 충격에 휩싸여 졸도할 지경이다. 혼란스럽고 갈피를 잡지 못할 지경에 이른 아리스토텔레스는 캠퍼스를 어슬렁거리다 결국 형이상학 강의를 듣게 된다. 이때 색다른 풍경이 펼쳐진다.

> 형이상학 강의에서 교수는 본질, 즉 존재로서의 존재와 세계에 대한 우리 사고의 가장 일반적 구조에 대해 설명한다. 아리스토텔레스는 교수의 강의 내용을 정확히 파악한다. 급기야 그는 손을 들고 교수의 실수를 지적하며 개념들의 중요한 차이가 무엇인지 설명한다. 교수는 점점 당황한 기색이 역력하지만, 한편으로는 자신의 강의를 듣고 있는 (나이 든) 학생의 영민하고 통찰력 있는 모습에 뿌듯함을 느낀다.[18]

윤리학 강의에서도 마찬가지다. 강사가 '덕 윤리(virtue ethics)'라며 소개한 내용에 대해 아리스토텔레스는 즉시 무언가 이상하다고 느낀다. 강사가 중요한 세부적 내용을 간과하고 있기 때문이다.

디트리히가 제시한 가상 시나리오의 요점은 철학과 교수들이 강의하는 내용에 아리스토텔레스가 전혀 당황하지 않는다는 내용이 아니다. 가령, 정신(mind)을 다루는 현대 철학 논의를 듣는다면 그는 분명히 낯설고 기이하게 여길 것이다. 여기서 요점은 아리스토텔레스가 현대 철학에서 다루는 논의와 주장의 상당 부분을 이해할 수 있지만, 과학 강의는 이해할 수 없다는 점이다. 디트리히가 설명하듯이 "아리스토텔레스는 자신이 제시했던 대부분의 과학적 개념과 이론 및 결론으로는 21세기 과학계에 명함도 못 내민다. …… 하지만 철학계에서는 지금도 위대한 사상가로 통한다. 우리는 그의 철학적 저술을 읽으며 철학을 학습한다."[19] 단, 디트

---

18) 같은 책.
19) 같은 책 : 335.

리히의 의도와 달리, 이것으로 철학은 "조금도 발전하지 못했다."[20]는 결론이 나오지는 않는다. 앞서 살펴보았듯이, 철학에서도 분명히 발전이 이루어졌기 때문이다. 그러나 자연과학과 비견될 정도의 발전을 이루었다고 보기는 어렵다.

자연과학에서 성취한 눈부신 업적(그리고 철학의 턱없이 못 미치는 발전)을 생각해 볼 때, 셀라스가 말한 대로 과학은 세계를 있는 그대로 기술하고 설명하는 "만물의 측정 도구"일 수도 있다. 그렇다면 이 명제를 받아들여야 하는가? 그렇지는 않다. 다만 셀라스와 같은 노선을 취하는 입장들도 분명히 존재한다. 이는 다음 장에서 살펴볼 것이다.

자연주의

대부분의 현대 철학자(자연 과학자의 대다수와 마찬가지로)는 '존재론적 자연주의(ontological naturalism)'를 수용한다. 사실 현대 철학에서 '자연주의'라는 이름으로 통용되는 사조 혹은 주의는 굉장히 다양하다. 약 30년 전, 피터 스트로슨은 자연주의를 크게 두 가지로 구분했다. 일명, '강경한 자연주의(엄격한 혹은 환원적 자연주의)'와 '온건한 자연주의(광범위한 혹은 느슨한 자연주의)'가 그것이다.[21] 최근 존 맥도웰(John McDowell) 역시 '노골적(bald) 자연주의'와 '느슨한(relaxed) 자연주의'라는 조금 다른 이름을 붙여 자연주의의 다양한 흐름을 정리했다.[22] '강경한' 혹은 '노골적' 자연주의가 의미하는 바를 맥도웰의 표현을 빌려 설명하자면, "실재는 자연 세계에 의해 고갈된다. 여기서 세계란 자연과학이 그 역량에 따라 우리에게 보여 줄 수 있는 것을 말한다."라고 할 수 있다.[23] 온건한 자연주의는 "우리 밖의 자연이 준 신묘한 선물"[24]이라는 주장을 거부하지만,

---

20) 같은 책 : 333.
21) Strawson 1985 : 1.
22) McDowell 1996 : 88~89.
23) McDowell 1998 : 173.
24) McDowell 1996 : 88.

강경한 자연주의만큼 나아가지 않는 입장을 말한다. 그런데 자신을 '자연주의자'로 소개하는 철학자 대부분이 동의할 만한 흥미로운 입장이 있다. 바로 최소 존재론 자연주의(minimal ontological naturalism)가 그것이다. 이에 대해 어니스트 네이글(Ernest Nagel)은 자연주의자의 관점에서 다음과 같이 말하고 있다.

> 자연주의에서 실재한다고 말하는 자연의 과정을 이해하는 데 비신체적(disembodied) 힘의 작용, 사건의 진행을 지휘하는 비(非)물질적(immaterial) 영혼, 육신의 부패 이후에도 존재하는 인격이 끼어들 자리는 없다.[25]

네이글은 자연주의가 무엇인지에 대해 다음과 같이 부가 설명을 했는데, 이 중 대부분이 상당한 동의를 얻을 것이다. 이를테면, 유기체(organized matter)는 존재론적·인과론적 우위를 점한다, '초경험적(trans-empirical) 실체'란 존재하지 않는다, 사물의 현상적 본성 뒤에 '궁극적 실재'란 존재하지 않는다, 자연과 사물의 관계는 합리적 탐구의 대상이 될 수 있다, 자연은 합목적성을 갖지 않는다, 인간은 자연에 귀속되며(at home) 인간에 대한 이해는 이러한 사고 체계를 기반으로 하여 이루어져야 한다, 철학은 우주적 위안(cosmic consolation)을 주는 학문이 아니다 등이 여기에 해당한다. 네이글은 자연주의 원칙들을 '지침(guides)'[26]이라 칭하며 소개하는데, 이는 자연주의 특징을 이해하는 데 가장 유용하다. 실제로 '자연주의'는 공통된 성질을 아우르는 용어(cluster term)이며 가족 유사성으로 설명할 수 있다. 즉, 공통된 성질의 묶음으로 정의될 뿐, 여기에 본질적인 것은 존재하지 않는다. 철학에서의 자연주의는 다양한 목표, 믿음, 원리, 가정, 방법적 절차, 태도 및 가치관을 공유하는 것으로 구분할 수 있다. 물론, 이는 자연주의 전형 혹은 패러다임을 말하는 것이 아니다. 네이글의 지침 역시 이러한 종류의 특징을 설명한 것으로 보인다.

네이글이 설명한 특징은 대개 무엇이 자연주의고, 무엇이 자연주의가 아닌지

---

[25] Nagel 1955 : 8~9.
[26] 같은 책 : 8.

를 다루는 것이어서 존재론적 자연주의에 대한 개괄적 설명을 제공한다. 이러한 관점에서 보면, 자연 세계란 소위 일어나는 모든 것이며(all that is the case), 따라서 인간은 자연 세계의 일부다. 물론 이 명제는 다양하게 해석할 수 있지만, 본질적으로 세계를 정확히 혹은 완전하게 기술할 때 필요한 것은 자연 범주(개체, 사건, 속성, 과정, 법, 실행, 사회적 관계)뿐이며(혹은 그렇게 할 것이며), 초자연적 개체 혹은 힘을 언급하지 않는다.(혹은 언급하지 않을 것이다.)[27] 따라서 자연주의 존재론에는 신, 플라톤 철학의 형상, 데카르트 철학에서 실체라고 규정한 정신을 비롯한 초자연적 개체가 포함되지 않는다. 또한 신, 천사, 혹은 영매가 행사하는 초자연적 힘도 포함되지 않는다. 이는 존재론적 자연주의에 대한 부정적 설명으로, 세계에 대한 자연적 기술에 해당하지 않는 것을 말한다. 자연 세계(일상의 관찰 혹은 경험과학의 방법론을 사용하여 설명할 수 있는 사물의 질서)가 존재하는 모든 것이라는 명제는 자연주의에 대한 매우 일반적이고 긍정적인 설명이다.

자연과학이 세계에서 벌어지는 사건을 엄격한 자연주의의 잣대로 정확하게 기술·설명·예측할 수 있다는 사실을 고려할 때, 이러한 종류의 일반 존재론적 자연주의는 셀라스주의자의 견해(과학은 세계를 있는 그대로 기술한다.)를 수용하게 만든다. 따라서 실재에 대한 질문을 해결하는 측면에서 철학적 자연주의는 과학에 자신의 패배를 인정한다. 휴 프라이스(Huw Price)는 "철학적 자연주의자가 되려면 반드시 유념해야 하는 것이 있는데, 바로 철학과 과학의 학문적 관심이 일치하는 부분에서 철학은 …… 과학의 의견에 적절히 따라야 한다는 것이다."[28] 라고 말했다. 콰인에 따르면, 자연주의는 "실재를 규명하고 기술하는 것은 철학이

---

[27] 존재론적 자연주의는 그 자체로 단순히 기술적인 것이 아니라 규범적 성격을 갖는다. 즉, 무엇이 우리의 존재론에 포함되어야 하고, 포함되어서는 안 되는지를 규정한다. 따라서 '실재'한다고 간주해야 할 범위를 제한한다. 세계에 대한 우리의 기술이 정확하고 완전하지 않기 때문에(물론 이것은 불가능할 것이다. 따라서 미래형 동사를 첨언한 것이다), 해당되는 범주가 무엇인지 알려 준다. 따라서 만약 누군가 무엇이 존재한다고 주장하는데, 이를 자연적 범주를 사용해 기술할 수 없다면 이는 실재한다고 볼 수 없다. 그렇다면 현재 제대로 이해할 수 없는 추정되는 현상(가령, 시끄럽게 물건을 던지며 떠드는 유령 같은 초자연적 개체 혹은 염력과 같은 초자연적 힘)은 어떻게 설명할 수 있는가? 이에 대한 답은 다음과 같다. 만약 그것이 *실재* 현상이라면, 이는 자연주의로 설명할 수 있게 될 것이다. 즉, 자연적 범주에 해당하며 다른 자연 현상을 기술하는 설명과도 '들어맞는(fits)' 설명을 말한다. 이는 단순히 의견 충돌이 일어나는 다른 경쟁적 입장과 마찬가지로, 신념에 근거한 설명에 불과한 것일까? 자연주의자는 그렇지 않다고 반박할 것이다. 과학이 계속 발전하고 있으며, 세계에 대한 기술은 이를 기반으로 하기 때문이다.

[28] Price 2004 : 71.

아니라 과학의 몫이라는 것을 인정해야 한다."29)

이제 결론을 세 가지로 정리할 수 있다. 첫째, (자연)과학의 눈부신 성과는 부정할 수 없다. 둘째, 철학(생각하는 것만큼 부족한 것은 아니지만) 과학과 비견할 성과가 별로 없다. 셋째, 자연주의의 주장(일상적 관찰 및 자연과학의 방법론을 통해 드러난 세계를 넘어선 초월적 실재는 존재하지 않는다.)이 폭넓은 지지와 타당성을 확보하고 있다. 따라서 세계를 주관의 개입 없이 그 자체로 기술하려면 자연과학을 사용해야지, 철학에 의존해서는 안 된다. 이에 따라, 철학의 역사 대부분을 차지하는 사변적 형이상학은 의문스럽고 불필요한 것으로 간주될 수밖에 없다. 단, 호킹을 비롯한 현대 우주학자 및 이론 물리학자들은 예외로 한다.

그렇다면 호킹의 말대로 철학이 할 일은 아무것도 남지 않았다고 결론을 내려야 할까? 앞서 살펴본 (온건한) 존재론적 자연주의가 방법론적 자연주의(혹은 과학)를 충실히 따라야 한다고 주장할 경우(즉, 세계에 대해 유의미하거나 중요한 것을 기술하려면 자연과학의 방법론을 사용해야만 가능하다는 주장), 이러한 결론이 도출된다.

콰인과 비트겐슈타인

콰인의 주장("세계를 규명하고 기술하는 것은 과학에 맡겨야 한다.")에서 방법론적 자연주의가 강조되고 있는 점을 보아도, 방법론적 자연주의와 존재론적 자연주의가 궁합이 매우 잘 맞는다는 것을 알 수 있다. 2장에서 살펴보았듯이, 콰인이 생각하는 철학은 "과학과 연계되며 심지어 과학의 한 부분이다. 또 철학은 매우 일반적(general)이기는 하지만 과학의 스펙트럼에서 가장 추상적이고 이론적인 끝점을 차지하고 있다."30) 따라서 콰인을 비롯한 방법론적 자연주

---

29) Quine1981 : 21. 여기서 콰인은 '과학'을 광의의 의미로 사용하고 있으며 경제학과 사회학, 심지어 역사까지도 여기에 포함된다는 점에 유의할 필요가 있다.(Quine 1995 : 49)
30) Magee 1982 : 143.

의자에게 가치 있는 철학이란 과학과 연계된다. 그 이유는 세계에 관한 제대로 된 지식은 오직 과학을 통해서만 알 수 있기 때문이다. 이것이 사실일까?

콰인의 자연주의는 세계에 대한 그 어떠한 지식도 과학적 방법론에 정초해야 한다고 주장하며 급진적 접근을 보여 준다. 콰인 역시 이러한 주장에 내재한 순환성의 오류를 인식하고 있었다. 하지만 그의 주장에 의하면, 이러한 순환성이 문제가 되는 것은 철학이 과학을 정립된 제도로 보지 않아 과학의 타당성을 검증하겠다고 규범적 프로젝트(normative project)를 자처할 때뿐이다. 지식 주장(knowledge claim)을 평가할 수 있는 것은 자연과학의 자료뿐이다. 따라서 인식론은 "심리학의 한 장(chapter)으로서 자연과학에 포함된다."[31] 여기서 '자연주의 인식론(naturalizing epistemology)'을 평가하지는 않을 것이다. 그보다는 21세기 분석철학의 또 다른 대가인 비트겐슈타인의 후기 철학을 살펴보면서 방법론적 자연주의에 귀속되지 않으면서 존재론적 자연주의를 옹호하는 방법을 제시할 것이다.

후기 비트겐슈타인이 일반적으로 자연주의에 더 가깝다고 해석하는 이유는 그가 후기 저술에서 인간의 일상 언어 수행, 특히 우리의 언어 수행[비트겐슈타인의 용어로는 '언어-게임(language-game)']에 몰두했기 때문이다. 특히 구체적인 언어 사용에 초점을 맞추고 인간의 일상생활을 탐구한 대목은 일종의 인류학적 연구라고 할 수 있으며,[32] 바로 그 점 때문에 그의 후기 작품이 자연주의로 해석된다.

더욱이 비트겐슈타인은 '자연의 매우 일반적 사실(너무 일반적인 나머지 대개 알아차리지 못하는 사실)'이 우리의 개념 형성의 기저를 이루며, 이에 따라 우리의 행동 및 언어 양식도 영향을 받는다고 말했다.[33] 또한 자연의 일반적 사실에 따라 우리의 개념 및 언어·행동 수행 또한 달라진다고 주장했다. 이에 따르면, 우리의 개념 및 수행 양식은 우연성(contingency)을 수반한다. 즉, 자연의 특정 사

---

31) Quine 1969 : 83.
32) 게이블(Gavell)에 따르면, "비트겐슈타인의 의도는 …… 인간이라는 동물(the human animal)을 다시 언어적 수행 면에서 살펴보고, 바로 그것을 철학의 작업으로 본 것이다." (1979 : 207). Padilla Gálvez 2010 참조.
33) Wittgenstein 1958 : 195.

실에 따라 얼마든지 달라질 수 있다는 뜻이다. 여기에는 인간의 본성에 관한 사실도 포함된다. 언어가 매우 가변적이며 유연한데도 인간의 삶에 들어맞는 이유는, 광의로 해석하자면 인간과 세계에 관한 일반적 사실을 담고 있기 때문이다. 비트겐슈타인의 말대로, "언어를 떠올리면 생활 양식(life-form)을 떠올리게 된다."[34] 그의 관점에서 보자면 '인간의 언어 및 행동'이 궁극적으로 기대는 대상은 우리의 '생활 양식', 즉 게이블의 말을 빌리자면 '유기체의 소용돌이(whirl of organism)'라고 할 수 있다.[35]

그러나 비트겐슈타인의 철학이 언어학적 인류학 혹은 그 밖의 자연과학처럼 현장 경험에 대한 연구를 독특하게 적용 혹은 연장한 것이라고 볼 수는 없다. 콰인은 인식론이 심리학으로 분류되어야 한다고 주장한 반면, 비트겐슈타인은 철학이 언어학 혹은 인류학으로 귀속되어야 한다고 보지 않았다. 그는 철학이 이론 정립을 해서는 안 된다고 주장했다. "더 이상 설명하려그 해서는 안 된다. 우리는 다만 기술(description)할 수 있을 뿐이다."[36] 그는 "생각하지 말고 들여다보라!"[37]고 단언했지만, 그렇다고 해서 그가 일상 언어 사용을 경험·관찰·연구(가령, 보통 사람들이 모인 장소나 빨래방, 슈퍼마켓에 가기)를 통해 기술한 것이 아니다. 또한 그 내용이 언어학 관련 서적에서 볼 수 있는 상세한 설명도 아니다. 비트겐슈타인은 언어의 작동 방식을 이해하는 방법으로 '언어-게임'을 제시했지만[38], 이것을 언어학에 관한 가설로서 제안한 것이지 경험적 탐구로 확증 혹은 논박할 수 있도록 설계한 것은 아니다. 그의 통찰을 경험적 검증이 가능한 가설로 파악한다면 그가 말하는 전체 요점을 놓치게 된다.

비트겐슈타인이 말하는 문법 혹은 언어-게임을 기술하는 방법 중 그 어느 것도 우리가 '탁상(혹은 비트겐슈타인이라면 휴대용 의자가 될 것이다.)'에서 일어나야 한다고 요구하지 않는다. 오히려, 그는 언어(가령, 독어와 영어)를 능숙하

---

34) 같은 책 : §19.
35) Gavell 2002 : 52. 물론 여기서 수반(supervenience) 관계만큼 강한 의존성은 없다. 따라서 자연의 이러한 일반적인 사실이 개념을 정초하는 것이 아니라 개념 형성의 배경이 된다고 표현하는 것이 나을 것이다.
36) Wittgenstein 1958 : §109.
37) 같은 책 : § 66.
38) 같은 책 : § 7.

게 구사할 수 있는 사람이라면 누구나 할 수 있는 이해와 직관의 방법을 사용했다. 즉 창의적 직유, 비유, 은유 및 사고 실험처럼 철학자들이 곧잘 이용하는 방법을 사용했다. 『철학적 탐구』의 자연 사태(Naturtatsachen)에 대해 논하는 부분에서 그는 "우리는 자연과학을 하는 것도 아니요, 자연 역사를 하는 것은 더더욱 아니다."라고 밝혔다. 또한 다른 저술에서는 철학을 할 때 "과학적인 것을 고려해서는 안 된다."고 말하기도 했다.[39] 확실히 철학자로서 우리가 관심을 두는 대상은 이러한 자연적 사실이 아니다. 물론 관심이 일치하는 경우도 있겠지만, 인과에 관한 문제만큼은 아니다. 철학적 문제를 과학의 인과적 설명으로 해결할 수 있다는 생각만큼 비트겐슈타인을 곤두서게 만드는 이야기는 없다. 그에 따르면 철학적 문제는 본질적으로 개념에 관한 것이므로 명료화해서 해결해야 하며 새로운 사실을 발견하거나 미지의 사실을 드러내는 것과는 아무 상관이 없다. 이런 관점에서 보자면, 사건 혹은 상상의 자연 역사(fictional natural histories)를 우리의 목적에 맞게 창조할 수 있다고 강조한 것도 크게 놀랄 일이 아니다.[40]

비트겐슈타인의 철학은 어떤 의미에서는 자연주의로 볼 수 있지만, 여기서 분명히 구분해야 할 점이 있다. 바로 비트겐슈타인이 말하는 철학은 방법론이나 목적 면에서 과학과 연계되지 않는다는 점이다. 이 점에서 비트겐슈타인은 콰인과 근본적인 차이를 드러낸다.[41] 비트겐슈타인이 논리의 일관성을 잃지 않는다면(적어도 비일관성이 드러나지는 않는다.) 그의 입장은 존재론적 자연주의라고 할 수 있다. 하지만 그는 자연과학의 방법론을 사용해야만 우리가 살아가는 자연 세계에 중요한 것을 밝힐 수 있다는 생각을 분명히 거부한다.

---

39) 같은 책 : § 109.
40) 같은 책 : § 122, 195.
41) Arrington and Glock 1996 : ⅹⅲ-ⅹⅳ 참조.

과학적 이미지 vs 현시적 이미지

여기서 윌프리드 셀라스가 '과학적 이미지'와 '현시적 이미지'라고 칭한 부분을 조금 수정해서 살펴보도록 하자. 현시적 이미지는 우리가 과학적 상식을 기반으로 하여 세계에 대해 갖는 이미지라고 가정한다. 셀라스는 "현시적 이미지란 적절한 의미로 볼 때, 그 자체로 과학적 이미지(a scientific image)다."[42] 라고 말했다. 그러나 이것이 우리가 아는 과학적 이미지(the scientific image), 즉 분자 생물학과 화학, 특히 물리학을 통해 알 수 있는 이미지를 말하는 것은 아니다.[43] 셀라스가 말한 대로[44] 두 이미지의 차이는 케임브리지의 유명한 천체 물리학자 에딩톤(A.S. Eddington)이 말한 '두 개의 테이블' 문제와 연결해 생각해 보면 이해하기 쉬울 것이다. 에딩톤은 자신의 저서 『물리 세계의 본성(The Nature of the Physical World)』의 서문을 통해 다음과 같이 말한다.

> 나는 강의 준비를 하려고 의자를 두 개의 탁자 쪽으로 당긴다. 그렇다. 탁자가 두 개다! 나와 관련된 사물은 모두 두 개다. 탁자도 두 개고, 의자도 두 개고, 펜도 두 개다. 탁자 한 개는 내가 어린 시절부터 아는 것이다. 내가 세계라고 부르는 환경에서 흔히 볼 수 있는 사물이다. 뭐라고 설명하면 좋을까? 연장되어 있고, 상대적 영구성을 지니며, 색깔이 칠해져 있고, 무엇보다도 부피가 크다. …… 탁자는 사물(a thing)이며, 부정(negation)에 지나지 않는 우주와 다르다. …… 두 번째 탁자는 내 과학에 해당한다. 최근에 만난 사이라 그리 친숙한 느낌은 들지 않는다. 앞서 언급한 세계에 속하지 않는다. 그러니까 내가 눈을 뜨자마자 볼 수 있는 세계 말이다. ……

---

42) Sellars 1991 : 7.
43) 사실 셀라스는 특정(the)과 불특정(a)이라는 구분을 염두에 두지 않았다. 그의 관점에 따르면, "(현시적 이미지)에 포함되지 않는 한 가지 유형의 추론이 존재한다. 즉, 지각 불가능한 개체의 가정(postulation) 및 그에 관한 원리를 통해 지각 가능한 사물의 행동을 설명하는 것이다."(1991: 7) 여기서 이러한 구분을 하는 것이 유용한 것인지는 모르겠다. 그러나 상식에 근거할 때, 박테리아와 바이러스가 인간의 행동에 영향을 미친다는 것은 충분히 받아들일 수 있을 것이다. 게다가 감각과 사고는 우리가 서로의 행동을 상식적으로 이해하는 데 지대한 역할을 한다. 그리고 그러한 것이 지각 가능한지는 적어도 분명하지 않다.
44) Sellars 1991 : 35~36.

나의 과학적 탁자는 거의 공허라고 할 수 있다. 그 공허 속에 성기게 흩어져 있는 것은 엄청난 속도로 운동하는 수많은 전하(electric charges)다. 그러나 이 전하가 아무리 많다 해도 모두 합치면 탁자 전체의 십억 분의 일도 차지하지 않는다. …… 두 번째 탁자는 전혀 크지 않다. 거의 텅 비어 있다고 할 수 있다. …… 근대 물리학은 정교한 실험과 가차 없는 논리로 무장한 채 실제로 거기에 있는 것(what's really there)은 두 번째 과학적 탁자뿐이라고 설득해 왔다. 여기서 '거기'가 무엇을 의미하든지 말이다.[45]

에딩톤에 따르면, 우주 공간에서 차지하는 공간이 거의 없다고 할 수 있는 탁자, 즉 전하(電荷)만이 운동하는 두 번째 탁자가 실재하는 것이다. 우리에게 보이는 탁자(고체이며, 색깔을 가지고 있고, 커피 잔이나 다른 물건을 둘 수 있는 탁자)는 실재하지 않는 주관적 현상(subjective appearance)에 불과하다. 여기서 중요한 것은 이 탁자를 설명하기 위해 초자연적 힘 혹은 요정, 신 혹은 혼령을 근거로 든 것은 아니라는 점이다. 이 탁자는 우리가 보고 느끼며 일상생활에서 사용하는 사물이다. 즉, 미신이 아닌 상식을 동원해서 탁자를 보았을 때, 이는 우리가 앞 장에서 살펴본 (온건한) 자연주의에 전혀 배치되지 않는다. 물론 에디슨처럼 강경한 자연주의자가 유일한 실재라고 말한 탁자와 확연히 구분된다는 것은 부정할 수 없다.

셀라스가 '영원의 철학(the perennial philosophy)'이라고 부른 철학에 따르면 현시적 이미지는 "실제로 존재하는 것의 척도다."[46] 앞서 살펴본 사항에 비추어 본다면 많은 철학자가 에딩톤과 셀라스와 마찬가지로 이를 비판하며 '척도'의 지위를 과학적 이미지에 넘기려고 할 것이다. 그들은 탁자에 대한 과학적 기술만이 탁자를 있는 그대로(퍼트넘의 말을 빌리자면) '그 어떤 주관의 개입 없이' 기술할 수 있다고 여긴다. 여기서는 이 주장에 대해 평가하기보다는 중요한 점을 짚어 보고자 한다. 이 주장을 따른다면 탁자를 색깔을 가진 고체로서 기술(하이데거와 실

---

45) Eddington 1928 : xi-x iv.
46) Sellars 1991 : 32.

용주의 철학자라면 탁자에서 책을 볼 수 있다거나 커피 잔을 놓을 수도 있다는 등의 실용적인 면도 언급할 것이다.)한 것도 타당하다. 인간의(human) 시점에 드러나는 그대로의 모습을 기술한 것으로 보기 때문이다. 아마도 영원한 상에 있어서(sub specie aeternitatis), 혹은 그 어떤 관점도 개입하지 않았을 때는 에딩톤의 탁자에 색깔이 칠해져 있거나 고체인 것은 사실이 아닐 수도 있다. 하지만 인간적 상으로(sub specie humanitatis) 봤을 때 이는 분명한 사실이다.

이번 장에서 '관점을 배제한(perspective-free)' 기술만이 참이거나 가치 있다고 암시한 대목은 없었다. 유색의 고체(혹은 물건을 둘 수 있는 유용한) 탁자에 대한 기술은 감각과 인지 기관을 지닌 우리의 요구와 관심 등에 따라 상대적으로 가치가 달라진다. 단, 일상생활에서는 이러한 현시적 이미지를 '진리'로 인식하는 것이 매우 중요하다.(한 물리학자가 정신이 팔려 커튼 색깔을 잘못 말한다면 민망한 상황에 처할 것이다. 그가 "실재하는 커튼에는 색깔이 없단 말입니다." 라고 항변해 봤자, 이를 곧이곧대로 들을 사람은 없을 테니 말이다.)

철학은 이러한 현시적 이미지를 다룬다는 점에서 퍼트넘의 말대로 '철학의 독자적 과제'를 만들 여지가 있다. 그렇다면 자연과학이 발전한다고 해도 철학의 영역이 축소되지 않을 것이다. 또 다른 장점은 중요한 '철학적 과제'를 갖게 된다는 것이다. 그런데 그 과제가 세계를 '관점의 개입 없이' 있는 그대로 기술하는 것은 아니다. 호킹이 철학의 죽음을 단언한 일을 다룬 라디오 대담에서, 앤서니 그레일링(A. C. Grayling)은 철학이 '추구하는 것(pursuits)'의 다양성을 간과해서는 안 된다고 지적했다. 철학은 과학적 혹은 준(quasi) 과학적 문제도 다루었지만, 도덕 및 미학에 대한 문제 역시 다루었다.[47] 행위의 옳고 그름, 혹은 정의로운 사회의 본성에는 어느 정도 객관적인 진리가 존재한다. 하지만 이것이 완전히 '관점으로부터 자유로운' 종류의 진리를 뜻하는 것은 아니다. 오히려 인간이라는 생명체(지구의 다른 생명체도 포함)로서 우리가 겪는 폭넓은 사실과 우리에게 중요한 사물과 연관된 진리를 말한다.

게다가, 우리가 아는 세계를 이론적으로 설명하려면 반드시 필요한 것이 바로

---

[47] Grayling and Greenfield 2010.

현상적 이미지의 진리들(이것이 진리라고 한다면)이다. 우리가 자신을 인식하는 방식은 강경한 자연주의자들이 주장하는 것과 다르다. 그런데 강경한 자연주의의 한계는 이것만이 아니다. 앞으로 살펴보겠지만, 강경한 자연주의 방법론으로는 우리 자신을 쉽게 인지할 수 없다. 게다가 강경한 자연주의자의 비타협적인 주장에는 반(反) 휴머니즘적인 색채가 두드러져서 인간적인 특성 중에 중요한 것을 놓치고 있다는 느낌이 든다. 가령, 린 루더 베이커(Lynne Rudder Baker)는 자연주의 주장의 '비타협적인(relentlessly) 3인칭 시점'은 "자신을 있는 그대로 생각할 수 있는 시점"[48]인 1인칭 시점을 놓치고 있다고 주장한다. 자연주의 철학을 가장 통렬히 비판하는 현대 철학자 찰스 테일러(Charles Taylor) 역시 사회 제도 및 윤리적·미학적 판단을 환원적으로 설명하는 것은 타당하지 않다고 주장한다. 이러한 판단을 이해하려면 우리는 '행위자의 시점(the perspective of the agent)'을 택해야 하는데, 이는 자연과학에서는 찾아볼 수 없다.[49] 이렇게 강경한 자연주의자의 기술은 중요한 것을 놓치고 있다고 지적하는 이들은 철학의 역할 및 과학과의 관계에 대해 대안적 입장을 제시한다.

철학과 인문학

앞서 살펴본 내용에 따르면, 버나드 윌리엄스(Bernard Williams)가 촉구했듯이 철학자들은 철학이 "자연과학의 연장인 듯 행동해서는 안 되며(물론 특성상 자연과학과 연관된 특수한 경우는 예외다.)", "철학의 정체성을 우리 자신과 활동을 이해하는 광의의 인문학적 과제로 여겨야" 한다.[50] 이미 주지했듯이, 철학이 과학의 연장선에 있다고 생각하는 일차적 이유는 과학을 통해서만 지식의 증가가

---

48) Baker 2007 : 203.
49) Taylor 2007. 퍼트넘의 흥미로운 주장에 따르면, 혹자는 강경한 자연주의가 윤리적 및 기타 판단의 여지를 허용하지 않는다는 사실을 매력적으로 받아들인다. 그는 자연주의의 매력은 '규범적인 것에 대한 두려움에 기반한다.'고 말한다. (2004 : 70)
50) Williams 2006 : 197.

가능하다고 믿기 때문이다. 이는 콰인이 강력하게 지지하는 입장이기도 하다.[51] 그러나 철학의 오래된 전통을 지지하는 쪽에서는 이러한 입장을 배격한다. 이들은 철학이 과학과는 엄연히 구분된다고 주장하며 철학만의 과제를 고수하고자 한다. 사실 이러한 배격이 시작된 것은 16세기로 거슬러 올라간다. 이 시기에 과학이 관찰 및 경험적 방법을 개발하면서 자신만의 활로를 개척하기 시작했기 때문이다. 비슷한 시기에, 신학 역시 서양 철학과의 불가분의 관계에서 벗어나 분리를 시도한다. 중세가 신(神)·자연·인류를 통합한 세계상을 제시했다면, 근대에 이르러 분리가 시작되면서 철학이 인간을 연구하는 일차적 학문으로 부상하기 시작했다. 이것이 바로 인문주의가 주창한 르네상스다. 인문주의에 따르면 인간은 자연의 일부도 아니요, 신과 특별한 관계를 맺고 있다고 해서 다른 생명체와 구분되는 존재도 아니라는 것이다. 철학에 대한 인문주의적 접근은 인간이 가진 독특한 특징을 잘 설명할 수 있는 학문이 따로 존재한다는 생각을 바탕으로 전성기를 누렸다. 철학은 과학의 연장선이라는 주장에 대한 대안으로 우리가 고려하는 것도 바로 인문학으로서의 철학이다.

    철학이 역사처럼 인문학에 속할 뿐만 아니라 심리학처럼 과학이기도 하다고 주장한다면, 즉시 반박에 부딪힐 것이다. 그렇다면 인문학이 과학과 다른 점은 무엇인가? 지금 이 입장을 고수하는 사람은 거의 없을 테지만, 다음과 같은 주장도 가능하다. 과학은 신체 및 신체 활동에 대한 증거를 수집하지만, 인문학은 비신체적(non-bodily)인 정신 작용을 다룬다는 것이다. 이러한 사고의 전형을 보여 주는 것이 바로 데카르트 철학이다. 그의 철학에 따르면, 우리가 다른 사람의 행동에서 그들의 정신 상태를 추론할 수 있는 것은 우리 자신의 정신 상태에 대해 비(非)관찰적 지식을 가지고 있기 때문이다. 이러한 이분법적 사고의 한계는 이미 널리 알려져서 다시 설명하지 않아도 되겠지만, 그래도 데카르트가 자신을 '생각하는 사물(a thinking thing)'이라고 주장한 시작점이 무엇인지 되짚어 보도록 하자. 여기서 데카르트는 특정한 시점으로 사물을 관찰하며 다른 상황이 어떠하든 상관없이 자신이 본 것이 사물이 드러나는 방식이라고 주장한다. 그는 자신이 무엇을 어떻

---

[51] Quine 1960 : 22~23 참조.

게 보고 느끼는지(가령, 벌집에서 가져온 밀랍을 맛보고 냄새를 맡으며 어떻게 단맛을 느끼는지) 연이어 설명한다. 즉 자신의 세계에 대한 경험을 말하는데, 여기서 과학으로는 다룰 수 없는 인간의 사고 양식이 드러난다. 이것이 바로 우리 자신이 세계를 경험하는 방식인 1인칭 시점이다. 인문학은 세계에 대한 1인칭 시점을 갖는 반면, 과학은 그러한 1인칭 시점과 상관없이 누구에게나 객관적인 3인칭 시점을 갖는다고 볼 수 있다. 앞서 '인간적 관점'이라 칭했던 것이야말로 1인칭 시점이다. 세계가 모든 인간에게 드러나는 통로가 바로 이 시점인 것이다.

지금까지 인간이 세계에서 특별한 종류의 존재라고 생각한 흐름(가령, 데카르트)을 살펴보았다면, 지금부터 살펴볼 주장은 인간이 세계에 대한 자신만의 인식론을 갖는 존재라는 입장이다. 이로 인해 인문학을 바라보는 특별한 방식이 생겨났다. 물론, 이것을 인문학에서 암묵적으로 수용하는지는 논쟁의 여지가 있지만 말이다. 예를 들면, 소설이 등장하면서 역사학자는 세계에 대한 역사적 기술을 역사극 배우의 시점으로 서술[철학자 헤르더(Johann Gottfried Herder)는 이를 보고 'einfühlen(감정이입하다.)'라는 새로운 단어를 만들었다.]하게 되었다. 헤르더는 "한 국가의 정신이 무엇인지를 먼저 파악해야 그 국가의 사상과 행동 중 어느 하나라도 제대로 이해할 수 있다."라고 선언하기도 했다.[52] 이후, 빌헬름 딜타이(Wilhelm Dilthey)는 인문학의 연구 방식을 과학과 비교하여 체계화하기에 이른다. 그가 명확하게 밝힌 철학의 원리로 "우리는 자연에 대해 설명하지만 영혼을 가진 인간의 삶을 이해한다."[53] 그런데 이러한 이해가 가능한 것은 타인이 세계를 경험하는 방식을 상상을 통해 재구성할 수 있기 때문이다.[54] 좀 더 명료화하고 검토할 내용이 많지만, 인문학에 대해 지금까지 설명한 요점만으로도, 철학을 인문학으로 간주해야 한다는 입장을 충분히 검증할 수 있다. 단, 그 전에 왜 철학을 인문학으로 보기를 원하는지 의문을 제기해야 한다.

---

52) Barnard 1969 : 181.
53) Bowie 2003 : 200에서 인용.
54) 마사 누스바움(Martha Nussbaum)은 이것이 '서사적 상상력(narrative imagination)'을 동원해 문학 작품을 읽을 때 나타난다고 본다. 이는 인문학을 함양한 결과 생기는 세 가지 능력 중 하나에 해당한다. 나머지는 다른 문화권에 대한 지식과 자신의 문화권에 대한 비판적 성찰인데, 이는 주로 철학을 통해서 얻을 수 있는 소양이다. 자세한 내용은 Nussbaum 1997, 2012 참조.

과학은 객관성을 지향한다. 이는 '개인의 기질, 세계에서의 위상에 대한 특수한 사항, 혹은 특정한 생물 유형의 특성'[55]에 되도록 영향을 받지 않는다는 것을 의미한다. 과학은 3인칭 시점에서 인간의 행동과 사건을 설명한다. 가령, 사회 생물학자는 사랑을 나누는 행위를 설명하면서, 여성은 이를 통해 상대를 독점하는 대신 오랫동안 임신과 육아를 책임지게 된다고 말한다. 그런데 이는 인간이 아닌 다른 종들을 설명할 때나 어울리는 말이다. 우리가 사랑할 때 느끼는 열정이나 고통의 차원을 전혀 말해 주지 않기 때문이다. 이러한 설명은 객관적일 수는 있지만, 우리가 실제로 사랑을 이런 식으로 생각하지 않는다는 한계가 있다. 이는 단순히 짝짓기를 설명하는 특정한 방식에서만 그 한계를 드러내는 것이 아니다. 과학적 설명을 제외하고, 우리는 사랑이 무엇이라고 생각하는지에 대해 설명하는 다른 방식에도 영향을 미치기 때문이다. 사랑하는 이유를 설명할 때 우리는 상대방이 아름답거나 매력적이라는 이유 등을 든다. 사랑하는 상대방 역시 이러한 이유가 설득력 있다고 보기 때문이다. 여기서 말하는 것은 사랑에 대한 객관적 설명이 아니라 주관적 이해다. 또한 우리가 인생에서 사랑이 차지하는 자리를 조명하기 위해 찾는 것은 러브 스토리 혹은 시와 같은 것이지, 사회 생물학과 같은 과학이 아니다.

물론 단순히 성적 관심으로 행동했으면서 사랑에 빠져서 그런 것이라며 자신의 행동을 정당화하는 경우도 있다. 낭만적 사랑에 대한 담론을 중단하라는 일부 페미니스트의 주장에 설득당할 수도 있다. 그러나 아무리 그렇다 하더라도 1인칭 시점을 전면적으로 포기하는 것은 불가능하다. 이는 특정한 종만이 색깔을 인식하기 때문에 우리는 지각되는 대로 사물의 색깔에 대해서 말할 수 없으며, 따라서 객관적인 시점에서 말할 수 있는 것은 다양한 파장의 빛으로 반사되는 사물뿐이라는 주장이 먹히지 않는 것과 같은 이치다. 인간의 관점에서 봤을 때, 사물에는 사물의 현시적 이미지에서 드러나는 것처럼 다양한 색깔이 있다. 따라서 정상적인 시각을 가진 사람이라면 이러한 시각적 세계를 보이는 방법이 아닌 다른 방법으로 말하는 것이 불가능하다. 이러한 논거가 정당하다면, 토머스 네이글이 말

---

[55] Nagel 1986 : 5.

했듯이, "세계·삶·인간의 문제에는 완벽하게 객관적인 시점으로 이해할 수 없는 것들이 존재한다."[56] 따라서 "1인칭 시점을 완전히 배제한 채 전적으로 객관적 시각에서 세계를 설명하려고 하면, 명백하게 존재하는 특정한 현상들을 엉뚱하게 환원하거나 전면 부정하게 된다."

그렇다면 철학이 단순히 인문학에 속한다는 것으로 만족해야 하는가? 그 이상을 원한다면, 인간으로서 살아간다는 것이 무엇인지 답을 제시하기 위해 독특한 인간적 관점에서 세계를 바라봐야 한다. 이 방법은 분명히 역사학자가 사용하는 방법과는 다를 것이다. 철학은 다양한 시대적 배경의 사람들이 어떻게 살았는지에 대한 사실을 다루는 역사가 아니기 때문이다. 철학의 목적은 더 일반적이며, 이러한 일반성은 철학적 주장을 평가하는 방법, 즉 사람들이 세계를 경험하는 방식에 동의하는 기준으로 삼을 수 있다. 동의할지 반대할지는 우리에게 달린 문제다. 여기에 다른 중재자는 필요 없다.

이러한 인간의 관점을 어떻게 설명할 수 있을까? 이에 대해 많은 철학자가 다양한 주장을 제시했는데, 그중 일부를 살펴보기로 하자. 헤르더 및 당대 독일 낭만주의 철학자는 언어를 통해 인간의 관점을 설명하는 것이 가능하다고 보았다. 헤르더의 주장에서 드러나는 언어학적 국수주의는 차치하고, 그의 설명에서 우리가 주목해야 할 점은 발화자가 세계와 상호작용하는 방식이 언어로 명료화된다는 것이다. 따라서 발화자가 선택하고 구분하는 것은 그들이 세계와 실제 교류(practical involvement)하는 방식을 반영한다. 하이데거와 후기 비트겐슈타인의 등장을 예고하는 이 입장은, 세계의 양상이(아리스토텔레스의 말을 빌리자면) 이미 정해져 있으며(carved at the joints), 우리가 언어를 사용해 그 구조를 드러내 주길 기다린다는 주장을 반박한다. 언어를 기술하는 것은 우리가 세계를 이해하는 특정한 방식을 기술하는 것이지, 과학의 목표대로 그 내용을 분류하고 상호작용을 설명하는 것이 아니다.

이러한 입장은(2장에서 살펴본) 철학을 2차 학문(second-order inquiry)으로 보는 입장과 많은 면에서 일맥상통한다. 단, 전자가 대개 언어를 강조한다면, 후

---

56) 같은 책 : 7.

자는 반드시 그렇지는 않다. 한스-요한 글록(Hans-Johann Glock)이 주장했듯이 "철학은 우리가 실재를 표상하는 방식을 반영하는 2차 학문이라는 칸트의 생각"은 우리가 "언어·개념적 사고, 혹은 비개념적 지각을 반성적으로 이해하는가"에 따라 다양한 형태로 나타난다.[57] 오스틴처럼 전형적인 일상 언어의 철학자마저도 우리가 '무엇을, 언제 말해야 하는가'를 생각할 때 우리는 "단순히 단어(혹은 '의미')를 보는 것이 아니라 말하는 상황을 본다. 단어에 대한 예리한 지각을 사용해 최종 중재자의 개입 없이도 현상을 예리하게 지각한다."[58]고 인정했다.

이러한 입장에서 보자면, 개념적 분석도 인문학에 속한다고 볼 수 있다. 언어를 통해 세계를 보는 특수한 인간적인 관점을 드러내기 때문이다. 에이어(A. J. Ayer)는 19세기 과학과 철학의 관계를 연구하면서, 과학적 결정론이 자유 의지를 배격하지는 않느냐는 질문의 중요성에 주목했다. "빅토리아시대 학자들을 이러한 문제들 때문에 골머리를 앓았는데, 그것도 무리는 아닌 듯하다. 이를 해결하려면 논리적 분석을 사용해야 한다."[59] 자유 의지의 논리적 분석은(우리가 매우 결정론적인 세계에 살고 있음에도) 일상생활에서 자유 의지라는 개념을 어떻게 사용하고 있는지 보여 준다. 그는 빅토리아인이 분석을 사용하지 않았기 때문에 당면한 '문제'를 분석을 통해 제거한다. 따라서 에이어는 분명히 과학의 우월함을 인정하면서 논거를 펼쳤지만, 실제로는 인문학적 과제(우리의 방식대로 살고 행동할 수 있는 세계를 이해하기)를 수행한 것이다. 이는 분석이란 세계에서 일어나는 사건을 설명하는 과학적 노력이라는 주장과 분명히 다른 입장을 취하고 있다.

인문학적 접근은 철학적 문제가 삶의 본질적인 문제라고 생각한다. 앞서 살펴보았듯이, 자유 의지는 어떻게 하면 우리의 방식대로 계속 살아나갈 것인지와 관련한 문제다. 반면 과학에서 보는 자유 의지는, 결정론을 고려했을 때 선택과 결정이라는 민중 이론(folk theory)을 계속 적용할 수 있는지를 묻는 문제로 해석된

---

57) Glock 2008 : 128.
58) Austine 1979 : 182.
59) Ayer 1949 : 213.

다. 단, 인문학적 접근은 존재론적 자연주의와 일맥상통하는 부분이 있다. 실제로 자유 의지의 문제는 존재론적 자유주의를 가정하고 있다. 자연의 질서를 중단하는 것이 가능하다면 문제가 발생하지 않기 때문이다. 자연주의는 확실히 근대적 개념인데, 이를 부정하는 것은 근대적 세계관 전체, 즉 인간은 자연 질서의 일부라는 개념을 포기하는 것이 된다. 한편, 강경한 과학적 자연주의자가 종종 제시하듯이 우리 자신에 대한 일상적 관찰이 단순히 환상에 불과하다는 주장 또한 부정하기 어렵다. 이 부분에서 의견이 상충하고 있는데, 이를 해결하는 것이 바로 현대 철학의 쟁점이다.

결론

앞서 살펴보았듯이, 자연과학의 발전은 철학에서 이루어진 그 어떤 발전보다 눈부시다. 이러한 사실은 존재론적 자연주의(요컨대 자연 세계는 존재하는 모든 것이라는 입장)와 더불어, 호킹이 단언했던 철학의 죽음을 알리는 듯하다. 그러나 상황은 생각만큼 간단하지 않다. 과학만이 세계를 '그 어떤 개입도 없이(from nowhere)' 기술하고 설명할 수 있다 하더라도, 이러한 객관적인 설명만 가치 있다고 말할 수 없기 때문이다. 특히, 철학은 우리 자신과 세계를 우리에게 드러나 보이는 그대로 '인간적 관점에서' 이해하게 해주는 '인문학적' 과제에 속한다. 셀라스의 표현을 빌리자면, 철학의 특수한 책임은 과학적 이미지가 아니라 현시적 이미지를 명료화하는 것일 수도 있다. 자연주의 성향을 지닌 철학자라면 대부분은 과학적 이미지보다 현시적 이미지를 우선시하는 전통 철학을 배격하려고 할 것이다. 그러나 앞서 살펴보았듯이, 현시적 이미지의 명료화가 지닌 가치를 훼손하지 않고도 과학적 이미지의 우위를 주창할 수도 있다. 그럼에도 불구하고 두 입장 사이에는 좁혀지지 않는 차이가 여전히 존재한다.

4.
철학적
논쟁의 자료

The data of philosophical arguments

철학적
논쟁의 자료

도입

2장과 3장에서 우리는 철학이 '무엇인가(What)'라는 질문에 대한 다양한 기술적·규범적 접근을 살펴보았다. 철학이 무엇이며, 철학은 무엇이어야 하느냐에 대한 질문은 철학을 어떻게 해야 하느냐는 질문과 무관하지 않다. 가령 철학이 자연과학의 일부라고 생각한다면 그러한 견해가 철학의 방법론에도 영향을 미치기 때문이다. 4장에서는 철학의 방법론, 즉 철학을 '어떻게(How)' 해야 할 것인가에 대해 살펴보고자 한다. 앞서 살펴본 것과 마찬가지로, 우리는 규범적 접근에 중점을 둘 것이다. 따라서 우리의 질문은 철학자들이 자신의 주장을 실제로 어떻게 정당화할 것인가가 아니라, 어떻게 정당화해야 하는가가 된다.

철학의 방법론을 다루는 데는 한 가지 이상의 접근 방법이 있다. 그중 하나는 철학자가 특히 잘 사용하는 논쟁의 다양한 양식(pattern)을 검토하는 것이다.[1] 이는 매우 중요한 과제지만, 여기서는 철학자들이 잘 사용하는 논쟁에서 대개 '자료(data)'의 기능을 하는 고려 사항을 살펴볼 것이다. 이에 대해 티모시 윌리엄슨이 말한 '무언가로 규율이 정해지는 학문(academic discipline being disciplined by something)'이라는 개념이 유용할 듯하다. 윌리엄슨의 설명을 따르면, "X의 규율을 받는 것은 단순히 X에게 말로만 경의를 표시하는 것이 아니라, X가 말하는 내용(deliverances)과 일치하기 위해 의식적·체계적 노력을 기울이는 것을 말한다." 그렇다면 무엇이 철학의 규율을 정하는 것일까? 그 답은 말 그대로 온갖 종류의

---

1) 패스모어(Passmore 1961)는 이러한 접근의 훌륭한 예를 보여 준다. 물론 그의 논의 중 일부분[가령, '패러다임 케이스 논쟁(paradaigm case argument)']은 시대에 뒤떨어지기도 한다.

것이 될 수 있다. 윌리엄슨의 말을 빌리자면, 철학을 규율하는 것에는 "의미론, …… 구문론, 논리학, 상식, 창의적인 예시, 다른 학문(수학·물리학·생물학·심리학·역사 등)의 연구 결과, 혹은 이론의 미학적 평가(정교함, 간결성)"[2]가 포함된다. 니콜라스 레쉬(Nicholas Rescher)는 철학의 '자료'가 될 수 있는 목록을 다음과 같이 정리하고 있다.

- 상식에 기반을 둔 신념, 공통 지식, 아주 오랜 옛날부터 '보통 사람이 지닌 평범한 의견'으로 받아들여진 것
- 당대 과학이 제공하는 사실(혹은 사실로 추정되는 것), 지식에 정통한 '전문가'와 '책임 기관(authorities)'의 견해
- 일상생활 속에서 부딪히면서 경험하거나 느끼는 교훈
- 당대의 세계관으로 수용하는 의견, '시대정신'과 일치하는 견해 및 자신의 문화적 맥락에 대한 주변의 확신(ambient convictions)
- 전통, 구전 지식 및 선조의 지혜(종교적 전통 포함)
- '역사의 가르침(역사를 통해 알 수 있는 모든 가르침)'[3]

철학이 사용할 수 있는 모든 자료를 한 장에서 다루는 것은 불가능하다. 따라서 여기서는 두 가지 방법론인 현상학적 기술(phenomenological description)과 개념적 분석(conceptual analysis)에 초점을 맞추고자 한다. 이 두 가지를 선택한 것은 두 가지 이유(이는 서로 긴밀히 연관된다.) 때문이다. 첫째, 두 가지 방법론 모두 철학에서만 사용되는 것은 아니지만, 다른 학문에 비해서 철학의 특성을 잘 드러낸다. 둘째, 현상학과 개념적 분석은 철학적 논증에서 가장 핵심적인 학문이다. 대륙 철학자 대다수가 타당성을 인정하는 방법론이 있다면 그것은 바로 현상학적 기술일 것이다. 또한 개념적 분석이 최근 비판을 받고 있기는 하지만, 그럼에도

---

[2] 두 인용 모두 Williamson 2007 : 285.
[3] Rescher 2001 : 15~16. 여기에 제시된 예시 모두 철학자들이 사용한다거나, 동일한 무게로 접근해야 한다고 말하는 것 같지는 않다.(특히, '당대의 세계관', '구전 지식' 등의 경우)

불구하고 이는 여전히 주류 분석철학에서 정석으로 통하고 있다.(정석을 인정하는 한 그러하다.)

현상학

현상학은 20세기 초에 발생한 철학 사조다.[4] 사실, 현상학의 시초는 정확히 말하면 에드문트 후설이 『논리 연구(Logical Investigations)』를 출간한 1900년까지 거슬러 올라간다. 후설은 원래 수학자였다. 수학의 근본 문제에 관심을 가졌던 것이 결국 그를 논리학과 철학으로 이끌었던 것이다. 책 제목이 '논리 연구'임에도 불구하고 이 저서는 단순히 좁은 의미의 논리 문제만을 다루는 것이 아니다. 이 책에서 후설은 철학 전반의 문제에 대해 자신이 옳다고 생각한 접근법을 주장하고 있다. 그의 주장에 따르면, 철학자는 체계 수립이나 사변에 의존하는 것이 아니라 '사물 그 자체(the things themselves)(사물이 드러내는 모습 그 자체를 말하는 것으로, 그리스 어원은 'phainomennon'이다.)'로 돌아가야 한다.

현상학자는 철학을 일상 경험의 규율에 맡겨야 한다고 주장한다. 이는 현상학이라고 하면 쉽게 떠오르는 생각이지만, 제대로 이해하는 것이 중요하다. 우선, 현상학에서 말하는 '경험'은 감각적 경험 혹은 지각보다 포괄적인 개념이다. 현상학자라면 온갖 정신적 현상(생각하기, 꿈꾸기, 상상하기, 기대하기, 희망하기, 기억하기, 두려워하기, 초조해하기, 고통 느끼기를 비롯해 지각도 포함한다.)을 기술하는 데 흥미를 느낄 것이다. 그런데 현상학에서 말하는 경험의 범주는 이러한 정신 활동보다 훨씬 포괄적이다. 옛 친구와 대화하기, 사람들이 **빽빽**이 모여 있는 공간 지나가기, 유행가 흥얼거리기, 집어 든 망치로 나무판자에 못 박기 등 이러한 모든 활동 역시 현상학적 의미의 경험에 해당한다.

여기서 공통점을 발견하기란 쉽지 않지만, 우선 앞서 제시한 예를 살펴보면 무언가 특정한 방식으로 등장하거나 주체에게 모습을 드러내는[presented 혹은

---

[4] 이는 정신의학, 심리학, 사회학을 비롯한 다른 학문의 현상학파 설립에 많은 영향을 미쳤다.

표상되는(represented)] 것을 알 수 있다. 다르게 말하면, 주체는 무언가 한 가지 이상을 경험하고 있다. 그 무언가는 치통, 꽃, 수학 문제 해결, 옛 친구, 혹은 망치와 나무판자가 될 수 있다. 후설이 스승인 프란츠 브렌타노(Franz Brentano)의 철학에서 빌려 온 기술적 용어를 사용하자면, 위의 모든 경우에서[5] 주체는 한 가지 혹은 그 이상의 '지향적 경험(intentional experiences)'을 하고 있다. 지향적 경험이란 무엇인가를 경험하거나 혹은 무언가에 *대해* 경험하는 것, 혹은 무언가를 향해 있는 것을 말한다. 축구 경기 관람하기, 새로운 자전거 갈망하기, 작년 여름 휴가 회상하기 등은 '지향성'의 특징을 보여 주는 경험이다. 이는 축구 경기, 새로운 자전거, 작년 휴가 등 지향하는 대상이 존재하기 때문이다.

둘째, 광의와 협의의 현상학을 구분하는 것이 중요하다. 그 차이를 구분하려면 현상학자가 지향적 경험(사물 '을' 혹은 사물에 '대해' 경험하기)에 특별한 관심을 뒀다는 점을 유념해야 한다. 이러한 경험을 기술할 때, 초점은 '양극(poles)'으로 나뉠 수 있다. 하나는 주관적 현상으로서의 경험이고, 다른 하나는 사물 '을' 혹은 사물에 '대해' 경험하기다. 첫 번째에 초점을 맞춘 기술은 현재 경험하는 것이 '어떠한 것인지'[6] 포착하고자 한다. 분석 철학자가 경험의 '현상학'을 말할 때 대개 의미하는 바는 이러한 협의의 현상학이다. 따라서 분석 철학자가 시각적 지각의 현상학을 말할 때, 대개 그들이 지칭하는 것은 보이는 것에 대한 주관적인 경험이다.

그러나 현상학 전통의 모든 철학자는 거의 예외 없이 광의의 현상학을 염두에 두고 있다. 광의의 현상학은 좁은 의미의 현상학뿐만 아니라 경험(사물 '을' 혹은 사물에 '대한' 경험)의 객관적 측면도 포함한다. 후설의 예를 보면, 이 차이를 명확히 구분할 수 있다. 화창한 봄날, 정원에 앉아서 사과나무 꽃을 보고 감탄한다

---

5) 모든 사례가 여기에 해당되지 않을 수도 있다. 가령, 고통을 경험하는 것이 지향적 경험인가? 이에 대해 의견이 분분할 것이다. 마찬가지로, 초조함을 겪을 때도 특정한 이유 없이 불안할 수 있다. 그렇다면 이는 비지향적 경험이 아닐까? 혹은 지향적 경험이긴 하지만 그 대상을 정확히 짚어 말할 수 없는 것일까?(가령, 존재 자체가 불안을 야기하기도 한다.) 이 점에 대해서도 의견이 분분할 것이다.

6) 이 용어는 다른 전통 현상학자의 저술에서는 찾아볼 수 없지만, 토마스 네이글의 논문인 《박쥐가 되는 것은 어떠한 것인가?(What is it like to be a bat?)》(Nagel 1979 : 165~180)의 영향을 받아 사용했음을 밝혀 둔다.

고 해보자. 협의의 현상학에서는 관심의 전환, 눈의 초점 이동에 대한 암묵적 지각, 꽃을 바라보면서 느끼는 기쁨 등에 관해 말한다. 광의의 현상학은 여기에 꽃의 색깔, 사과나무 뒤의 배경(잔디, 울타리, 정원 창고 등), 현재 위치에서는 보이지 않는 나무의 특징(나무 몸통의 뒷모습, 가까이 직접 관찰할 수 있는 꽃의 세부적 모습 등), 사과나무의 미학적 측면(아름다움, 봄을 대표하는 모습 등)에 대해 추가한다.

사실상, 현상학자 대부분은 경험의 '객관적' 측면을 우선시하는 경향이 있다. 그레고리 맥컬로치(Gregory McCulloch)가 말했듯이 "사물이 우리에게 주는 인상"을 기술하는 것이다.[7] 후설은 지각한 것이 무엇을 의미하는지 할 말이 많았지만, 항상 지각된 *대상*을 현상학적으로 기술하는 것으로 논지를 시작했다. 또한 하이데거는 망치가 망치질이라는 활동에서 자신을 드러내는 방식에 대해서는 할 말이 많았지만, 망치질에서 망치의 주관적인 경험은 무엇인지에 대해서는 할 말이 거의 없었다. 우리 경험에 대해 이렇게 객관적인 모습을 우선시하는 이유는 역설적으로 들리겠지만, 현상학자는 대개 주관적 경험에 별 관심이 없기 때문이다. 그들이 경험에 집중하는 이유는 세계가 경험을 통해서 우리에게 모습을 드러내기 때문이다. 또한 그들이 관심을 갖는 것은 현상으로 나타난 세계의 구조뿐만 아니라 현상(manifestation) 혹은 소여성(givenness)의 차원이다. 이 점은 잠시 후 다시 살펴볼 것이다.

이 점과 관련해 생각해 볼 점이 있다. 현상학에 대한 비판적 주장과는 달리, 현상학자는 대개 내성(introspection)에 의존하지 않는다.[8] 현상학자의 1차적 관심이 협의의 현상학적 기술이라면 이 주장은 맞지 않을 것이다. 하지만 현상학자는 주로 세계가 그 자체로 우리에게 현상으로 나타나는 모습을 기술하는 것에 관심이 있기 때문에, 내성에 크게 의존하지 않는다. 물질적 사물에 '그것이 주는 인상 그대로' 주의를 기울이는 것은 반성적 사고(reflection)다. 하지만 이는 여전히 물질적 사물에 대한 반성적 주의에 머무를 뿐, (더밋의 주장과는 달리) "의식의

---

7) McCulloch 1995 : 131.
8) 가령, 데넷(1991 : 44)은 현상학자들이 '내성의 특수 기법'을 사용한다고 주장한다.

흐름 속을 유영하는 사물"9)을 말하는 것이 아니다.

여기서 유념해야 할 점은 경험의 객관적 극대점을 기술하는 것이 그 경험에서 중요한 대상을 기술하는 것과는 다르다는 것이다. 사과나무의 예로 다시 돌아가면, 자연의 일부로 인식할 수 있는 나무는 "불에 탈 수 있고, 화학적 요소로 해체될 수도 있지만" 그 어느 것도 "지각된 것으로써 지각될 나무(perceived tree as perceived)"라고 말할 수 없다.10) 후자는 미학적 속성을 가지는 것이지, 화학적 속성을 갖는 것이 아니다. 또한 경험의 객관적 극대점이 미학적 속성을 가진다는 의미도 아니다. 나무를 보자마자 화학적 속성부터 먼저 떠오르는 (강박적인) 화학 교수도 있을 테니 말이다. 만약 장작이 필요한 사람이라면 나무를 보자마자 연소성부터 떠올릴 것이다. 여기서 요점은, 현상학에서 말하는 대상이란 가령 자연과학에서 설명하는 '실제 사물(real object)'과 얼마나 일치하는지와 상관없이 경험 안에서 엄격히 제시되는 사물을 가리킨다는 점이다. 그 차이를 명확히 하기 위해 예시 두 가지를 더 살펴보도록 하자. 만약 하얀색 물체가 조명 때문에 핑크색으로 보인다면, 그 경험을 통해 '지각된 것으로서의 지각된 대상'은 핑크색이지 하얀색이 아니다. 그것은 대상이 하얀색으로 보이는 것이 아니라 핑크색으로 보이기 때문이다. 인간 신체의 80퍼센트는 H_2O로 구성되어 있지만, 친구를 보면서 그가 수소와 산소로 이루어져 있다고 생각하지는 않는다. 그러나 친구가 H_2O로 보이지 않는다고 해서(엄격히 말하자면 당신이 친구와 갖는 정상적인 교류에서 친구가 당신에게 보이는 모습을 말한다.) 당신이 친구에 대해 기술하는 것이 아니라고 말할 수 없다. 그것은 단순히 '당신 의식의 흐름 속 유영'이 아니다.

현상학자가 경험에 주안점을 두는 것과 관련해 세 번째 중요한 점은 다음과 같다. 현상학자에게 특히 중요한 것은 지향적 경험이다. 이는 후설이 '본래적 소여성(originally giving)' 경험이라고 칭한 것을 말한다. 재현적(representing) 경험

---

9) 같은 책 : 45. 현상학자들이 망치, 나무, 사람들 등 다양한 사물을 다양한 문맥에서 인식하여 기술하는 방법을 결국 '생활 세계(the life-world)'에 대한 기술이 된다는 주장이 있다.(후설 1970 : § 34) 생활 세계란 우리가 당연하게 여기는 세계를 일컫는 것으로, 우리가 살고 있는 경험적 소여(experientially given)로서 유의미한 세계를 말한다.
10) 두 인용 모두 Husserl 1982 : 216.

과 대조적인 의미에서 현시적(presenting) 경험으로 볼 수도 있다. 가령, 엄마의 얼굴을 떠올려 보면 이는 지향적 경험이며, 그 대상은 엄마 외의 그 누구도 가리키지 않는다. 당신이 상상하는 것은 어머니의 사진이 아니라(물론 그렇게 할 수 없다는 말은 아니다. 가령, 엄마의 여권 사진을 떠올려 볼 수 있으니 말이다.), 어머니 자체다. 그럼에도 불구하고 당신의 어머니는 우리의 인식된 경험 속에서 재현된다. 어머니가 '실물로' 나타나는 것은 아니기 때문이다. 한편 당신이 어머니를 볼 때 어머니는 실물로 직접 존재한다. 즉, 지각은 현시적 경험이지만 상상과는 다르다. 그렇다고 감각 지각(sense perception)이 유일한 현시적 경험은 아니다. 가령, 감각 지각이 논리와 수학 문제를 해결하는 데 도움을 줄 수는 있지만, 논리 및 수학적 진리는 순수한 지성적 행위 혹은 경험에서 진리로 '주어진 (given)' 것이기 때문이다.[11]

물질적 사물은 감각적 지각이 아닌 다른 형태의 경험을 통해서도 인지할 수 있다. 하이데거의 분석이 옳다면, 망치가 자신의 존재를 드러내는 것은(하이데거의 용어로 표현하자면) 단순히 '도구(equipment)인 상태'에 있지 않다. 즉, 사심이 없는 관찰(disinterested observation)이 망치의 존재를 드러내지 않는다는 것이다. 망치의 '망치다움(hammer-hood)'은 망치질을 할 때 드러난다. 하이데거가 말했듯이, "망치라는 사물(the hammer-Thing)을 쳐다보는 것 대신 직접 망치를 잡고 사용할수록 우리가 망치와 갖는 관계는 원시성을 회복하며, 도구로서 망치 본연의 모습이 더 여실히 드러난다."[12] 마찬가지로, 사람들 역시 사심이 없는 이론적 관찰로 바라보면 본연의 모습이 드러나지 않으며, 그들 본연의 모습 (personhood)은 대화를 비롯한 사회적 교류를 통해 드러난다. 메를로 퐁티와 레비나스를 비롯한 많은 현상학자 역시 비슷한 주장을 펼쳤다. 가장 최근에는 매튜 랫클리프(Matthew Ratcliffe)가 그가 칭한 '자연주의(naturalism)'와 현상학을 비

---

11) 다른 예를 들어 보자. 현상학자의 주장에 따르면, 우리 경험에 대한 현상학적 반성은 그 자체로 일종의 현시적(presenting) 경험, 즉 우리의 경험에 살을 덧입히는 경험이다. 후설은 '제일법칙(principle of all principles)'을 통해 현상학적 반성에서 드러나는 그 자체의 모습에 충실할 것을 지시하고 있다. "'직관'을 통해 본래적으로 나타나는 모든 것[소위 "개별 실재(personal actuality)"]은 존재로서 나타난다고 수용되지만, 현시되는 범위 안에서만 그러하다."(Husserl 1982 : 44)
12) Heidegger 1962 : 98.

교한 바 있다.

자연주의에서 말하는 인식론적 가정 중 하나는, 세계는 사심이 없는 이론적 관점(개인의 관심사 및 실용적 목적에서 벗어날 때 세계가 객관적 개체, 과정, 속성, 관계의 집합체로 보인다.)에서 볼 때 가장 잘 드러난다는 것이다. 그러나 사람들이 본연의 모습을 드러낼 때는 다른 관점을 통해서다. 개인의 감각을 구성하는 신체적·정서적인 감수성으로 바라볼 때 사람을 가장 잘 이해할 수 있기 때문이다. 따라서 사람은 사물과 달리 자연주의적 관점이 적절하지 않다.[13]

현상학자가 현시적 경험에 특별한 관심을 기울이는 이유는 단순하다. 현시적 경험에서는 우리가 주위 세계를 표상하는 것이 아니라, 세계가 그 자체로 우리 앞에 모습을 드러내기 때문이다. 앞서 현상학자가 일차적 관심을 갖는 대상은 현상으로 나타난 세계의 구조뿐만 아니라, 현시 혹은 현상의 차원이라는 점을 살펴보았다. 그들의 관점에서 볼 때, 세계의 구조를 드러내는 최고의 방법은 세계가 본연의 모습을 드러내는 경험 그 자체로 돌아가는 것이다. 이런 점에서 현상학이 '경험주의' 및 '실증주의'와 일맥상통하는 면이 있다고 말할 수 있다. 사실 현상학자가 말하는 경험(특히, '현시성' 혹은 '소여성' 경험)은 영국의 경험주의자와 논리실증주의자가 말하는 경험보다 포괄적이다. 하지만 철학(그리고 과학)을 경험에 정초하는 경험주의 원리는 비슷하다.[14]

---

13) Ratcliffe 2007 : 242.
14) 후설에 따르면, "실증주의가 모든 학문을 '실증적인 것', 즉 본래성(originaliter)으로 포착될 수 있는 것에 완벽하면서도 객관적으로 정초할 수 있다면, 우리(즉, 현상학자)야말로 제대로 된 실증주의자다." (Husserl 1982 : 39)

사변적(armchair) 현상학

현상학자는 사변적 증거(armchair evidence)에 호소하는가? 여론 조사 혹은 실험을 시행하거나, 통계 분석을 제공하지 않고 현상학적 자료를 얻으므로 사변적 증거를 사용한다고 볼 수 있다. 대신, 이들은 타인의 경험도 비슷할 것이라는 가정하에 자신의 경험에 의존한다. 이에 대해서는 잠시 후에 살펴보기로 한다. 이렇게 자신만의 경험을 반성한다는 것은 분명히 사변적 반성을 의미한다. 물론, 현상학자가 자신의 '탁상'을 벗어나 이따금 다양한 사회 및 문화 활동에 실제로 참여하지 않는다면 기술할 내용이 부족할 것이다. 이런 의미에서 현상학은 탁상이 아닌 비(非)철학적 삶에 '기생적(parasitic)'으로 존재하는 것이다. 그럼에도 불구하고 현상학적 기술은 사변적 증거에 속한다고 말할 수 있다.

사변적 증거가 현상학에 적합한지에 대해 일부에서는 이의를 제기해 왔다. 현상학자가 관심을 두는 것은 '우리의(종종 현상학자가 하는 방식대로 다소 모호하게 표현하자면)' 경험을 밝히는 것이지 그들의 개별적 경험을 말하는 것이 아니다. 그렇다면 그들의 1인칭 시점의 사변적 추론은 문제가 있다. 여론 조사를 통해 '우리가' 경험하는 것이 무엇인지를 밝히면 안 되는 것일까? "여론 조사야말로 과학의 방법론적 양심을 포기하지 않으면서, 가장 사적이며, 표현할 수 없는 주관적 경험을 (이론적으로) 공평하게 다룰 수 있는 현상학적인 기술법이 아닐까?"[15] 단순히 자신의 경험을 기술하면서 그것이 '우리의' 경험을 드러낸다고 말하는 것은 지나치게 미숙하므로 과학적 방법론으로 대체할 필요가 있지 않을까?[16]

앞서 제시했듯이, 현상학은 특별히 '가장 사적이고 표현하기 어려운 주관적 경험'이 아닌, 다양한 문맥에서 사물이 우리에게 주는 인상에 관심을 둔다. 가령, 하이데거의 망치가 본연의 모습을 드러내는 것은 우리가 망치를 사용할 때이므로 여기서 특별히 사적인 것은 없다. 또한, 현상학자는 현시된 혹은 경험한 세계의

---

15) Dennett 1991 : 72.
16) 데넷에 따르면 "한 사람이 혼자 실험자와 피실험자 역할을 맡는, 소위 '외톨이-늑대의 자동 현상학'이 거짓인 이유는 이것이 불가능하기 때문이 아니라 과학이 아니기 때문이다." (Dennett 2003 : 23)

일반 구조에 대해 기술하는 데 주로 관심을 둔다. 화난 사람이 겪은 자신의 특별한 경험에 대한 독특한 특징을 말하는 것이 아니라, 화난(혹은 슬프거나 행복한) 사람들과 비교했을 때 이러한 경험이 갖는 공통점에 관한 것을 기술하는 것이다. 이러한 일반성의 관점에서, 현상학자는 우리 모두(적어도 정상적이며 사회생활 능력이 충분한 성인이라면[17]) 동일한 종류의 경험을 한다는 데 동의한다. 만약 이것이 옳다면 자신의 경험을 전형적 예시로 사용하는 것에 문제가 없을 것이다. 현상학자는 (대개) 은둔자가 아니며, 자신의 경험을 기술하는 방식이 따로 있는 것도 아니다. 그들은 학회에서 논문을 발표하며 책을 출간하고, 다른 현상학자의 저술을 읽고 그들과 함께 논쟁하기도 한다. 가령, 현상학자가 매우 기이한 방식으로 경험의 구조를 말한다면, 이는 위의 다양한 학술 활동을 통해 비판받게 된다.[18]

게다가 현상학자는 일반 사람들과 달리 경험을 명확히 조명하는 훈련을 받았으며 또 경험도 많다. 설문 조사 혹은 여론 조사를 한다고 해도, 사람들이 자신의 경험을 잘못 기술한다면 무의미할 것이다. 현상학자 대부분은 개인의 경험을 충실히 포착하는 것이 쉽지 않다는 사실에 동의한다. 심지어 혹자는 특수한 방법론적 조치가 필요하다고 생각한다. 후설은 자신이 '에포케(epoché, 그리스어로 '자제', '기권'을 뜻함)'라고 부른 판단 보류와 '현상학적 환원(phenomenological reduction)'이 현상학에 필요한 '출입문'이라고 여러 차례 강조했다.[19] 후설에 따르면, 에포케는 세계나 우리 자신에 대한 일상적 혹은 '자연적' 믿음을 '괄호 안에 넣고(bracket)' 이를 보류하는 것을 말한다. 물론 하이데거, 사르트르, 메를로 퐁티를 비롯한 후기 현상학자가 어느 범위까지 후설의 방법론에 동의하는지는 논쟁의 여지가 있다. 이에 대해 데닛은 "현상학에는 누구나 동의할 수 있는 단일하게 확정된 방법론이 없다."고 주장한다.[20] 하지만 우리의 경험을 객관적으로

---

[17] 자폐증이 있는 사람은 일반 사람들과는 달리 타인의 정서 및 다른 정신 상태를 직접적으로 인지하지 못한다고 한다. Hobson 2004 참조.
[18] 현상학의 상호 주관적 타당성(intersubjective validation)의 역할에 대한 자세한 논의는 Gallagher and Zahavi 2008 2장 참조. 데닛이 현상학을 비판하는 자세한 내용은 Cerbone 2003과 Noë 2007의 논문 참조.
[19] Husserl 1970 : § 71.
[20] Dennett 1991 : 44.

기술하려면, 우리가 알고 있다고 믿거나 생각하는 것을 괄호 안에 넣는 의식적 노력이 중요하다는 사실에는 거의 이견이 없다. 종종 믿음이 경험을 반영하기는 하지만 확실성은 보장되지 않으므로, 경험을 포착하고자 할 때는 이러한 믿음에 의존하지 않는 것(판단 중지에 이를 정도로)이 중요하다. 물론 경험에 대한 객관적 기술 자체가 결코 도달할 수 없는 이상일 수도 있다. 그러나 일반인들이 설문지를 작성하는 것과 비교해 보면, 현상학자는 경험을 포착하기 위해 함께 연구하므로 이상에 도달하기 위해 기울이는 이러한 의식적 노력이 더 설득력이 있다. 또한 그 결과는 다른 현상학자의 비판을 통해 검증을 받는다. 과연 설문 조사가 이들의 연구 결과만큼 우리의 경험에 대해 말해 줄 수 있는지는 분명치 않다.

1인칭 복수 가정(The 'first-person plural assumption')

그러나 우리가 공유하는 현상학은 같은 것인가? 현상학자의 '1인칭 복수 가정(데닛이 제대로 표현했듯이)'[21]은 실제로 타당한가? 현상학적 기술과 전혀 다른 방법론을 제시하는 철학자의 주장을 통해 반대 입장을 살펴보기로 하자. 가령, 탁자에서 점점 멀어질 때 우리는 탁자가 점차 줄어드는 것이 아니라, 본래 크기를 그대로 유지한다고 생각한다. 동전 혹은 접시를 특정 각도에서 본다고 해도 이를 타원형이 아니라 원형으로 지각한다. 지각 심리학자는 이러한 현상을 각각 '크기 일관성(size constancy)'과 '모양 일관성(shape constancy)'이라고 불렀다. 그러나 탁자의 크기와 모양이 정말 일관적이라고 지각(perceive)하는 것일까? 아니면 동전과 탁자에 대해 평소 알고 있던 지식에 기대어 그렇다고 판단(judge)하는 것일까? 로크 이후 경험주의자의 주장에 따르면, 우리의 지각적 경험으로는 탁자가 축소되며 동전은 타원형이 된다. 이들은 이러한 현상학적 관찰을 사용하여 지각에 대한 감각소여 이론(sense-datum theory)을 정립했다. 이에 대해 흄은 다음과 같이 기술한 바 있다.

---
[21] 같은 책 : 67.

탁자에서 멀어질수록 그것은 축소되는 것처럼 보인다. 그러나 우리와 상관없이 독자적으로 존재하는 탁자는 어떤 변화도 겪지 않는다. 따라서 이는 우리 정신에 나타나는 이미지에 지나지 않는다.[22]

20세기의 C. D. 브로드(C. D. Broad)는 타원형으로 보이는 동전의 예시를 사용하여 거의 동일한 주장을 펼친다.

측면에서 동전을 볼 때 나는 분명히 어떤 것(something)을 인지하고 있다. 동전이 타원형으로 보이는 이유는 구부러진 철사를 바로 위에서 내려다보면 타원형으로 보이는 것과 같은 이치라고 주장하는 것도 분명히 타당하다. …… 이 동전이 다른 동전의 일반적 특성을 지니고 있다면, 나에게 보이는 이 무언가는 실제 동전과 동일한 것이 아님이 분명하다. 실제 동전은 둥근 특성이 있어야 하는데, 이 감각 자료는 타원형이기 때문이다.[23]

즉, 동전이 타원형으로 보인다면(탁자가 축소되는 것처럼 보인다면), 타원형으로 보이는(축소되는 것으로 보이는) 무언가가 존재하는 것이다. 동전은 둥근 특성을 지녀야 하기 때문에(탁자는 '변하지 않기 때문에') 이 무언가는 동전(탁자)과 동일한 것이 될 수 없다. 따라서 이는 무언가 다른 것, 즉 감각 자료에 해당한다.

물론 이러한 주장과 관련해 지적할 수 있는 점은 많다. 첫 번째 가정[F처럼 보이는(seem) 것은 실제 F(is)와 동일한 것이 될 수 없다.]을 듣고 많은 이가 의문을 제기할 것이다. 그러나 메를로 퐁티를 비롯한 철학자들이 지적했듯이, 이 주장은 현상학을 오해한 데서 비롯한 것이다. "흔히 하는 말로 지각 대상의 실제 크기(true size)는 겉으로 보이는 크기(apparent size)를 분석하고 추측해 봐야 알 수 있다고 한다. 하지만 겉으로 보이는 크기는 지각되지 않으므로 이러한 설득력 있는

---

[22] Hume 1975 : 152.
[23] Broad 1927 : 240. 로크와 러셀 역시 이와 비슷한 논의를 다루고 있다. Locke 1997 : book Ⅱ, 9장과 Russell 1998 : 3 참조.

이유에서 위의 문장은 맞지 않다."[24] 기울어진 동전이 타원형으로 보인다는 입장과 이를 부정하는 입장 중 누가 옳은 것일까? 아니면 '1인칭 복수 가정'을 포기하고 사람마다 경험의 내용이 다르다고 인정해야 하는 것일까?

후자의 입장을 비판하기 위해, 현상학자는 다음과 같은 주장을 할 수 있다. 일부의 경우, 사람마다 다른 경험을 하기도 한다. 하지만 이를 보고 사람들 대다수가 동일한 경험을 한다는 사실을 반박할 수는 없다는 것이다. 특히 주관적 경험의 세부 내용을 말하는 것이 아니라, 경험한 대상(objects)의 구조를 말할 경우에 이 점은 더욱 분명하다. 사실상, 우리의 경험이 거의 동일하지 않다면 큰 문제가 발생한다. 모든 인간(혹은 거의 모두[25])을 나무 혹은 가로등과 다르다고 인식하지 않는다면 우리 사회는 분명히 붕괴될 것이다. 근본적 차원에서 보더라도 우리가 사물을 경험하는 방식은 동일해야 한다. 물론 경험을 다르게 하는 경우도 일부 존재한다. 하지만 이로 말미암아 우리가 동일하게 겪는 경험의 현상학 가치가 훼손되지는 않는다.

그러나 과연 동전의 예시가 사람들이 다르게 경험하는 예시로 적절한지도 분명하지 않다. 기울어진 접시를 보고 타원형 물체로 착각한다거나 탁자의 크기가 줄어든다고 생각하는 경우는 극히 드물기 때문이다. 문제는 탁자가 축소되는 것처럼 보이는데도 탁자에 대한 지식을 토대로 똑같은 크기로 판단하느냐, 아니면 똑같은 크기로 보이기 때문에 탁자에 대한 기존의 지식을 사용할 필요가 없느냐는 것이다. 사실 현상학자 모두 이 문제에 관심을 기울일 필요는 없다고 말할 수도 있다. 여기서 초점은 '감각에 주어진 것'과 '지성으로 추가한 것'을 구분선이 어디냐는 것이지, 광의의 현상학적 경험으로 보았을 때 탁자와 동전이 우리의 경험에서 어떻게 나타나느냐의 문제가 아니기 때문이다. 또한 특별한 경우가 아니고서는 탁자와 동전은 형태와 크기가 항상 바뀌는 사물이 아니라는 데 모두 동의할 것이다.

---

24) Merleau-Ponty 1964b : 14. 측면에서 본 동전이 타원형으로 보인다는 주장을 비판하는 입장은 Smith 2002 : 172, 180~185 참조.
25) 올리버 삭스의 책에는 사람을 제대로 인식하지 못하는 남자가 등장하는데, 그는 자신의 아내를 모자로 착각한다.(Sacks 1986 : 9~24)

현상학적 논쟁

지금까지 현상학의 입장에서 살펴본 내용[우리 모두(혹은 우리 중 거의 모두) 거의 동일한 방식으로 경험하고 있으며 현상학자의 사변적 추론은 이처럼 동일한 방식을 드러내는 데 적합하다.]을 한 비평가가 모두 수긍했다고 가정해 보자. 그럼에도 불구하고 그는 현상학자가 철학적 테제를 수립하려고 노력하는 방식이 상당한 문제를 드러냈다고 지적할 것이다. 혹자가 현상학적 기술의 타당성을 부정한다면 현상학자는 소리를 지르거나 발만 동동 구르게 될 뿐, 달리 설득할 방법이 없기 때문이다.

이러한 비판에는 무시하지 못할 요소가 있기 때문에 '순수' 현상학자(현상학적 기술만이 철학의 규율을 만들 수 있다고 보는 철학자들)는 매우 당황할 것이다.[26] 그러나 이러한 논쟁의 해결 방법이 아예 없는 것은 아니다. 적어도 비판자가 '마취 상태라고 거짓말을 하거나' 다른 경험을 한 것처럼 굴지 않는 한 말이다. 이러한 현상학적 논쟁을 해결하는 전략 중 하나는 상충하는 주장을 제기하는 것이다.[27] 메를로 퐁티가 한 방법대로 한 현상학자는 멀리 있는 사물은 대개 실제 크기보다 작게 보이지 않는다고 주장하고, 반대 입장의 사람은 작게 보인다고 주장한다고 가정해 보자. 여기서 작게 보인다는 말은 사물이 평상시보다 작게 보이는 매우 특별한 경우라고 가정한다. 그렇다면 이를 통해 멀리 보이는 사물은 일반적으로 실제 크기보다 작게 보인다는 주장을 반박할 수 있을 것이다. 이러한 예는 쉽게 찾을 수 있다. 고층 빌딩 꼭대기에서 아래를 내려다보는 경험이 독특한 이유는 자동차가 장난감처럼 보이며, 사람들은 '개미'처럼 보이는 등 세상이 실제 크기보다 작게 보이기 때문이다. 그러나 보통의 경우, 자동차가 멀리 있다고 해서 작은 장난감처럼 보이지는 않는다. 만약 그렇다면 고층 건물에서 내려다본 경험이 왜 그렇게 특별하겠는가?

---

[26] 현대 현상학자 중 순수주의는 거의 존재하지 않는다. '전통' 현상학자 가운데, 메를로 퐁티는 심리학자와 정신의학자의 연구 결과를 상당히 많이 참고했다.
[27] 현상학적 논쟁의 해결 방법에 대한 논의는 Kriegel 2007 참조.

이러한 반증의 예시가 통하는 경우도 있지만, 모든 경우에 통하는 것은 아니다. 가령, 기울어진 각도에서 본 동전이 타원형으로 보이지 않는다고 말하려면 어떠한 반증을 제시해야 하는가? 브로드의 입장을 지지하는 사람이 정면으로 보면 동전이 둥글게 보이는 것도 특별하다고 주장할 수도 있다. 이러한 경우, 기울어진 각도에서도 둥글게 보인다고 주장할 수는 없다. 그렇다면 현상학자 사이의 이러한 대립은 여전히 실질적인 위협이 된다. 이러한 위협을 완전히 제거할 수 있는 유일한 방법은 다른 종류의 증거를 제시하는 것이다. 이는 과학적 방법론이나 다른 형태의 사변적 증거가 될 수 있다. 이를 통해 철학에서는 한 가지 방법론을 사용해서는 큰 성과를 거둘 수 없다는 일반적인 교훈을 도출할 수 있다.

개념적 분석

이제 현상학적 방법론은 그만 다루기로 한다. 영미 철학자도 현상학을 자주 사용하며 그 수는 증가하고 있지만, 지금까지 영미 철학에서 주로 사용하는 방법론은 (개념적) 분석이다. 그렇다고 해서 1900년대(그리고 2010년에 이르기까지) 분석 철학자 스스로 매우 다른 방법론을 사용했다고 생각한 것은 아니다.[28] 여기서는 많은 위대한 철학자가 직접 사용한, 상대적으로 단순한 분석 모델을 살펴보고자 한다.[29]

3장에서 살펴보았듯이, 저명한 일상 언어학파 철학자인 오스틴의 주장에 따르면 그의 방법론은 "무엇을 언제 말할 것인지 탐구하는 것"[30]이다. 즉, 철학적으로 흥미로운 개념[31](가령, 지식의 개념)을 탐구하려면 우리가 무언가를 안다

---

28) Beaney 2009 참조.
29) 프랭크 잭슨(Frank Jackson 1998 : vii)의 추정에 따르면, "실제 사용되고 있는 개념 분석 가운데 매우 '유사한' 경우가 많다."
30) Austin 1979 : 181.
31) 개념이란 무엇인지를 묻는 것은 까다로운 질문이다. 대부분 '말'의 개념은 '말(horse)'이라는 단어(독어에서는 'Pferd', 프랑스로는 'cheval')가 표현하는 것이라고 여길 것이다. 하지만 이를 벗어나면 문제는 복잡해진다. 프레게를 비롯한 일부 철학자들은 개념에 대해 플라톤주의적 관점을 취한다. 반면, 다수는 개념을 심상(mental representations)이라고 주장한다.

고(혹은 모른다고) 말할 수 있는 상황(혹은 말할 수 없는 상황)을 모두 살펴봐야 한다는 것이다. 물론 일상 언어학파의 인기는 떨어진 지 오래다. 하지만 오스틴과 그의 옥스퍼드 동료들이 이해한 방식대로 몇 가지 단순한 단계를 이용한다면 유용한 분석 모델을 개발할 수 있다. 옥스퍼드 일상 언어학파 중 그라이스(H. P. Grice)는 개념적 분석의 특징을 다음과 같이 설명하고 있다.

> 특정 표현인 E를 개념 분석하려면 E를 특정한 경우에 적용하거나 적용을 보류한다. 하지만 적용 불가능한 경우가 아니라 적용 가능한 경우에서 일반적 특성을 찾으려면 …… E를 사용할 때 드러나는 일반적 특성을 살펴본 후, 특성에 해당하지만 E를 잘 사용하지 않는 특정 상황을 찾거나 상상하면서 이를 테스트한다.[32]

대부분 현대 철학자는 앞서 인용한 문단에서 드러나는 몇 가지 암묵적 또한 명시적 가정들을 반박한다. 우선, 그라이스의 글에서 언어가 강조되는 것을 경계한다. 철학자는 표현(expressions)을 다루지 않으며, 그래서도 안 된다. 철학자가 제기해야 할 질문은 지식·개념·선(善)이지, '~을 안다.'·'~라고 여긴다.'·'~이 선하다.'라는 표현이 아니다. 프랭크 잭슨이 말한 대로, "우리가 초점을 맞춰야 하는 것은 특정 언어가 아니라 그 용례의 명료화다."[33]

둘째, 그라이스는 E를 적용할 수 있는(혹은 적용할 수 없는) 상황을 말하고 있는데, 여기서 문제가 드러난다. 그라이스가 스스로 밝혔듯이,[34] 언어를 특정 상황에 적용할 수 없는 이유는 수없이 많기 때문이다. 가령 바짝 깎은 잔디를 대낮에 보면서 잔디가 '푸르다(looks green).'라고 말하지 않는다. 하지만 '잔디가 푸르다.'는 진술 자체가 틀린 것은 아니다. 다른 예를 들어 보자. 우리 또는 어떤 사람이 자신의 이름을 '안다.'라고 말하지 않는다. 이러한 진술 자체가 틀렸다는

---

32) Grice 1989 : 174.
33) Jackson 1998 : 33.
34) Grice 1989 : 1~57 참조.

것이 아니라, 다만 그런 말을 사용하지 않는다는 것이다. 일상 언어학파 철학자는 특정 개념을 적용할 수 있는지 여부에 천착(穿鑿)했으나, 이들이 더 신경 써야 했던 부분은 그렇게 적용한 문장이 참인 명제였는가에 대한 여부다. 이러한 상황을 고려하면, 그라이스가 말한 분석 절차의 특성을 다음과 같이 수정할 수 있다.

> 특성을 찾으려면 C 개념의 용례에서 나타나는 일반적 특성을 살펴본다. 그리고 그 특성에 해당하지만 참인 명제가 될 수 없는 특정 상황을 찾거나 상상하면서 이를 테스트한다.[35]

사실 이러한 분석은 철학의 역사만큼이나 오래되었다. 가령, 플라톤의 『국가』에서 케팔루스(Cephalus)는 정의란 "진실을 말하고 받은 것을 되돌려주는 것"이라고 말한다. 이에 소크라테스는 미친 사람에게 자신의 무기를 주는 것이 정의로운지 혹은 "미친 사람에게 오직 진실만 말하는 것"[36]이 정의로운지에 대해 물으며 반박한다. 정의의 필요충분조건에 대한 특성을 시험하기 위해 모든 조건을 다 충족하지만, 정의의 예로 볼 수 없는 상황을 찾거나 상상해 보는 것이다. 케팔루스가 제시한 정의에 대한 분석은 모든 조건을 충족한다. 하지만 그 정의의 예로 볼 수 없는 경우를 쉽게 찾을 수 있기 때문에 그의 분석은 수용될 수 없다.

직관의 사용

더 최근의 사례를 살펴보자.(이번 장의 나머지 부분에서 계속 살펴보게 될 것이다.) 에드문트 게티어(Edmund Gettier)는 그의 유명한 논문인 《정당화된 참인 믿음은 앎인가?(Is Justified True Belief Knowledge?)》[37]에서 정확히 동일한

---

35) 물론 철학자들은 상상 속(혹은 실제) 용례를 사용하여 앞서 제시한 일반적 특성에 해당하지 않지만, C를 적용할 수 있는 예가 있을 수 있다고 제시한다. 이뿐만 아니라, 더 긍정적인 측면에서 모든 문제 상황을 설명할 수 있는 특정한 특징도 존재할 수 있다고 제시한다.
36) Plato 1989 : Republic 331c~d.
37) Gettier 1963.

방식으로 논리를 전개한다. 알프레드 에이어(Alfred Jules Ayer)와 로더릭 치좀(Roderick Chisholm)을 비롯한 일부 철학자는 게티어의 논문 제목에서 언급된 일반적 특성을 제시했다. 이에 대해 게티어는 정당화된 참인 믿음이지만 앎이라고 말할 수 없는 경우를 들며 반박했다.

게티어가 제기하여 주목받았던 '게티어 문제'를 예로 들어 보자. 존이 시골길을 운전하고 있다. 시골길 옆의 목초지에는 양으로 보이는 하얀색 동물들로 가득하다. 하지만 사실 두 마리를 제외한 나머지는 모두 양처럼 보이는 개다. 진짜 양은 가짜 양인 개들에게 둘러싸여 있기 때문에 운전을 하는 존에게는 보이지 않는다. 그는 목초지에 양이 있다고 믿고 있으며(believe), 양은 실제로 그곳에 있다. 그에게 드러난 시각적 정보에 따르면 전부 양처럼 보이는 동물뿐이므로 양이 아닌 동물이라고 생각할 이유가 없다. 따라서 존이 그렇게 믿는 것은 정당화된다. 그렇다면 존이 목초지에 양이 있다는 것을 안다고(know) 할 수 있는가? 이에 대해 게티어는 아니라고 말한다. 그리고 철학자 대부분도 게티어의 의견에 동의했다.

만약 이러한 경험을 한다면 과연 우리는(혹은 그 누군가) 무엇이라고 말할까? 자신의 실수를 알게 된다면 "도대체 왜 개처럼 분장하고 양처럼 보이려고 한 거야?"라고 말하지, "세상에, 그 동물들이 양이었다는 건 맞지만, 진짜 양이 아니었으니 그 사실을 알았다고는 말할 수 없구나."라고 말하지는 않을 것이다. 이러한 장난을 친 사람도 존에게, 그의 믿음은 정당하지만 앎은 아니라는 사실을 알게 하려고 그런 행동을 하지는 않았을 것이다. 즉, 게티어 문제는 일상적 문맥과 거리가 멀다. 사람들이 실제로 존의 입장에 처한다면 어떻게 반응할지 생각하지 않은 채, 지식의 개념에 해당하지 않는다는 사실만 제시한 것이다. 그러나 철학자들이 종종 말하듯이, 게티어가 주장을 할 때 사용한 것은 직관이다.

> 직관적으로 보면 이러한 상황이 발생할 수 있다. 또한 존처럼 자신이 정당화된 참인 믿음을 가지고 있지만, 목초지에 양이 있다고 '안 것'은 아니라고 말할 수 있다. 이러한 직관(이러한 상황이 발생할 수 있으며, 이는 지식이 될 수 없다는 것에 대한 직관) 및 이와 유사한 직관들은 지식에 대한 전

통 이론이 잘못되었음을 보여 주는 우리의 증거다.[38]

빌러(Bealer)의 관점에서 보자면, 이러한 철학적 직관은 일종의 "지적 외견(intellectual seeming)"[39]이다. 그가 말하는 철학적 직관을 현상학자의 용어로 표현하자면 '추정상 현시적 경험(putative presenting experience)'이라고 할 수 있다.[40] 그러나 직관은 '직접적이며 성급한 판단' 혹은 '일종의 즉흥적인 심적 판단'이라고 비판하는 이들도 있다.[41] 여기서 어떤 입장이 옳은지에 대해 판단하는 것은 우리의 목적이 아니다. 하지만 후자의 입장은 철학자들이 게티어의 문제에 동의하는 것이 정확히 무슨 의미인지를 놓치고 있다. '존이 목초지에 양이 있다는 사실을 아는(know) 것은 아니다.'는 명제는 단순히 '즉흥적인 판단'에 기인한 것이 아니다. 그가 알지 못했다는 사실을 '알게 되거나(see)' 깨닫게 된 것이다. 빌러가 언급한 다른 예를 들어 보자. P≠~P을 직관적으로 알 때, 이는 P≠~P라고 즉흥적으로 판단해서 안 것이 아니다. 다만 알게 된 것이다. P≠~P임이 틀림없다고 알게 되는 것이다. 즉, '즉흥적 판단'이라는 주장은 철학적 직관이 가진 현상학(앞서 설명한 '협의의' 현상학)적 측면을 충분히 설명하지 못한다.[42]

---

38) Bealer 198 : 204~205(강조는 저자)
39) 같은 책 : 208.
40) 철학적 직관에 대한 (후설의) 현상학과 빌러의 입장을 비교하면 흥미로운 유사점을 발견할 수 있다. 앞서 살펴보았듯이, 현상학자는 광의의 현시적 경험을 다룬다. 가령, 수학 진리를 깨닫는 것도 포함될 정도로 광의의 경험을 말한다. 게다가, 후설 철학에서 중요한 개념인 형상적 변양(eidetic variation)과 형상적 직관(eidetic intuition)을 살펴보면 전통적인 개념적 분석 철학과 동일선상에 있다는 것을 알 수 있다. 후설에 따르면, X의 본질적 속성에 대한 형상적 직관은, X의 전형적인 예시를 더 이상 X의 예시에 해당하지 않을 때까지 자유롭게 변양시키는(freely varying) 과정을 통해 얻을 수 있다. 이러한 방법을 통해, 우리는 X다움(X-hood)의 본질적 경계선을 '직관'하거나 '볼 수 있다(erschauen).' (Husserl 1973 : § 87)
41) Foley 1998 : 245, Goldman and Pust 1998 : 179
42) 빌러는 철학적 직관을 믿음·판단·육감 등으로 해석하는 것을 반대하며, 자신의 주장은 이에 대한 다른 현상학을 말한다고 명백히 밝힌다(1998 : 210). 철학 분과(philosophical discipline)가 하나 이상 필요하다는 것을 다시 한 번 입증해 주는 예라고 하겠다.

실험철학(experimental philosophy)

지금까지 개괄적으로 설명한 분석 모델은 최근 상당한 압박을 받고 있다. 특히, 소위 실험철학이 부상하면서 분석철학의 표준 절차가 위협받고 있기 때문이다. 실험철학을 관통하는 주장은 전통적 방법론인 분석을 경험적·실험적 자료로 대체하거나 보충하자는 것이다. 여기서 자료는 일부 철학적 문제를 명료화하기 위해 특별히 수집한 것을 말한다.[43] '보충한다.'는 단어에서 알 수 있듯이, 모든 실험 철학자가 방법론으로서의 분석을 전면 배격하는 것은 아니다.[44] 하지만, 여기서는 전면적으로 배격하는 철학자의 주장을 살펴보고자 한다.

조너선 와인버그(Jonathan Weinberg), 숀 니컬스(Shaun Nichols), 스티븐 스티치(Steven Stich)는 게티어가 제기한 지식에 관한 문제가 과연 보편적인가를 알아보고자 중요한 논문을 발표했다. 이들에 따르면, 사회·경제적 지위가 낮은 다수의 서양인과 동남아시아 및 인도 아대륙 사람들은 게티어 문제에 공감하지 않았다.[45] 이들은 이러한 연구 결과를 무시하고 연구를 지속하는 것은 용인할 수 없는 지적 오만에 해당한다고 주장했다. 높은 사회·경제적 지위를 누리는 일부 서양인의 직관이 다른 집단의 직관보다 우월하다고 말할 수 없다는 것이다. 왜, 소수의 교육을 잘 받은 서양인의 직관이 세계 인구의 대다수가 지닌 직관보다 중요하다고 여겨야 하는가?[46]

이러한 비판은 어떤 상황에서 '우리의' 직관을 이야기할 때(혹은 '우리는 언제 무엇을 말해야 하는가'에서 '우리') '우리'라는 범위가 과연 무엇인가, 라는 중요한 문제를 제기한다. 전통 분석 철학자가 "사람들의 직관"을 말할 때 "우리는 모두 사람들의 직관이 무엇인지 알고 있다."고 여겼기 때문에 "이를 엄격한 잣

---

[43] 이것이 실험철학이 특별한 이유다. 철학자가 과학 기사를 읽거나 과학 자료를 사용할 때는 철학적 논의와 연관된다고 여길 때다. 그러나 실험 철학자들은 철학적 문제를 해결하고자 하는 분명한 목표 아래 실험을 구상(design)하고 실행(conduct)한다. Prinz 2008 참조.
[44] Nadelhoffer and Nahmias 2007 참조.
[45] Weinberg, Nichols and Stich 2008.
[46] 같은 책: 38.

대로 계량화할 필요를 느끼지 못했다."⁴⁷⁾ 분석 철학자는 철학적 이론을 정당화하거나 비판하기 위해 "보통(ordinary) 사람들"의 직관(평범한 직관⁴⁸⁾)을 안다고 가정하며 이용한 것이다. 이러한 지적이 옳다면, 이는 분석철학에 대한 심각한 위협이 될 수 있다. 또한 철학자가 표준 경험 절차(standard empirical procedures)를 사용하지 않는다면, 이는 비합리적 문제가 될 것이다. 프랭크 잭슨은 개념적 분석을 옹호하면서 다음과 같이 기술하고 있다.

> 나는 종종 다음의 질문을 받곤 한다. 학생들은 상당히 심각한 이의 제기를 하는 거센 목소리로 묻는다. 개념적 분석이 우리의 분류 체계의 규칙을 명료화하는 것이라면 왜 제대로 된 여론 조사를 통해 다양한 사례에 대한 사람들의 반응을 알아보지 않느냐는 것이다. 나는 그 의견에 찬성한다고 대답한다. 필요한 경우라면 말이다. 게티어 문제를 수업 시간에 소개하는 사람이라면 누구나 나름대로 현장 연구를 하는 셈이다. 그러나 자신의 경우가 전형적이기 때문에 이를 일반화할 수 있는 경우도 종종 존재한다. 게티어가, 많은 사람이 자신의 주장에 동의한다고 여기는 것도 하등 놀라운 일은 아닌 것이다.⁴⁹⁾

잭슨의 이 대답이 충분한지는 의문스럽다. 우선, 여기서 목표가 다양한 사례에 대한 '우리의' 혹은 '사람들의' 직관적 반응을 아는 것이라면, 잭슨의 주장(제대로 된 여론 조사가 항상 필요한 것은 아니다.)은 정당화되기 어렵다. 물론 잭슨의 말대로 우리 자신이 전형적인 예시에 해당하므로 이를 일반화할 수 있는 경우도 종종 있다. 그는 이에 대한 예시로 게티어 문제에 대한 우리의 직관을 든다. 그러나 와인버그 및 그의 동료들에 의하면 이러한 직관을 일반화하는 것은 문제가 있다. 게다가, 철학과 학생들을 대상으로 게티어 문제를 소개한 것은 '제대로 된

---

47) Knobe 2007 : 81.
48) Prinz 2008 : 201.
49) Jackson 1998 : 36~37.

여론 조사'라고 보기 어렵다. 그 이유 중 하나는 철학과 학생들이 일반 대중과 많은 면에서 분명히 다르기 때문에 샘플 집단이 평균에서 벗어났기 때문이다. 따라서 잭슨의 대답은 우리가 분석철학에 대해 '심각한 이의 제기'를 다루고 있다는 인상만 각인시킬 뿐이다.

하지만 잭슨이 옳은 점도 한 가지 있다. 바로 많은 사람이 자신의 주장에 동의하는 것에 게티어가 놀라지 않았다는 점이다. 그는 왜 놀라지 않았을까? 정말 여론 조사라도 시행한 것일까? 물론 그럴 가능성도 존재한다. 그러나 그가 자신감을 느끼는 이유가 단순히 이것 때문은 아닐 것이다. 일반적으로 분석 철학자는 일반 사람들, 특히 평범한 사람들이 다양한 경우에 대해 어떤 직관이 있는지에 대해 연구하려고 하지 않는다. 앞서 설명했듯이, 분석 철학자는 대개 개념 C에 대해 적용 가능한 사례를 두고 어떤 반응이 나올 수 있는가(would)가 아니라, 참인 것을 말하는 경우는 무엇인지, 즉 무엇이라고 말해야 하는지(ought)를 다룬다. 다시 말해, 개념 C를 사용하는 사람의 직관에 대해 규범적(prescriptive) 주장을 말하는 것이다. 그렇기 때문에 여기서 '우리'의 범위는 정말 개념 C를 사용하는 모든 사람을 지칭한다. 그러나 여기에 다른 사람들의 실제 반응이 무엇인지 예측(prediction)하는 내용은 포함되지 않는다.[50] 게티어가 자신 있게 다른 사람들의 동의를 예상한 이유는 여론 조사를 해서 정보를 수집했기 때문이 아니라, 자신이 제시한 예시에서 앎이 성립하지 않는다는 사실을 '알았기 때문이다.' 이는 'Q는 (P→Q)&P의 필요조건이다.'를 알게 되는 것과 같은 이치다.

이제 와인버그, 니컬스와 스티치의 논쟁으로 돌아가 보자. 전통적 분석 방법론을 옹호하는 사람은 엄밀한 의미에서 철학적 직관은, 단순히 가능한 상황을 기술한 후 그 상황에 대한 자신의 직관을 주장하는 것 이상을 의미한다고 주장한다. 따라서 존의 경우, 직관을 사용하는 철학자라면 다음과 같이 주장할 수 있다. 존은 자신이 양을 보았다고 생각하지만 실제로 단 한 마리의 양도 보지 못했다.(진짜 양 두 마리는 그의 시야에서는 보이지 않았다.) 또한 진짜 양 두 마리가 있었다

---

[50] 여기서 규범적 주장은, 최대 능력을 보유한 개념 사용자라면 이상적인 상황에서 드러낼 반응이 무엇일지 예측하는 것을 의미한다.

하더라도 존이 자신의 믿음을 형성하는 데 아무런 영향도 끼치지 못했을 것이다. 애초에 진짜 양을 보지 못했으므로, 그의 믿음을 정당화하는 데도 영향을 미치지 못했을 것이다.

물론, 철학자가 지금까지 이 책에서 진행한 방식처럼 항상 자신의 시나리오에 대해 결정적 특징을 상세히 설명하는 것은 아니다. 동료 철학자들이 알아서 잘 파악할 것이라고 기대하기 때문이다. 가령, 게티어는 등장인물이 정당화된 참인 믿음을 가지고 있으나 그 정당화에 결정적인 문제가 있다는 사실은 알지 못하는 것으로 그린다. 당시 철학자들은 게티어가 초점을 맞추고자 한 문제를 어렵지 않게 포착했다. 사실, 이는 놀라운 일이 아니다. 철학자는 실제 및 가능 상황에 대한 개념적으로 중요한 특징을 파악하는 데 있어서 전문가이기 때문이다. 또한 이러한 능력의 배양이 철학자를 교육하는 목표이기도 하다.

분석철학을 지지하는 사람이라면 다음과 같이 생각해야 한다. 철학자들이 표준적 직관에서 벗어나는 경우(와인버그 및 동료 저자들이 실험을 통해 제기했듯이)가 많기 때문에 철학에서 직관을 말할 때는 신중해야 한다고 말이다.[51] 이들의 연구 결과에 대해 다양한 반응이 나올 수 있다. 가령, 전통적 철학자라면 게티어 문제에서 놓치고 있거나 충분히 숙고하지 못한 특징을 생각해야 한다고 주장할 수 있다. 또한 동아시아 및 인도 피실험자들이 게티어의 문제에 어떻게 반응하는지에 대한 관련 연구를 추가적으로 주장할 수도 있다. 만약 동아시아인의 직관이 단순히 '적나라한(naked)' 직관을 말하는 것이 아니라, 중요하지만 충분히 다루지 않은 특징을 보여 준다면 게티어 문제는 전면적으로 재검토해야 한다고 주장할 수도 있다.[52] 그러나 이중 그 어느 것도 전통적 방법론인 분석에서 크게 벗어나지 않는다. 직관적 반응을 신중히 검토하고, 주장에서 놓친 부분을 찾아내고, 동일하다고 보는 주장들 사이의 중요한 차이점을 탐구하며, 이러한 방법들을 바탕으로 정통 주류 입장에 이의 제기하기……. 이는 모두 익숙한 방법론이며, 전

---

51) Williamson 2007 : 192 참조.
52) 그리고 만약 신중하게 재검토를 한 이후에도 동아시아인과 우리(서양인)의 직관이 여전히 큰 차이를 보인다면, 전통주의는 동아시아인의 '지식' 개념이 서양인의 직관과 다르다고 인정할지도 모른다.

통 분석철학(analytic philosophizing)이라는 체스에서 정석에 해당한다.

사실, 전통 철학자라면 와인버그, 니컬스, 스티치를 비롯한 비판가들이 딜레마에 봉착했다고 주장할 수 있다.[53] 또 위의 문단에서 소개한 전통적 방법론을 수정해야 한다고 주장할 수도 있다. 그럴 경우 이들은, 비판은 하지만 전통적 방법론의 경계선을 넘지 않는다. 혹은 직관을 전면적으로 사용하지 말 것을 권할 수 있다. 와인버그 및 동료 저자들이 택한 입장은 후자인 듯 보인다. 그들은 다음과 같이 반문한다. "왜 철학자들의 직관이 실재의 양태 구조(modal structure), 인식론의 정석, 혹은 철학적으로 흥미로운 어떤 문제에 대해서도 모든 것을 말해줄 수 있다고 생각하는가?"[54] 철학적으로 흥미로운 문제에 대해 직관이 말해줄 수 있는 것이 없다면, 전통적 철학의 방법론은 수정해야 하는 것이 아니라 전면 폐기해야 한다. 그러나 그렇게 폐기할 경우, 미치는 파장은 어떤 것일까?

철학적으로 명백히 흥미로운 질문 한 가지가 바로 정당화된 참인 믿음이 앎이 될 수 있는가, 하는 문제다. 와인버그 및 동료 저자들은 과연 이에 대해 어떤 방법론을 제시할까? 게티어 문제에 대해 여론 조사를 시행해서 절대 다수의 입장을 따르라고 말하지는 않을 것이다. 적어도 이들 중 한 명(니컬스)은 이 점에 대해 분명히 밝히고 있다. 그는 철학적 탐구는 절대 "인기 콘테스트"[55]가 아니며, 그래서도 안 된다고 말한다. 사실 문제는 와인버그 외 동료 저자들이 철학적 탐구 방법에 대한 대안을 제시하지 않았다는 것이 아니다. 제대로 된 비판이라면 반드시 대안을 함께 제시해야 한다고 요구할 수는 없다. 이러한 규정을 만든다면 철학의 역사에서 중요한 공헌을 한 철학적 이론들이 그 의미를 잃게 될 테니 말이다. 여기에는 게티어 문제도 포함된다. 그의 유명한 논문에서 그렇게 밝혔다면, 앎이 무엇인지에 대한 건설적 대안을 제시하지 않았기 때문이다. 진짜 문제는 이들의 부정적 결론으로 말미암아 그러한 문제에 대해 사고하는 것을 중단하게 될지도 모른다는 데 있다. 게티어 문제가 갖는 중요한 가치는 우리가 흥미를 보이는 특징을 전면에

---

53) DePaul 1998 참조.
54) Weinberg et al. 2008 : 38.
55) Knobe and Nichols 2008b : 6.

부각시켰다는 점이다. 존은 목초지에 양이 있다는 참인 믿음을 가지고 있으며, 그 믿음은 정당화된다. 그렇다면 존이 목초지에 양이 있다는 사실을 안다고 말할 수 있을까? 와인버그와 동료 저자들에 따르면, 이러한 질문을 할 때 우리는 직관을 사용해서는 안 된다. 그러나 이는 우리의 사고할 권리를 박탈하는 것이다. 게티어 문제에서 중요한 특징에 주목하지도 않고, 직관을 사용하여 '앎'의 개념을 적용할 수 있는지 알아보지 않는다면, 여기서 사고의 의미는 무엇일까? 전통 분석 철학자라면 와인버그의 주장이 귀류법(a reductio ad absurdum)이라고 주장할 것이다.

따라서 와인버그의 입장에 대한 자연적 반응(natural reactions)은 철학의 전통적 방법론과 양립이 가능하다. 이것이 딜레마의 첫 번째 뿔이다. 다른 반응들(직관은 우리에게 철학적으로 중요한 그 어떤 것도 말해 주지 않기 때문에 무시해야 한다는 결론이 여기에 속한다.)은 언뜻 보면 부조리한 결론에 도달하는 듯하다. 가능한 경우가 무엇인지, 사고하는 것을 전면 중단해야 한다고 말하기 때문이다. 이것이 직관을 비판하는 입장이 대면하는 딜레마의 두 번째 뿔이다.

직관 회의론

와인버그 및 동료 저자들의 주장이 딜레마에 봉착한다는 전통 분석철학의 지적이 옳다고 하더라도, 이들은 크게 동요하지 않을 것이다. 딜레마의 첫 번째 뿔을 수용하면서 더 급진적(radical)인 주장의 일부가 성급했다고 인정할 수도 있다. 이러한 입장에서 볼 때, 인식론적 직관을 반대하는 연구 결과에는 신중함과 자기비판적 성찰 이상이 필요하다는 생각은 그 근거를 잃는다.[56] 이는 직관 회의론자

---

[56] 이런 주장을 할 수 있는 철학자는 데이비드 파피노(David Papineau)일 것이다. 파피노는 자신이 철학적 방법론을 바꿔야 한다고 말한 것은 아니라고 밝힌 바 있다.(2009 : 2. 13. 22) 하지만 우리의 직관이 특별히 신뢰성이 있다고 생각할 이유는 없다고 주장하기도 했다.(같은 책 : 23) 또한 "철학적 직관이 신뢰성을 갖기 위해서는 귀납적 근거(a posteriori backing)가 뒷받침되어야 한다."고 말하기도 했다.(같은 책 : 28) 이것이 그의 공식적 입장(철학적 방법론은 지금 이대로 괜찮다는 주장)과 일관적인지는 불분명하다. 분명히, 우리가 '귀납적 근거'를 확보할 때 직관에 처음 호소하지는 않기 때문이다. 귀납적 근거를 얻을 수 있는 한, 직관 자체에 호소할 필요가 없다고 주장할 수 있다. 이것이 커밍스가 주장한 '재정비(calibration)' 반대의 요점이다. 이 점은 이번 장 후반부에서 살펴볼 것이다.

로 하여금 다시 전통적 방법을 옹호하게 만들기 때문에 여기서 추가 논의는 하지 않겠다.

두 번째 딜레마에 대해서는 다음과 같이 주장할 수 있다. 철학자들이 말하는 '사고(thinking)'는 실제 철학적으로 유용하지 않고 부조리할 뿐이라는 것이다. 전통주의자가 철학적 사고와 직관을 연결하려고 할 때, 이는 양날의 칼이 될 수 있다. 전통주의자는 이 양날의 칼을 이용하여 반대 입장을 주장하는 이들이 직관의 불가결함을 인정할 수밖에 없도록 만든다. 물론 비판자는 (철학적) 사고라는 개념 자체에 문제가 있다고 유추할 수 있다. 가능한 상황(possible cases)이 무엇인지 생각하고, 이를 직관하는 절차를 사고와 동일시하거나 사고의 본질적 부분이라고 생각한다면, 그때는 '사고'를 중단하고 경험과학의 방법론을 따라야 한다. 그러나 이렇게 해도 크게 잃을 것은 없다. 결국, 과학적 방법론은 의견 합일을 매우 성공적으로 이끌어 낸다. 하지만, 윌리엄 라이컨(William Lycan)의 말을 빌리자면 철학의 표준 방법론은

> 옥신각신하는 말다툼, 붕 떠버린 결론, 도그마와 반(反)도그마, 유행을 타는 방언, 화려해 보이지만 근거가 빈약한 가정, 패러다임 간의 동요(vacillation), 단순한 어림짐작, 끔찍한 오용 등 이 모든 것을 혐오스러울 정도로 한데 섞어 놓은 것이다.[57]

직관을 비판하는 라이칸, 힐러리 콘블리스(Hilary Kornblith), 로버트 커밍스를 비롯한 철학자들은 철학의 방법론은 전면 수정되어야 한다고 강경한 입장을 보인다.[58] 이들은 자신들의 주장이 사고의 전면 중단을 의미할 수 있다고 해도 크게 개의치 않는다. 사고가 철학자들이 전통적으로 해온 방식을 의미하는 한, 이를 중

---

[57] Lycan 1996 : 149.
[58] 콘블리스는 "우리는 직관을 사용하여 체계화하고자 하는 시도를 중단해야 한다."고 주장했다.(2006 : 11) 커밍스는 "철학적 직관은 인식론적 방법론으로 무용하며", "가치 있는 그 어떤 결론도 뒷받침할 수 없다.(1998 : 118, 125, 126)" 또한 라이칸에 따르면 "철학적 직관은 그 신뢰성을 조롱당하며, 이는 앞으로도 변치 않을 것이다.(1996 : 144)"

단해야만 제대로 된 과학 탐구를 시작할 수 있다는 것이다.

이들의 입장에 대해 전통적 분석 철학자가 제기하는 반대론도 만만치 않다. 반대론의 스펙트럼에서 가장 설득력이 부족한(weak) 주장은 다음과 같다. 직관 회의론자는 철학을 단순히 과학으로 대체했다는 것이다. 이는 '철학'이라는 용어를 사용하지만, 우리가 아는 철학의 개념과는 매우 다른 탐구를 지칭한다. 이 주장의 문제는 철학의 전통적 방법론을 고수해야 한다고 가정하며 순환론을 펼치고 있다는 것이다. 그것이 바로 직관 비판론자가 배격하는 부분인데도 말이다.

더 설득력 있는 전략은 딜레마의 두 번째 논거를 다듬어서 직관 회의론자가 이를 재고하게 만드는 것이다. 여기서 목표는 이성적 탐구(rational inquiry), 혹은 적어도 직관 회의론자가 인정하는 특정한 종류의 탐구는 모두 직관을 사용한다는 것을 제시하는 것이다. 따라서 직관이 회의론자가 승인하는 정당화 방법론의 필수적 요소라면(혹은 정당화의 모든 합리적 방법론에 해당한다면) 직관의 중단은 정당화를 전면 중단하는 것과 다름없는 셈이다. 그러나 이는 분명히 회의론자가 원하는 결론은 아니다. 만약 이러한 논거가 설득력을 갖게 된다면, 회의론자는 곤란에 처할 것이다. 그러나 지금까지 이러한 시도가 성공적이었는지는 확실하지 않다.[59]

이와 동일하지는 않지만 관련성이 있는 반론도 있다. 직관 회의론자의 주장이 모순적이라는 것을 증명하는 것이다. 특히 칼-오토 아펠(Karl-Otto Apeal)이 "수행적 자기-모순(performative self-contradiction)"이라 칭한 종류의 모순을 입증하면 된다.[60] 겉으로 보기에는 직관의 중단을 주장하지만, 사실 이들 역시 직관을 사용하고 있다는 것이다. 그래서 직관의 폐기를 주장하는 입장도 이러한 경우에 속한다.

수행적 자기-모순의 예는, 인식론에서 '반성적 평형론(the theory of reflective equilibrium)'을 사용하는 것을 비판하는 스티븐 스티치(Stephen Stich)의 논문에서도 찾아볼 수 있다. 스티치에게 '반성적 평형론'은 동계의 인식론(a family of

---

59) 이러한 시도를 한 철학자로는 DePaul 1998과 Pust 2001를 들 수 있다.
60) Apel 2001 관련 예시 참조.

epistemological theories)에 속한다. 이러한 인식 이론의 특징은 우리의 판단을 "이론 성립 이전의 직관(pretheoretic intuition)"에 견주어 테스트하는 것이다.[61] 즉, 반성적 평형론은 직관을 다른 종류의 자료와 마찬가지로, 자료 혹은 입력된 정보로 간주한다.(추진하는 전략이 '광범위한' 반성적 평형 전략인 경우가 그러하다.) 스티치에 따르면, 이러한 이론으로는 그가 '인식론적 다양성의 문제(the problem of cognitive diversity)'로 칭한 것을 다루기 어렵다. 그는 "특정한 추론 규칙의 경우, 이를 수용할 수 없는 것이 명백한데도 많은 사람의 반성적 평형을 통과하는"[62] 경우를 생각해 보라고 한다. 사람들이 직관을 사용할 때 특정한 고전적 오류, 즉 후건(後件) 긍정의 오류(the fallacy of affirming the consequent)는 추론의 타당한 규칙으로 기능한다. 스티치는 잘못된 추론 규칙으로 반성적 평형 테스트를 통과하는 경우는 없다는 반론도 검토해 보았지만, 이러한 일이 실제로 일어나기 때문에 자신의 주장에는 충분한 설득력이 있다고 대답했다. 스티치는 다음과 같이 말한다.

> 만약 도박사의 오류(the gambler's fallacy), 혹은 심리학자들이 최근 주목하는 다른 논리적 오류가 특정한 사람들의 반성적 평형을 통과한다고 가정한다면(이는 분명히 일어나고 있다.), 반성적 평형이 정당화의 구성 요소라는 입장에 충분히 의구심을 제기할 수 있다. 단순히 반성적 추론 수행과 일치한다고 해서 누군가 그 어떤 추론 규칙을 사용할 때, 그것이 얼마나 비(非)정합적인지 상관하지 않고 정당화된다고 말하지 않기 때문이다.[63]

사실 구체적인 내용은 중요하지 않다. 스티치의 글에서 주목해야 하는 것은 이것, 즉 스티치가 의구심을 제기하는 방법론 자체야말로 전통 철학에서 사용하는 직관의 좋은 예라는 점이다. 스티치의 글에서 그는 '분명히(surely)'라는 단어를

---

61) Stich 1998 : 105.
62) 같은 책 : 100.
63) 같은 책 : 100~101.

두 번 사용하여 자신의 입장을 주장하고 있는데, 이때 그 역시 직관에 호소하고 있다. 누군가 비정합적인 추론 원칙에 대해 반성적 평형을 하는지를 판단하기 위해 그가 사용하는 것은 바로 직관이다. 그가 다시 한 번 직관을 사용하는 부분은 마지막 문장에서다. 이것은 바로 그라이스가 했던 언어 분석으로, 충분히 전통적인 철학의 논쟁 방식이라고 할 수 있다. 그는 우선 특정한 시나리오가 가능한지를 판단하기 위해 직관을 사용하고 있다. 그 다음, 흥미로운 개념('정당화', '앎')을 이러한 시나리오에 적용할 것인지를 판단하기 위해 다시 한 번 직관을 사용하고 있다.

이러한 지적이 옳다면, 스티치는 자신이 비판하는 논쟁 전략을 적극적으로 사용하여 해당 전략을 비판한 셈이다. 따라서 이는 아펠이 말한 '수행적 자기-모순'에 해당한다. 직관 회의론을 비판하는 이러한 종류의 입장에서 주목해야 할 점은 두 가지다. 우선, 이런 종류의 논쟁은 앞서 살펴본 논쟁(직관의 중단은 정당화의 전면 중단을 의미한다는 입장)보다 전개하기가 더 수월하다는 점이다. 단지 직관을 비판하면서 직관을 사용하는 직관 회의론자의 예만 발견하면 된다. 이를 발견하는 것은 크게 어렵지 않아서 전통 분석철학을 옹호하는 사람들은 이러한 논쟁 전략을 매우 매력적이라고 생각한다. 둘째, 이는 상대방도 그렇지 않느냐고 맞받아치는 응수에 가깝다는 점이다. 이는 전통주의자들에게는 덜 고무적일 수 있다. 직관 회의론자가 자신이 말한 것을 지키지 않았다고 비판하는 것이기 때문이다. 물론 스티치는 이를 불편하게 생각할 것이 분명하고, 그에 따라 비판적 사고를 할 수도 있다. 하지만 정작 그의 주장에서 무엇이 잘못되었는지는 전혀 보여주지 않는다. 그가 수행(practise)하는 방법이 문제인가, 혹은 그가 주장(preach)하는 내용이 문제인가?

사실, 직관 회의론자는 이러한 종류의 응수(비록 제대로 된 비판이라 하더라도) 때문에 그들의 입장이 불편해지지는 않는다고 부인할 수도 있다. 커밍스가 주장하듯이, 직관이 철학적으로 '무용하다는(useless)' 것을 입증하는 방법이 직관을 사용하는 것이라면, 이는 귀류법(a reduction ad absurdum)에 해당한다.[64] 즉, 귀류법을 위해 일단 직관의 방법론이 타당하다고 가정한다. 이 방법론을 사용하

---

64) Cummins 1998 : 127, note 8.

여 직관적으로 옳은 각 단계를 밟아 직관이 타당하지 않다는 결론을 도출한다. 마지막으로 이러한 모순을 발생시킨 방법론의 타당성에 대한 초기 가정을 거부한다. 비록 처음에는 '수행적 자기-모순'에 해당하는 것처럼 보이겠지만, 직관 회의론자는 이런 식의 논쟁을 불편하게 여기지 않을 것이다.

단, 전통주의자가 직관이 방법론으로서 타당하지 않다고 주장하기 위해 직관을 사용한다면, 귀류법은 효과적인 반면, 응수는 그렇지 않다는 사실을 받아들여야 한다. 이 경우에도 직관 회의론자가 의식적인 노력이 아닌 단순한 직관에 의존하는 것은 아닌지 생각해 볼 수 있다. 귀류법을 위한 시드가 아니라, 단순히 다른 철학적 입장을 동의 혹은 반대하기 위한 전략으로 직관을 사용하는 것이라면, 그의 입장은 일관적이지 못하다. 따라서 자신의 방법론을 바꾸거나, 직관의 중단을 주장하는 입장을 철회하거나, 둘 중 하나를 선택해야 한다.

회의론의 반박(Sceptical rejoinder)

지금까지 직관 회의론을 비판하는 전통주의의 입장을 살펴보았다. 그러나 회의론자의 반격 또한 만만치 않다. 그중 하나는 직관의 본성에 초점을 맞춘다. '직관'이란 정확히 무엇을 말하는가? 내성(introspection), '심적 판단(mental judgement)', 지적 외견(intellectual seeming) 혹은 그 외의 다른 것인가? 증거의 출처(source of evidence)에 대해 정확히 기술하고 이에 대해 반드시 광범위한 동의를 확보해야만, 이를 정당하게 사용할 수 있는지는 불분명하다. 소자(Sosa)는 직관을 지각과 내성에 비교하며 이 점을 분명히 하고 있다. 그는 "직관의 구체적인 과정 및 역학은 그 상당 부분이 우리의 지각 및 내성의 레퍼토리에서 여전히 미지의 영역인데 왜 이에 대한 지식이 필요한가?"[65] 라고 반문했다. 여기서 중요한 것은 지각에 대한 근본적인 사항이 수천 년 동안 알려지지 않았는데도 불구

---

65) Sosa 1998 : 267.

하고66), 우리는 오랫동안 꽤 합리적이고 생존에 유리한 방식으로 지각을 증거로 삼았다는 점이다. 우리가 주목해야 하는 또 다른 점은 오늘날까지도 지각이 매우 뜨거운 철학적 쟁점이라는 것이다. 표상주의자(representationalists), 선언주의자(disjunctivists), 감각소여(感覺所與) 이론가는 단순히 지각의 세부적인 사항에 대해서만 이견을 표시하는 것이 아니다. 그들에게는 더 근본적인 시각 차이가 있다. 하지만 그렇다고 해서 지각이 세계에 대한 증거의 출처라는 사실을 회의하게 만들지는 않으며, 또 그래서도 안 된다. 그래서 철학자 대부분이 동의할 수 있는 직관에 대한 포괄적인 설명이 여전히 희망 사항이기는 하다. 하지만 소자에 따르면, 공통된 입장이 없다고 해서 직관이 증거의 기반이라는 사실 자체에 위협을 가하지는 않는다. 이는 분명 옳은 말이다.

그렇다면 왜 직관이 증거의 출처로서(직관이 무엇인지는 제외하고) 타당하다고 인정해야 하는 것일까? 커밍스에 따르면, 과학자는 관찰 기법에만 의존하고 도구를 '재정비(calibrate)'하는 반면, 철학자들은 철학적 직관을 재정비하려고 하지 않는다. 커밍스는 재정비의 절차를 다음과 같이 표현한다.

> 갈릴레오가 새로 고안된 망원경으로 달을 보면서 산(mountain)[현대 과학에서는 천체의 표면 위의 자국(earthlike blemishes)이라고 말할 것이다.]을 발견했다고 가정해 보자. 반대 입장에서는 산으로 보이는 것이 인공물(즉, 망원경이 왜곡한 상이지 달 표면의 특징이 아니다.)이라고 주장할 수 있다. 따라서 망원경의 왜곡을 알아보기 위해 크기, 거리, 색깔 등 이미 아는 사물을 망원경으로 보는 과정이 필요하다. 즉, 도구를 재정비하는 것이다.67)

커밍스에 따르면, 철학자가 직관을 재정비하지 않는 데는 이유가 있다. 갈릴

---

66) 가령, 고대 그리스 사상가들 중 일부는 시각 방출론(extromission theory of vision)을 주장했다고 하자. 이는 눈에서 방출되는 특정한 형태의 빛이 물체를 만날 때 그 대상을 볼 수 있다는 것을 말한다. 이에 대한 간략한 설명은 로빈슨(Robinson 1994 : 4~5)을 참조하라. 한편, 로빈슨은 감각소여 이론을 지지하는 몇 안 되는 현대 철학자 중 한 명이다.
67) Cummins 1998 : 116~117.

레오의 예시에서 보여 주듯이, 절차 혹은 도구를 재정비할 수 있을 때는 목표 대상에 대한 독립적 접근이 가능할 때뿐이다.(가령, 갈릴레오는 망원경으로 표면이 부드럽고 하얀 벽을 볼 수 있지만, 이때 부드럽고 하얀 속성은 망원경을 사용하지 않고도 알 수 있을 것이다.) 또한, 게티어 문제에서 철학적 직관을 사용했을 때, 목표 대상(가령, '앎')에 대한 독립적인 접근이 무엇인지 파악하기는 쉽지 않다.[68] 게다가 커밍스의 주장에 따르면, 우리가 철학적 논의의 대상에 대해 독립적으로 접근할 경우, 더 이상 철학적 직관이 필요하지 않다. 그는 다음과 같이 결론을 내린다. "일단 우리가 직관에서 인공물과 오류가 무엇인지 식별하게 된다면, 철학은 더 이상 직관을 필요로 하지 않을 것이다. 그러나 우리가 그러한 위치에 있지 않다면, 철학은 직관을 믿어서는 안 된다."[69]

전통적 방법론을 고수하는 이들은 이러한 의견을 듣고 얼마나 우려하게 될까? 빌러(Bealer)와 소자 모두 직관을 내성과 지각에 비유한다. 빌러에 따르면, 지각은 기본적인 증거의 출처이며, 직관도 마찬가지다.[70] 이에 대한 빌러의 복잡한 논의는 생략하기로 한다. 하지만 적어도 다음의 내용은 타당해 보인다. 감각을 통해 전달된 자료가 타당하다고 믿기 위해 반드시 감각의 지각을 재정비해야 할 필요는 없다는 점이다. 지각을 정비할 경우, 어떤 방식으로든 지각 자체에 의존하게 될 뿐이지, 이를 벗어나는 방법을 찾기는 어렵다. 전통주의자는 직관 역시 마찬가지라고 주장할 것이다. 'Q는 (P→Q)&P의 필요조건이다.'에 대한 당신의 직관에 의존하기 전에 감각을 '재정비' 해야 한다는 주장이 타당한가? 이러한 관점에서 직관을 새로운 도구 혹은 절차에 비유해서는 안 된다. 직관은 추상적이고 개념적인 문제를 다루는 가장 기본적인 통찰력이다.

티모시 윌리엄슨은 직관 회의론자의 반박에 대해 위와 비슷한 주장을 했다. 윌리엄슨에 따르면, 직관 회의론자는 전통적인 외부 세계 회의론자와 마찬가지로

---

68) 사실상, 이는 그렇게 명확하지 않을 수도 있다. 가령, 콘블리스가 앎은 하나의(금, 고양이 등과 같은) 자연종(natural kind)이므로 경험적 탐구의 대상이라고 주장한다.(2006) 이 주장에 대해서는 잠시 후 살펴보기로 한다.
69) Cummins 1998 : 118.
70) Bealer 1998 : 217.

"심리화 증거(phychologizing evidence)의 오류"[71]를 범하고 있다. 회의론자는 감각 지각의 오류 가능성을 지적하며 외부 세계에 대한 우리의 지식에 이의를 제기한다. 당신의 손은 두 개이며, 당신 바로 앞에 메타철학에 관한 서적이 있다는 것은 분명히 증거가 있는 사실에 속한다. 그러나 책이 있다고 믿는 이유는 그 책이 보이기(see) 때문이다. 우리가 종종 존재하지 않는 것을 볼 때(혹은 우리에게 보인다고 생각할 때), 이를 정당화하는 방법은 내 앞에 책이 있는 것 같다고(seem) 말하는 것[혹은 메타철학 서적이 '있는 것 같은(as if)' 경험을 한다고 말하는 것]뿐이다. 논의의 시작은 외부 세계에 대한 증거 기반이었지만, 논의의 끝은 우리 자신의 경험에 제한된 사실적 증거(factual evidence)로 마무리된다. 따라서 우리의 증거는 '심리화(psychologized)' 된 것이다.

회의론 입장을 들어 본 사람이라면 누구나 알겠지만, 일단 이렇게 설정이 심리화되면, 책과 손에 대한 그 어떤 증거도 재수립하기가 어렵다. 직관 회의론의 경우, 게티어의 시나리오에 등장하는 인물은 지식을 가지고 있지 않다는 사실에서부터 사고를 시작한다. 그렇게 생각하는 이유는 그렇게 생각하도록 만드는 특정한 직관을 우리가 가지고 있기 때문이다. 이렇듯 직관이 잘못된 길로 인도할 때, 우리가 알 수 있는 것은 단지 우리가 그러한 직관을 가졌다는 증거뿐이다. 그렇다면 왜 이러한 직관을 가졌다고 해서, 왜 그것을 안다고 생각해야 하는가? 윌리엄슨에 의하면, 두 논증에 대해 증거의 심리화를 배격해야 한다.[72] 증거를 가지고 말할 수 있는 사실은 다음과 같다. 바로 당신은 손이 두 개라는 사실과 게티어 문제에서 등장인물은 비록 지식은 아니지만, 정당화된 참인 믿음을 가지고 있다는 사실이다.

이와 같은 주장(빌러와 소자의 주장도 포함)에 대해, 직관 회의론자는 추상적인 것을 다루는 특별한 증거의 출처는 무엇이냐는 질문으로 되돌아가기 쉽다. 전통주의자가 우리는 미스터리한 능력을 가졌다고 주장하면서 그것이 무엇인지 거의 말하지 못하는 것과 같다. 특히, 그 능력이 세계의 자연주의적 그림에 어떻게

---

71) Williamson 2007 : 274.
72) 같은 책 : 234~241.

장착되었는지는 설명을 전혀 못하지 않았던가? 누군가 우리에게 텔레파시 능력을 주고서는 이에 대해 아무것도 알려 주지 않는다면, 이를 진지하게 받아들일 텐가? 전통주의자가 이와 다른 점이 무엇인가? 직관 회의론자는 직관과 지각을 유사하게 여겨서는 안 된다고 주장할 것이다. 적어도 우리는 지각이 무엇인지는 대략 알고 있으며, 이것이 세계에 대한 자연화된 그림과 얼마나 일치하는지 알고 있기 때문이다. 이쯤에서 자연주의자는 직관이 무엇인가에 대한 자신의 의견을 논할 수 있을 것이다. 또한 자신이 설명한 직관을 바탕으로, 직관이 특별히 신뢰성이 있다고 생각할 이유는 없다고 주장할 것이다.[73] 전통주의자가 이를 반박하고 싶다면 자신이 생각하는 직관이란 무엇인지, 그 기저의 메커니즘이란 무엇인지 자세히 설명하는 것 외에는 방도가 없다. 그 외에는 신비한 능력이라는 조롱을 완벽히 피할 방법이 없는 것 같다.[74]

개념(concepts), 이해(conceptions), 현상(phenomena)

직관을 반대하는 마지막 입장을 간략하게 살펴보자. 이 입장은 앞서 살펴본 입장과 매우 긴밀하게 연결되어 있다. 또한 칭찬으로 들리지만, 사실은 모욕에 가까운 모양새를 취하고 있다. 첫째, 흔히 인정하듯이 우리의 인식론적 직관은 지식의 개념을 매우 타당하게 알려 준다. 그러나 두 번째 단계에서 지식에 대한 우리의 개념은 "무지와 오류의 산물"일 수 있기 때문에 "개념의 대상인 현상의 특성을 잘못 말할 수 있다."고 지적한다.[75] 따라서 지식의 개념에 대해서는 우리의 직관이 신뢰성을 얻기는 하지만, 우리가 알고자 하는 것이 지식의 개념이 아니라 지식일 경우, 이는 아무런 소용이 없다. 또한 20세기 철학자들이 개념에 대해 많은 관심이 있기는 하지만, 철학의 역사에서 철학이 내건 포부는 세계에 대해 더 나은

---

73) Cummins 1998 : 118~124를 참조할 수 있다.
74) 거팅(2009 : ch. 4)은 이에 대해 자세히 논의하며, 직관을 사용하는 분석적 방법론을 설득력 있게 옹호하고 있다.
75) Kornblith 2006 : 14.

이해를 제공하는 것이었다. 만약 우리가 이러한 포부를 지켜 나가기를 원한다면, 직관을 사용해서는 그 어떤 결과도 얻을 수 없다는 점을 인정해야 한다.[76]

이 주장을 평가하려면, 다음의 사실을 주목할 필요가 있다. 콘블리스가 "우리의 개념"을 "우리의 일상적 이해"로 보는 잭슨의 입장을 따르고 있다는 점이다.[77] 이 입장은 분명히 문제가 있다. 만약 개념이 이해 혹은 이론이라면 우리의 개념은 분명히 틀릴 수 있기 때문이다. 그러나 전통주의자가 이를 받아들이지는 않을 것이다.(그래서도 안 된다.) 지식에 대한 한 가지 이해('일상적'이지는 않아도 분명히 철학적인 이해)에 따르면, 지식은 정당화된 참인 믿음이다. 좀 더 일상적인 이해에 따르면, 지식은 매우 주관적인 확신을 기반으로 주장하는 참인 믿음이다. 주관과 확신 모두 잘못된 것일 수 있기에, 이러한 이해는 틀릴 가능성이 있다. 첫 번째 이해를 게티어 문제에 대한 우리의 직관에 견주어 보는 것은 이해가 지식의 개념['우리의(our)' 개념이 아니라 '기존의 개념(the concept)']을 포착하는지의 여부를 견주는 것이라고 말할 수 있다.

그렇다면 이러한 개념 자체가(지식 그 자체로 연결되지 못하고) 틀린 것으로 입증될 가능성은 없을까? 콘블리스는 그렇다고 말한다. 이는 지식이 자연종이라는 그의 의견과 연결된다. 그러나 이 점은 이해하기 어렵다. 콘블리스의 입장에서 볼 때, 다음 내용은 사실로 보일 것이다.

> 존이 목초지에 양이 있다고 하는 지식이 성립할 경우에는 (1) 목초지에 양이 있다고 그가 확신할 때, (2) 목초지에 양이 있을 때(즉, 그의 믿음이 사실일 때)뿐이다.

표면적으로 보면, 이는 부조리한 듯 보인다. 분명히 지식에 대한 옳은 분석이

---

76) 같은 책 : 11~14, 17, 24.
77) 같은 책 : 18. 잭슨에 따르면, X에 대한 개념적 분석은 X에 대한 우리의 '일상적 이해(ordinary conception)' 혹은 '민중론(folk theory)'을 보여 준다.(1998 : 31) 이는 'X에 대한 우리의 개념(혹은 better, the concept)'과 X에 대한 '우리의 일상적 이해'를 결합하는 것처럼 보인다.(동일한 곳) 그러나 '이해'가 어떤 종류의 이론을 지칭한다면, '개념'은 그렇지 않다. 적어도 그 정도가 명백한 것은 아니다. 파피노는 잭슨과 비슷한 비판을 하고 있다.(2009 : 11~12)

아니다. 존이 단 한 마리의 양도 보지 못했다고(그는 보았다고 생각하지만) 가정해 보자. 그런데 제인은 양으로 분장한 사람의 장난이라는 것을 알고 있고, 신중하게 관찰한 뒤 결국 진짜 양 두 마리를 식별해 냈다고 해보자. 그런데 제인은 철학자이며, 양 두 마리마저 진짜 양인지 확신하지 못한다. 그렇다면 존은 목초지에 양이 있다고 알고 있는 반면, 제인은 알지 못하는 것일까? 물론 그렇지 않다. 지식에 대한 '우리의' 개념은 틀릴 수 있다. 또한 방금 논의한 이해가 '지식'의 실제 현상을 포착할 수 있다는 생각은 부조리하다.

다음과 같은 주장도 가능하다. 우리의 개념이 현상의 지도를 보여 주지 못한다고 해서 개념을 근본적으로 수정해야 하는 것은 아니라는 주장이다. 지식의 경우, 게티어의 이해는 지식이 무엇인지 포착할 수도 있는 반면, 지식에 대한 '우리의' 개념은 지식에 더 엄격한(그 결과 지나치게 엄격해지는) 요구 사항을 부여하는 듯 보인다. 콘블리스는 개념과 현상을 명확한 이분법으로 구분한다. 그렇다면 개념이 현상과 현격하게 다르다고 판단하는 기준은 무엇일까? 덜 급진적인 주장도 있다. 지식에 대해 더 까다로운 개념과 달리, 지식은 결국 정당화된 참인 믿음으로 드러난다는 것이다. 그러나 이것도 여전히 이치에 맞지 않는다. 우리의 개념이 현상을 잘못 파악한다면, 현상 역시 개념을 매우 잘못 파악할 수 있지 않은가? 물론 지금의 논의 방법 자체도, 직관을 사용하여 지식의 속성으로 볼 수 있는 경우와 그렇지 않은 경우를 구분하는 것으로 이루어지고 있다. 우리의 반대 입장은 콘블리스가 배격한 '자료'를 근거로 하므로, 그는 이러한 이의 제기에 영향을 받지 않을 것이다.

이 논의를 마치기 전에, 마지막으로 한 가지를 더 살펴보도록 하자. 앞서 살펴보았듯이, 콘블리스는 개념과 세계를 뚜렷하게 구분하고 있다. 물론 이러한 구분을 하는 사람은 콘블리스만이 아니다. 그렇다고 해서 모든 철학자가 이러한 이분법을 받아들이는 것은 아니다. 일부 철학자들의 주장에 따르면, 지식의 개념을 말할 때는 지식으로 간주되는 것과 간주되지 않는 것을 말하게 된다고 주장한다. 즉, 지식의 현상에 관해 무언가를 말한다는 것이다. 여기서 '현상'의 현상학적 의미를 말한다. 인간의 삶이라는 맥락 안에서, 혹은 특정한 문화권 안의 인간 생활이라는 맥락 안에서 지식이란 무엇인지를 말하는 것이다. 세계를 우리가 살아가는 장소로서 의미와 중요성을 지니는 세계['현상' 의 세계, 혹은 현상학자가 때때로 칭하듯 '생활–세계(life-world)']로 이해하면, 개념과 세계에 대한 이분법은 사라진다. 에이어가 지적했듯이, " '언어에 관한 것' 과 '세계에 관한 것' 은 그렇게 뚜렷하게 구분되지 않는다. 세계는 우리가 기술하는 모습 그대로의 세계이며, 우리의 개념 체계 속에 나타나는 모습 그대로이기 때문이다."[78] 이러한 관점에서 볼 때, 개념을 연구한다는 것은 세계를 이해하는 프로젝트를 포기하는 것이 아니다. 오히려 개념의 연구는 이러한 프로젝트에서 본질적인 부분에 해당한다. 세계를 소립자 물리학에서 기술하는 세계로 보지 않고 생활 세계로 이해한다면 말이다.[79]

결론

이번 장에서 우리는 철학적 논증에 있어 매우 영향력 있는 두 가지 방법인 현상학과 직관을 살펴보았다. 최근, 현상학과 직관 모두 방법론적 자연주의자의 공격을 받고 있다. 이들은 이제 철학은 이러한 '사변적' 방법론을 버리고 경험과학이라는 보편적으로 수용된 방법론을 택해야 한다고 주장한다. 앞서 살펴보았듯이, 전통적 방법론이 비판론자의 주장만큼 문제가 많은지는 확실하지 않다. 한편, 이러한 논의는 현재도 지속되고 있기 때문에 이에 대해 결정적인 판단을 내리는 것은 시기상조일 것이다. 그러나 한 가지 결론을 내린다면, 방법론적 '순수주의'(철학하기의 방법론은 그것이 개념적 분석이든 현상학적 기술이든, 오직 한 가지로만 이루어져야 한다는 생각)는 좋은 생각이 아니라는 것이다. 철학은 한 가지 종류 이상의 자료로 '규율을 정할 때' 더 풍성해질 수 있다.

---

[78] Magee 1982 : 104에서 인용.
[79] 지각에 대한 관련 논의는 Wild 1958 참조.

5.
분석철학과
대륙철학

Analytic and continental philosophy

분석철학과
대륙철학

도입

1980년대 말 철학의 상태를 설명하면서 마이클 더밋은 다음과 같이 기술하고 있다.

철학자들은 결코 의견 합일에 도달하지 못할 것이다. 그러나 이들이 더 이상 대화를 나눌 수 없거나 서로 이해할 수 없게 된다면 참으로 유감스러운 일일 것이다. 이러한 이해가 성취되기 어려운 이유는, 상대가 틀렸다고 생각한다면 그들과 대화를 하거나 굳이 그들의 견해를 비판하는 수고로움을[1] 감수할 생각이 들지 않기 때문이다. 그러나 현재 우리가 서 있는 지점을 보면 마치 서로 다른 학문을 하고 있는 듯 보인다.

여기서 더밋이 말한 것은 소위 분석철학과 대륙철학이다. 이 두 학문의 간극은 지난 한 세기 동안 너무나 벌어진 나머지 "그 너머로 소리를 질러 봤자 소용없는" 상태에 이르고 말았다.[2] 두 철학 전통의 창설자(더밋에 따르면 프레게와 후설)는 "관심 분야는 다소 다르지만, 철학의 방향만큼은 놀라울 정도로 가깝다." 더밋은 분석철학과 대륙철학의 발전을 "서로 가깝게 흐르며 한동안 거의 평행 노선을 만들다가 완전히 다른 방향으로 갈라져서 다른 바다로 흘러들어 가는 라인

---

1) 두 인용 모두 Dummett 1993 : 193.
2) 두 인용 모두 같은 책 : 26.

강과 다뉴브강에 비유한다."[3]

　메타철학에 대한 가장 중요한 질문을 소개하려면 반드시 대륙철학과 분석철학이 갈라진 방향과 이들이 흘러들어 간 '바다'가 무엇인지를 살펴보아야 한다. 더밋이 옳다면, '철학이란 무엇인가?'라는 질문에는 한 가지 답이 아니라 "완전히 다른" 두 가지 답이 존재한다. C. G. 프라도(C. G. Prado)가 말했듯이, 분석철학과 대륙철학의 입장은 "철학 내에서 갈라진 입장이라기보다는 너무나 달라서 비교할 수 없는 철학의 개념들을 정의한 것으로 간주되어 왔다."[4] 물론 2장에서 살펴보았듯이, '철학의 개념들'에는 다양한 입장이 존재한다. 그러나 더밋과 프라도는 우리가 도입부에서 '명시적 메타철학'(명백하게 철학의 본성에 관한 질문을 다룰 때 철학자들이 제시하는 답)을 말하는 것이 아니다. 기타 철학적 문제를 논의할 때 분석철학과 대륙철학이 제시하는 입장을 말한다. 이번 장에서는 두 입장의 옳은 범위를 검토하고, 입장 간의 차이가 무엇인지에 대해 살펴보도록 한다.

　분석·대륙철학의 명칭과 외연

　많은 철학자가 주지했듯이, '분석철학'과 '대륙철학'이라는 구분은 도움이 되지 않는다. 버나드 윌리엄스의 말을 빌리자면, 이들은 "여기에는 기이한 교차-분류(cross-classification)가 작용하고 있다. 마치 차 한 대를 두고 전륜 구동과 일본 제품으로 구분한 것과 같다."[5] '분석'은 방법론을 지칭하는 반면 '대륙'은 장소(유럽 대륙)를 지칭하는데, 원칙상 유럽 대륙의 철학자들이 분석의 방법론을 사용하지 못할 이유는 없기 때문이다. 일부에서는 '앵글로-아메리칸' 철학 대(對) 대륙 혹은 '근대 유럽' 철학으로 명명하려고 시도하는 등 지리학적 구분으로 통일할 것을 제안했으나 상황은 크게 달라지지 않았다. 실제로 유럽 대륙에서 활발

---

[3] Prado 2003b : 13.
[4] Williams 2003 : 23.
[5] Dummett 1993 : ix.

하게 활동하는 많은 철학자의 철학이 '앵글로-아메리칸 철학(즉, 분석철학)'일 뿐만 아니라, 더밋이 강조하듯이 대륙철학의 뿌리임은 물론 앵글로-아메리칸 철학의 뿌리 역시 유럽 본토에서 찾을 수 있기 때문이다. "분석철학의 기원은 주로 온전히 독일어로 저술한 철학자들의 저서에서 찾을 수 있다."[6] 게다가, 소위 근대 유럽 철학의 저술 중 대다수는 현재 유럽 본토를 벗어난 지역인 영국, 아시아, 남미, 그중에서도 북미에서 이루어지고 있다.[7]

이러한 명칭이 작위적이고 도움이 되지 않는데도, 이 철학들의 외연에 대해서는 많은 이가 동의하고 있다. 분석철학이 프레게, 러셀, 무어, 비트겐슈타인, 카르납, 라일, 에이어, 카인, 데이빗슨, 더밋, 퍼트넘, 크립케 등을 포함하여 이들의 사상을 논의하는 철학자들 대다수가 주창하는 철학 사상이라는 점에 대부분 동의할 것이다. 가령 분석(Analysis), 심리 연구(Mind Studies), 혹은 철학 연구(Philosophical Studies)라는 제목의 잡지에 수록된 논문이라면 분명히 분석철학을 다룬 내용이라고 자신 있게 말할 수 있을 것이다. 한편 대륙철학은 후설, 하이데거, 사르트르, 메를로 퐁티, 레비나스, 데리다, 푸코, 리오타르, 들뢰즈, 이리가레이 및 이들의 사상을 논의하는 주석가 및 학파의 사상을 말한다. 물론 카벨(Cavell), 파이어아벤트(Paul Feyerabend), 로티처럼 명확한 구분이 어려운 철학자들도 존재한다. 다시 한 번 양국이 국경을 둘러싸고 분쟁 중이라 하더라도 거주자의 국적이 문제가 되지 않는다는 비트겐슈타인의 말을 적용할 수 있는 또 하나의 사례라고 하겠다. 또한 일반적으로 저자, 저서, 혹은 논문을 분류하는 데 이견이 생기는 경우는 거의 드물다.

이러한 구분의 '제도적 현실(institutional reality)'을 살펴보아도 마찬가지다. 저술을 읽고 인용을 달고, 학술회의를 조직하고 참여하는 문제에서 분석 철학자가 대륙 철학자와 함께 작업하는 경우는 거의 없으며, 마찬가지로 대륙 철학자들 역시 분석 철학자의 논문을 인용하거나 이들의 학술회의에 참석하는 일이 매우

---

[6] 이러한 이유에서, 지리학적 구분['앵글로 · 오스트리안' 철학(Dummett 1993 : 2)을 가령 '프랑스 · 독일 철학'과 대조]하는 것 역시 전혀 도움이 되지 않는다.

[7] Gutting 1998 : 10.

드물다.

분석철학과 대륙철학이라는 용어가 과연 무엇을 내포하는지도 매우 불분명하다. 즉, 철학 저술이 분석철학인지 대륙철학인지 말하는 것이 무엇을 의미하는지에 대해 일반적으로 합의된 내용이 거의 없다. 이 명칭이 방법론, 원칙 혹은 주제면에서 드러나는 실제 차이를 반영하고 있는가? 혹, 이는 주로 철학적 전통(영향의 자취, 무엇을 인용하고 무엇을 무시할지에 관한 내용 등)을 말하는가? 아니면 분석철학과 대륙철학이라는 명칭의 외연에 해당하는 두 종류의 철학을 구분할 수 있다는 생각 자체가 비논리적인 것인가? 심지어 동일한 '진영(camp)'에 속한다고 생각하는 철학자들 사이에서도 이에 대해 다양한 의견이 존재한다.

유주얼 서스펙트

그러나 각 진영에서는 다른 진영의 저술과 자신의 저술을 구분하는 특징이 무엇인지에 대해 폭넓은 동의가 이루어진 상태다. 양 진영에 걸쳐진 게리 거팅은 분석철학과 대륙철학의 약점을 드러내고자 한 다음의 단락에서 이 점을 명확히 보여 주었다.

대륙철학은 새로움과 성상(聖像) 파괴의 흥분을 약속하기 때문에 분석철학보다 섹시하다. 하지만 동시에 이는 허세를 부리며 모호하게 에둘러 가는(pretentious obscurity) 대륙 철학자들의 약점을 말해 주는 것이기도 하다. 낡은 범주를 뛰어넘고자 하는 창의적인 시도가 대개 그렇듯, 실패했을 때의 결과는 기껏해야 젠체하며 횡설수설(gibberish)하거나 그보다 좀 나으면 자명한 내용을 고문에 가까울 정도로 반복하는 것뿐이다. 분석 철학자들도 역시 약점을 가지고 있다. 이들은 신나게 활보해야 할 눈부시게 아름다운 목초지에서 마치 지뢰밭을 기어가듯 정확성을 추구하고, 엉뚱한 곳에서 엄

밀함을 요구한다.[8]

이렇듯 대륙 철학자들이 '잘난 척하듯 횡설수설' 한다는 내용에 분석 철학자들은 고개를 끄덕이며 동의를 표할 것이다. 그런데도 이러한 대륙철학이 읽기 쉽고 엄밀한 논증을 거친 분석철학보다 학생들에게 인기가 많다는 사실은 분석 철학자들에게는 통탄할 만한 일이다. 케빈 멀리건(Kevin Mulligan)의 말을 빌리자면, 대륙철학은 "본래 모호하거나 의도적인 모호함(obscurantist)을 취하며, 철학이라기보다는 문학이라는 장르에 가까운 경우가 종종 있다. 대륙철학에는 논쟁, 구분, 예시가 없다. 즉, 명확하게 정의된 문제가 없다.(problemarm)"[9] 앤소니 퀸톤(Anthony Quinton)의 의견처럼, 모든 대륙철학은 "일관된 합리적 논쟁이 아니라 드라마틱한, 심지어 멜로 성격의 드라마틱한 발언에 의존하고 있다." 따라서 분석 철학자의 눈에 대륙철학은 "운전 도중에 종종 발견하는 끔찍한 교통사고처럼 놀라게 하는 대상"[10]이다. 잭 스마트 역시 퀸톤에 버금갈 만큼 냉혹하게 평가했다. "현상학과 실존철학이 얼마나 허튼소리를 하는지 그들의 저술을 읽을 엄두조차 못 낼 판이다. 그럴 때면 철학에 대한 절망에 빠진다."[11]

한편, 대륙 철학자들은 자신이 대부분의 분석철학에서 느끼는 무미건조함과 지루함을 거팅이 제대로 집어냈다고 여길 것이다. 분석 철학자는 "완벽한 마인드 컨트롤을 통해, 해석하는 데 끊임없이 엄격한 지시를 내리며 정확성을 추구한다." 또한 "오해, 오역, 혹은 반박을 살 만한 것을 미리 알아서 제거한다. 악의를 품었거나 상상력 부재라고 임상 진단을 받은 사람들이나 오해할 내용까지도 말이다."[12] 따라서 대륙 철학자들의 눈에는 분석철학의 주요 학술지에 실린 논문은 대부분 "과학적 정밀함을 흉내 낸 진공청소기(pseudoscientific vacuum)가 웡웡 돌

---

[8] Mulligan 1991 : 115. 멀리건은 "대륙철학에 관한 분석적인 상투적 어구(같은 책)"를 기술하면서 이와 같이 말했다. 하지만 주석에서 이러한 상투적 어구는 그에게 "모두 사실로 보인다.(같은 책 : 119)"고 덧붙였다.
[9] Quinton 2005.
[10] Smart 1975 : 61. 스마트가 다른 곳에서 한 비슷한 발언에 대해 리 브레이버(Lee Braver)는 다음과 같이 말했다. "그의 혐오는 꽤 인상적이다. 그 혐오를 격퇴하는 데 굳이 노출이 필요하지 않다."(2011 : 235)
[11] 두 인용 모두 Williams 2006 : 183.
[12] Rorty 2003 : 20.

아가는 것"으로 들릴 뿐이다.[13] 이들은 인간의 조건 혹은 사회·정치적 현실의 근본적인 측면을 재고하는 것이 아니라, 단순히 "변증법에서 지금까지 예상치 못한 반전을 제시하고 화려한 철학의 핑퐁 게임을 하면서 여기저기에서 몇 번 더 인용되게끔 할"[14] 뿐이다.

물론 그 어느 진영도 방금 언급한 특징이 자신들이 옹호하는 철학의 핵심을 포착했다고 수긍하지는 않을 것이다. 철학을 논쟁으로 받아치는 한가로운 핑퐁 게임으로 전락시킨 것을 보고 분석철학의 결정적 특징이라고 수긍할 분석 철학자는 없을 테니 말이다. 대륙 철학자 역시 자신들의 저술이 모호함을 자처할 뿐이라는 이야기에 수긍하지 않을 것이다. 확실히 두 철학 진영의 '간극(gulf)'이 어떠한 특징을 지녔는지 제대로 파악하려면 이러한 편견(각 진영이 맞닥뜨린 위험의 특징을 얼마나 적절히 기술했든)으로는 충분하지 않다는 것은 분명하다. 그러나 그 편견이 '제도적 현실'을 유지하는 데 상당히 많은 역할을 하는 것만은 분명하다. 따라서 어떻게 해서 이러한 편견이 형성되었는지, 역사의 중요한 순간을 간략하게 되짚어 볼 필요가 있다.

하이데거의 역할

1890년대, 프레게와 후설 두 사람이 모두 천착한 것은 논리 문제와 수학의 기초였다. 이들이 서신 왕래를 통해 서로의 철학에 대해 논의한 것은 잘 알려진 사실이다. 프레게는 후설의 초기 철학서에 대한 비평을 썼으며, 후설이 초기 저술에 나타난 심리학주의(psychologism)를 배격하는 데 많은 영향을 미친 바 있다. 따라서 더밋을 비롯하여 많은 철학자가 뒷받침하듯이 당시의 철학을 대륙철학과 분석철학으로 구분하는 것은 적절하지 않다. 심지어 그 구분이 임박한 것도 아니었다. 20세기에 들어서며 러셀은 브렌타노(Brentano)와 알렉시우스 마이농(Alexius

---

13) Mulligan et al. 2006 : 65.
14) Ryle 1971 : 8~9.

Meinong)의 저술을 접하고, 이를 논의한 내용을 출간한다. 또한 그는 후설의 철학서 중 일부를 읽었다. 여기에는 『논리 연구』도 포함되는데, 그는 이를 읽고 철학 학술지 〈마인드〉에 비평문을 내기로 했었다. 20년 후, 길버트 라일은 옥스퍼드대학에서 후설 및 다른 오스트리아 철학자들의 사상에 관한 강의를 개설한다. 1920년대, 1930년대, 그리고 1940년대에 이르기까지 라일은 후설의 현상학에 "부분적으로 동조하는(partly sympathetic)" 논문을 몇 편 발표한다.[15] 당시 어렸던 루돌프 카르납은 후설의 철학을 꼼꼼하게 읽고, 그의 첫 번째 주요 저서인 『세계의 논리적 구조(The Logical Structure of the World)』에서 후설의 『이념들 I(Ideas I)』을 여러 번 인용하는데, 대부분 동의하는 내용이었다.[16] 모리츠 슐리크를 비롯한 빈 학파의 다른 저명한 회원들 역시 후설의 작품을 읽고 그의 사상을 논의했다. 물론 대부분 비판의 방식으로 이루어졌지만 말이다.

그러나 후설의 조수인(이후 프라이부르크대학에 후임으로 들어오는) 마르틴 하이데거는 매우 다른 영향을 미쳤다. 피터 시몬스(Peter Simons)가 주장하듯, "철학의 분립에 하이데거만큼 많이 기여한 철학자는 없을 것이다."[17] 1929년, 길버트 라일은 하이데거의 『존재와 시간』을 읽고 서평을 발표한다. 서평의 첫 줄은 다음과 같이 시작한다. "이 책은 '현상학적 방법론'을 적용하는 데 많은 진전을 보여 주었다. 하지만 그 진전이 재난을 향한 진전이 아닌지 심히 의심된다고 말하지 않을 수 없다."[18] 서평의 후반부에서 라일은, 문제의 재난은 "장황한 신비주의(windy mysticism)"(이 표현으로 의도한 바가 정확히 무엇이든지)[19]라고 밝힌다. 이 서평에는 하이데거 책에 대한 호평도 있었지만[20] 2년 후, 라일의 평가는 더욱 단호해졌다. "이러한 메타 철학자들은 마치 자신이 중요한 내용이라도 말하는 듯 존재(Being)를 철학적 과제로 삼는 가장 엄청난 죄인들이다. 이들의 철학은

---

15) Carnap 1967 : 9, 101, 263.
16) Simons 2001 : 302.
17) Ryle 2009a : 205.
18) 같은 책 : 222.
19) Braver 2011 : 236~239 참조.
20) Ryle 2009b : 48.

기껏해야 체계적인 방식으로 진실을 호도할 뿐이며, 최악의 경우에는 무의미하기까지 하다."[21] 더밋은 1940년대에 옥스퍼드대학에서 라일의 제자로 공부했던 시절에 대해 다음과 같이 회상했다. "하이데거는 그저 웃긴 사람 취급을 당했다. 너무 터무니없다 보니 진지하게 생각해 볼 여지도 없었던 것이다."[22]

『존재와 시간』에 대한 라일의 서평이 출간되고 몇 년 후, 카르납은 하이데거의 프라이부르크 취임사인 《형이상학이란 무엇인가?》를 혹독하게 비판한다. 그는 하이데거가 반복해서 강조한 '무(無)', 특히 "무(無)는 스스로 무화한다."[23]는 것처럼 복잡한 문장을 주로 비판했다. 이러한 문장이 거짓이거나 요점이 없어서가 아니라, 의미 자체가 아예 결여되어 있다고 여겼기 때문이었다. 따라서 참과 거짓의 문제 자체가 발생하지 않는다는 것이다.[24] 그는 하이데거의 이러한 허위-진술(pseudo-statements)이 "삶에 대한 태도"를 표현하는 데 유용할 수 있다고 인정했다. 하지만 뒤이어 하이데거는 이론을 수립해야 하는 철학이 아니라, 차라리 대놓고 "예술이나 시(詩)의 형태"[25]를 채택했어야 했다고 경고하듯 덧붙였다.

우리 논의의 목적은 카르납의 비판이 얼마나 정당한지에 대해 평가하는 것이 아니므로, 여기서 하이데거의 철학을 그의 전개 방식에 따라 소개하지는 않겠다. 요점은 1930년대 당시 전도(前途)가 유망한 분석 철학자들이 하이데거를 어떻게 평가했으며, 그러한 평가가 어떠한 영향을 미쳤느냐는 것이다.[26] 신비주의 혹은 헛소리에 지나지 않는다, 문학의 특성을 지녔다면 철학으로 간주될 수 없다는 등 대륙철학에 대한 상투적인 표현 중 대부분은 당시에 이미 전개되었던 것이 분명하다.

---

21) Dummett 1978 : 437.
22) Heidegger 1993 : 103.
23) Carnap 1959 : 61, 72.
24) 같은 책 : 78, 80.
25) 반세기 후 에이어는 20세기 철학을 살펴보며, 하이데거가 "마땅히 허풍이라고 볼 수 있는" 철학을 전개한 평가가 여전히 유효하다고 말했다.(1984 : 228) 앵글로·아메리칸 철학자들은 하이데거가 나치당에서 활동한 전력(1933~1945년) 역시 그의 신비주의 철학을 진지한 철학적 논의의 대상에서 제외시킨다고 지적한다.
26) Heidegger 1993 : 93. 하이데거는 그 밖의 다른 곳에서, "철학은 상식과 맞서는 투쟁이나 다름없다."(1995 : 36)고 전했다.

카르납의 혹독한 평가를 받은 취임사에서 하이데거는 분석철학에 대한 대륙 철학자의 평가 중 일부분을 예견했다. 이 취임사는 철학이 "상식의 관점"과 양립하지 않는다고 단언하는 것으로 시작한다.[27] 취임사 곳곳에서 그는 자신만의 형이상학적 과제를 '논리(logic)'를 혹평하면서 소개했다. 또한 "보편적 '논리'는 형이상학을 본래 부조리하다고 평가하면서 형이상학 문제를 경멸한다."고 덧붙였다. 그러나 같은 이유에서, 우리는 "'논리'의 군림과 이의를 허용하지 않는 교조주의"에 의문을 제기해야 한다. "지성의 배격(objections of the intellect)"이 형이상학 탐구를 중지시키게 내버려 두어서는 안 된다. 대신 "'논리'라는 개념 자체는 더 독창적인 질문의 소용돌이에서 '반드시 해체되어야 한다.'"[28]

하이데거가 '논리'를 다루는 방식과 형이상학에 대한 호소에 많은 철학자가 수긍하지 않을 것이다. 그럼에도 불구하고 하이데거가 '논리'의 교조주의를 비판하는 내용에서 대륙 철학자들이 이후 반복해서 제기하는 불만은 충분히 엿볼 수 있다. 즉, 분석 철학자는 '부적절한 엄밀함'을 내세워 출입문에서부터 논리를 체포하고는 피상적인 논쟁과 세부 사항을 들먹이며 진창에 빠뜨린다. 이 때문에 더 심오하고 '독창적인', 혹은 중요한 철학적 문제로 관통하지 못하게 만든다. 이러한 관점에서 분석철학은 상상력이 부재할 뿐만 아니라 철학적으로 깊이가 없다. 또한 전문가들의 좁은 집단을 벗어나면 무용지물이 된다.

양 진영이 서로 제기하는 상투적인 비판은 이미 80년 전에 시작되었다고 할 수 있다. 이것만 봐도 이러한 비판을 근절하기가 어렵다는 것을 알 수 있다. 물론, 이 비판에 일리가 있다면 근절해야 할 대상도 아니겠지만 말이다. 그렇다면 대륙철학과 분석철학의 차이점을 설명하는 주요 논쟁 중 일부를 살펴보면서 이러한 상투적인 비판이 일리가 있는지 알아보도록 하자.

---

27) Heidegger 1993 : 97, 99, 105.
28) 우리가 이번 장에서 논의한 철학자 중에서 퀸톤과 스마트만 본질주의적 성향이 있다. 그러나 두 철학 전통의 특징에 대해 논하는 다양한 입장을 일단 본질주의로 분류한 뒤 논의를 시작하고자 한다. 이를 통해 그들이 본질주의에 해당하지 않는 정도를 가늠할 수 있기 때문이다.

주제

본질주의에서는 분석철학과 대륙철학의 구분에 대해 각 진영에 해당하는 개별 필요(individually necessary)조건 및 집단 충분(collectively sufficient)조건을 제공하는 것이 가능하다고 본다. 이러한 본질주의를 글을 통해 옹호한 사람은 거의 없다.[29] 다음에 이어지는 세 가지 섹션에서 본질주의가 어떠한 난관에 부딪혔는지 살펴볼 것이다. 어떠한 특징이 두 철학의 전통 중 하나라고 누군가 주장한다고 해도 해당 진영에 속하는 철학자들이 만장일치로 동의하는 경우는 극히 드물다. 또한 이러한 특징의 대부분은 다른 진영의 철학자들에게서도 발견된다.

철학자들은 분석철학과 대륙철학이 다루는 주제 면에서 근본적인 차이를 드러낸다고 주장해 왔다. 닐 레비(Neil Levy)는 대륙철학이 "예술과 문학을 강조"[30]하는 점에서 분석철학과 다르다고 지적한다. 레비는 그의 주장을 뒷받침하기 위해 사르트르의 『문학이란 무엇인가?』, 푸코의 『이것은 파이프가 아니다』, 데리다의 『회화의 진실』 등 대륙 철학자들의 책 제목을 나열한다. 레비가 스스로 인정하듯이 그의 목록에 제시된 철학자는 모두 프랑스인이다. 비록 그가 하이데거의 《예술 작품의 기원에 대하여》를 주목하며 횔더린 및 다른 시인들의 작품에 몰두했다는 점을 환기시켰지만, '예술과 문학을 강조' 하는 것은 대륙철학의 필요조건으로 적절하지 않은 듯 보인다. 레비나스, 하버마스, 후설의 경우에는 해당하지 않기 때문이다. 물론, 이들 모두 예술을 언급하고 있기는 하다. 레비나스는 미학적 경험이 사회생활에 내재한 도덕적 책임을 궁극적으로 침해할 수 있다고 의문을 제기하며 비판적 관점을 견지한 바 있다. 하지만 예술이 이들 철학의 주요 과제였다고 말할 수는 없다. 실제로 하버마스는 로티와 데리다가 철학과 문학의 경계를 무너뜨린다고 비판한 바 있다.[31] 또한 반대로, 분석철학이 예술과 문학에 대해 관심이 없다고 할 수도 없다. 가령, 비트겐슈타인은 "삶의 미학적 차원"에 "극도의

---

[29] Levy 2003 : 291.
[30] Levinas 1998 : 1~13.
[31] Harbermas 1990 : 185~210.

중요성을 부과"32)했으며, 스탠리 카벨(Stanley Cavell) 역시 마찬가지다. 물론 그의 분석 능력은 논란의 여지가 있지만 말이다. 넬슨 굿맨(Nelson Goodman), 리처드 월하임(Richard Wollheim), 로저 스크루톤(Roger Scruton) 역시 예술과 문학에 중점을 둔 분석 철학자다.

철학의 역사를 포함한 역사가 대륙철학에서 중추적인 역할을 했다고 주장하는 입장은 더 설득력이 있어 보인다. 사이먼 크리칠리(Simon Critchley)의 말을 빌리자면, "대륙철학 전통의 텍스트"에는 "역사에 대한 강한 의식이 점철되어 있다."33) 그에 따르면, 특히 중요한 것은 대륙 철학자들이 철학적 문제가 역사적 문맥 안에서 어떻게 형성되었는지 심도 있게 통찰한다는 점이다. 이는 "번역, 언어, 읽기(reading), 텍스트 수용(text-reception), 해석(interpretation) 및 역사에 대한 해석학적 접근(hermeneutic access)과 같이 부차적으로 보이는 문제들이 대륙철학의 전통에서 왜 그렇게 중추적인 역할을 하는지 설명해 줄 수 있을 것이다."34) 체이스(Chase)와 레이놀즈(Reynolds)는 대륙철학의 특징은 "'시간적 전환(temporal turn)'으로, 이는 우리의 역사성(史實性, historicity)을 확인시켜 줄 뿐만 아니라 역사의 철학적 중요성도 강조한다."고 주장한다.35)

이러한 주장은 대륙철학 사상의 많은 부분이 나타내는 특징을 이런저런 방식으로 설명해 줄 하나의 주제를 암시한다. 그러나 의심할 여지없는 대륙 철학자인 임마누엘 레비나스의 철학에서는 '우리의 역사성'이나 크리칠리가 나열한 많은 주제 중 그 무엇도('언어'를 제외한다면) 다루지 않는다. 또한 후설을 생각해 보면 이는 더 부적절해 보인다. 물론 크리칠리가 지적했듯이36) 역사와 역사성이 후설의 중요한 주제로 자리 잡게 된 것은 그의 대작 중 하나인 『유럽 학문의 위기와 선험적 현상학』을 정점으로 한 후설의 후기다. 그러나 초기에 후설은 이러한 주제를 상세하게 다룬 적이 없다. 또한 현상학의 창설을 알린 『논리 연구』에서

---

32) Hagberg 2007.
33) Critchley 2001 : 57 ; Biletzki 2001 : 292 참조.
34) Critchley 2001 : 59~60.
35) Chase and Reynolds 2011 : 254.
36) Critchley 2001 : 69.

도 이런 주제를 찾아보기가 어렵다. 초기에 후설이 이러한 주제에 대해 논한 것은 주로 딜타이의 '역사성'이 과학과 철학의 객관적 타당성을 위협한다고 비판할 때였다.[37]

'역사'가 분석철학에 등장하지 않는 것도 아니었다. 풍문에 따르면, 미국의 어느 유수 대학의 분석 철학자는 그의 연구실 문 앞에 "철학의 역사는 쳐다보지도 말라.(JUST SAY NO TO THE HISTORY OF THE PHILOSOPHY.)"[38] 라고 써서 붙여 놓았다고 한다. 또한, 전후(post-war) 옥스퍼드 일상 언어학파 철학자들 중 적어도 일부가 "플라톤을 읽을 때는 마치 학술지 〈정신(Mind)〉의 지난 호에 실린 논문을 읽듯이 하라."[39]고 말한 일화도 유명하다. 그러나 이러한 분위기가 분석철학 전체를 관통한다고 봐서는 안 된다. 이는 1950년대와 1960년대의 분석철학을 모두 대변하는 것도 아니며(가령, 윌프리드 셀라스와 버나드 윌리엄스의 1960년대 저술을 생각해 보라.), 분명 현재의 분석철학 흐름을 말해 주는 것 역시 아니다.[40] 앨라스데어 맥킨타이어(Alasdair MacIntyre)는 『덕 윤리(After Virtue)』에서 서양의 도덕성을 역사적 맥락에서 살펴보았으며, 로티는 자신의 대표 저작인 『철학 그리고 자연의 거울』에서 근대 인식론의 역사를 모두 짚으며 날카롭게 비판했다. 로버트 브랜덤(Robert Brandom)이 말했듯이, 초기 분석 철학자는 자신의 철학을 "헤겔 사상에 뿌리를 두는 철학의 방종에 대한 반동"으로 정의했으며, "철학의 역사 및 체계적인 과제에 본능적인 적대감"을 드러냈다. 그러나 브랜덤에 따르면, 첫째 "이러한 자기 이해가 만장일치의 의견을 말하는 것은 결코 아니다." 둘째, "분석철학의 근본 신념(credo)[논리 정연한 논거에 대한 믿음, 논리 정연한 동의에 대한 소망, 논리 정연한 표현의 명료성(그리고 이중에 제일은 명료성이라.)]을 충실히 따른다고 해서 철학적 이해가 역사적 및 체계적 형태를

---

[37] Husserl 1965 : 122~147.
[38] Williams 2006 : 204. 범인은 길버트 하먼(Gilbert Harman)인 것으로 보인다.(Glock 2008 : 92)
[39] Williams 2006 : 181.
[40] 철학의 역사를 거부하는 것에 관해, 윌리엄스는 "철학의 역사를 무시하면 철학의 역사를 반복하게 될 것(둥근 바퀴뿐만 아니라 사각형 바퀴까지도 재발명할 수 있다.)이라는 산타야나(Santayana)의 경고를 심각하게 받아들여야 한다."(2006 : 204)고 주장한다. 또한 〈마음(Mind)〉에 수록된 논문을 읽듯이 플라톤을 읽어야 한다는 제안에 대해서는, "플라톤을 읽는 철학적 목적, 즉 익숙한 것을 낯설게 뒤집어 보는 과정 자체를 파괴하자는 의미(의미가 있다고 한다면)밖에 되지 않는다."(2006 : 181)고 지적한다.

인정하고 심지어 필요로 한다는 사실과 양립 불가능한 것은 아니"라는 사실이 시간이 지나면서 명료해졌다.[41] 그래서 배리 스트로우드(Barry Stroud)가 "철학은 철학의 역사와 불가분의 관계다."[42] 라고 단언할 수 있었던 것이다.

이와 연관이 있으면서 대륙철학에서 좀 더 일반적인 주제는 소위 "탐구의 배경 조건(the background conditions of enquiry)(이것이 역사적, 사회적, 심리학적, 혹은 그 외 다른 무엇이든지 상관없이)"이라고 데이빗 쿠퍼는 제안한다.[43] 후설 역시 그의 저술 내내 감각 경험 및 인식의 조건을 밝히는 데 천착했으므로 여기에 해당하며, 레비나스의 경우도 마찬가지다. 그 외에도 많은 분석철학 역시 이 조건에 해당한다. 글록이 주목했듯이 "비트겐슈타인의 불확실성, 콰인의 자연화된 인식론, 설의 사회적 실재 이론(theory of social reality)에서 많은 역할을 담당한 것은 지식의 다양한 배경 조건이다. 심지어 사회학적 배경 조건 역시 쿤과 파이어아벤트 이후 분석철학에서 자주 등장하는 주제가 되었다."[44] 스트로슨의 기술적(descriptive) 형이상학, 더밋의 의미론, 데이빗슨의 원초적 해석(radical interpretation) 사상 역시 다양한 방식으로 연구의 조건을 다루었다고 볼 수 있을 것이다. 만약 이러한 특징이 베르그손(Henri Bergson)과 후설, 이리가레이까지 모든 대륙 철학자가 해당하도록 넓게 해석된다면, 대륙철학이든 분석철학이든 철학 전반의 특징을 개괄적으로 설명하는 개념이 될 수 있다.

분석철학으로 돌아가자면, 레비는 분석철학의 특징으로 "정확하게 기술된 복잡한 문제(puzzles)"만 다루기 때문에 "분석 철학자는 삶의 의미를 밝히거나, 훌륭한 삶을 발견하는 문제를 다룰 수 없다."[45]는 점을 지적했다. 그러나 이에 대한 반례를 찾는 것은 어렵지 않다. 가령, 토머스 네이글(Thomas Nagel)의 초기 저술은 꿈, 성적 도착, 죽음 등 기이한 현상을 다루고 있으며, 이는 모두 분석철학 학술지에 실린 바 있다. 이중 대부분은 『인간의 문제(Mortal Questions)』라는 책으

---

41) Brandom 2002 : 1~2.
42) Stroud 2001 : 43.
43) Cooper 1994 : 5.
44) Glock 2008 : 147.
45) Levy 2003 : 293.

로 엮어 출간되었다. 논쟁의 여지는 있으나 최근 분석철학의 고전이라 할 수 있다.[46] 또한 '삶의 의미'가 모든 대륙 철학자의 관심을 끈 문제인지도 분명하지 않다. 후설과 하버마스가 다시 한 번 그 반례로 등장할 수 있다. 물론, 죽음의 문제는 야스퍼스(Karl Jaspers)와 하이데거가 매우 상세히 다루었으며, 인간 실존의 부조리함은 프랑스 실존주의의 중요한 주제이기는 했지만 말이다.

제목에서도 시사하듯 《현상학 대 정신의 개념(Phenomenology vs. The Concept of Mind)》에서 라일은, 분석철학은 논리에 중점을 두는 반면 유럽의 대륙철학은 논리에 관심을 두지 않는다고 주장한다.[47] 하지만 라일은 첫 번째 주장에 대한 반례가 가까운 곳에 있다는 사실을 놓치고 있다. 바로 자신의 옥스퍼드 동료인 존 오스틴(John Austin)이다. 그는 프레게의 『산수의 토대(Foundations of Arithmetic)』를 번역했지만, 정작 논리보다는 영어 단어의 미묘한 뉘앙스에 더 관심을 보였다. 한편, 논리는 후기 비트겐슈타인의 주요 관심사도 아니었다. 대륙철학에 대한 라일의 주장을 살펴보면, 후설이 평생 논리 문제에 천착했다는 사실을 간과하고 있음을 알 수 있다. 후설은 『논리 연구』(1900~1901)를 집필하고 30년 후, 『형식 논리학과 선험 논리학(Formal and Transcendental Logic)』을 다시 출간한 바 있다.

개념 및 언어에 대한 관심 역시 분석철학의 특징으로 간주되어 왔다. 실제로 독일어를 사용하는 대륙 철학자들은 단순히 '분석' 철학이라고 하지 않고, '언어·분석' 철학(sprachanalytische Philosophie)이라고 일컫는다. 그러나 이는 분석철학의 창설자 모두 언어에 천착한 것은 아니라는 사실을 간과하고 있다. 또한 콰인 이후 분석철학에서 이루어진 중요한 발전, 특히 언어철학이 분석철학계에서 거의 사라졌다는 사실도 간과하고 있다. 러셀이 '언어적 전환(linguistic turn)'을 확실히 옹호했는지도 역시 확실하지 않다. "우리가 이해하고자 하는 것은 세계가 아니라 단지 문장들이다." 라는 견해(러셀은 이를 후기 비트겐슈타인 및 옥스퍼드 일상 언어철학과 연결시켰다.)에 대해서도 그는 "이렇게 되면 철학은 기껏해

---

46) Nagel 1979.
47) Ryle 2009a : 189.

야 사전 편찬자에게나 도움이 될 뿐이다."라고 말하며 반대했다.[48] 또한 하이데거, 가다머, 리쾨르, 데리다와 같은 대륙 철학자들 역시 개념과 언어를 중요한 철학적 주제로 다루었다는 점에서 사실과 맞지 않는다. 가령, 데리다는 그의 획기적인 저작 『언어와 현상(Speech and Phenomena)』("언어철학을 분석한 작품으로는 최고의 작품"이라는 찬사를 받았다.[49])의 중앙 무대를 차지한 것은 언어였다. 개념 역시 들뢰즈와 가타리에 따르면, 철학은 "개념을 형성하고 발명하며 조립하는 것"[50]이다. 또한 데리다는 자신의 철학이 "개념적 철학(conceptual philosophy) 편에 서 있다."고 기술한 바 있다. 그는 우리가 비판하는 점을 포용하는 듯 보인다. 하지만 자신이 '대륙철학에 해당한다.'는 점은 부정하고 아마 다소 단호하게 자신은 분석 철학자로 분류되리라고 주장할 것이다.[51]

원칙(Doctrines)

분석철학과 대륙철학을 주제 면에서 명확하게 구분할 수 없다면, 대신 이들이 공통으로 다루는 주제에 어떤 입장을 취하는지 살펴보도록 하자. 더밋은 다음과 같이 주장한다. "분석철학과 다른 학파를 구별하는 차이는 첫째, 언어를 철학적으로 설명함으로써 사고를 철학적으로 설명할 수 있다고 믿는 것이다. 둘째, 종합적 설명 역시 같은 방식으로 이루어진다고 믿는다는 것이다."[52] 비슷한 맥락에서 그는 "언어철학이 모든 철학의 근간을 이룬다는 프레게의 의견을 따르는 것이 분석철학의 특징이라 할 수 있다."[53]고 밝혔다. 이와 비슷하게 생각하는 분석 철학자가 많을 것이다. 그러나 분석 철학자가 모두 이렇게 생각하는 것은 아니다.

---

48) 두 인용 모두 Russell 1959 : 217.
49) Garver 1973 : ix.
50) Deleuze and Guattari 1994 : 2.
51) Derrida, in Derrida et al. 2000 : 381~382.
52) Dummett 1993 : 4.
53) Dummett 1978 : 441.

더밋은 개러스 에번스(Gareth Evans)의 저술이 "설명과 언어를 사고 위에 두면서" 우선순위를 뒤집었기 때문에 분석철학계에서 축출해야 한다고 인정했다.[54] 이는 에번스에게만 해당하는 이야기가 아니다. 또 다른 중요한 분석 철학가인 존 설(John Searle)은 언어철학이 "심리철학의 한 분과(a branch of the philosophy of mind)"다. 따라서 "언어는 지향성(intentionality)에서 유래하지, 그 역은 사실이 아니다."[55] 라고 주장했다. 현재 활동하는 많은(과반을 넘지는 않겠지만 다수의) 심리 분석 철학자가 설의 주장에 동의할 것이다.

언어와 사고에 대한 더밋의 의견에 일부 대륙 철학자들도 동의하는 듯 보인다. 가령, 가다머는 "이해의 보편적 매체는 언어다." 라고 단언했으며, "이해 가능한 존재는 언어다." 라는 유명한 말을 남기기도 했다. 그는 이에 대해 다음과 같이 자세히 기술한다. "인간과 세계의 관계는 절대적으로, 그리고 근본적으로 언어(verbal[linguistic])적이며, 따라서 이해가 가능하다. 그러므로 해석학은……철학의 보편적인 측면이다."[56] 여기서 가다머는 더밋이 분석철학의 특징으로 지적한 내용과 흡사한 주장을 옹호하는 듯 보인다. 가다머 역시 사고를 철학적으로 설명(account)하는 것(인간이 세계와 맺는 관계에 대한 모든 방식에)은 반드시 언어의 해석(account)을 통해서만 가능하기 때문에 언어의 철학적 해석(설명)은 단순히 철학의 특정 분과가 아니라, '보편적인' 철학 과제가 되어야 한다고 여기는 듯하다.

쿠퍼는 자아와 주체라는 개념(notions) 자체[단순히 "이 개념들에 대한 특정한 이해(conceptions)가 아니라"]를 배격해야 한다는 입장이 대륙 철학자들의 공통적 특징이라고 제시한다.(후설은 '이 법칙의 예외'로 한다.[57]) 쿠퍼가 말한 것은 분명히 데리다, 라캉, 들뢰즈, 푸코를 위시한 프랑스 '포스트-구조주의 사상이지만,[58] 엄밀한 의미에서 '자아의 붕괴'를 대륙철학의 특징으로 보는 주장은 설득

---

54) Dummett 1993 : 4.
55) Searle 1983 : vii, 5.
56) Gadamer 1989 : 474~476.
57) Cooper 1994 : 6, 7.
58) Giber and Lennon 2005 : chs. 4 and 7.

력이 떨어진다. 후설이 또다시 '겉도는 사람'으로 단순히 등장해서가 아니라, 과연 주요 현상학자들이 이런 주장을 옹호할 것인가, 하는 의문이 들기 때문이다. 쿠퍼의 의견과 달리, 하이데거는 '현 존재(Dasein)'가 사실상 전통적인 철학적 개념이라고 할 수 있는 '주체(subject)'를 대체하는 용어라는 점을 명확히 했다. 또한 그가 주체라는 용어를 사용하지 않는 이유는 "지금까지 군림해 온 주체라는 개념을 철저히 수정"하고자 하기 때문이라고 밝혔다.[59] 즉, 하이데거가 배격하고자 한 것은 엄밀한 의미에서 자아 혹은 주체에 대한 개념이 아니라, 주체 혹은 자아에 대한 전통적인 이해였던 것이다. 이는 쉘러(Max Scheler), 메를로 퐁티, 레비나스, 심지어 사르트르 역시 마찬가지다. 아마도 쿠퍼가 암시하듯이, 하이데거와 다른 철학자들은 후설의 주관성(subjectivity)이 데카르트의 실체 개념을 벗어나지 못했으며, "주체 영역 안에서만 지향적 경험"을 한다고 비판해 왔다.[60] 하지만 역설적이게도, 이후에 등장한 후기 현상학자인 미셸 앙리(Michel Henry)는 후설의 주관성이 불필요한 편재성(insufficienly immanent)을 띤다고 비판했다.[61]

체이스와 레이놀즈는 "강경한 과학자연주의에 대한 의혹"을 대륙철학의 특징으로 꼽으며 좀 더 설득력 있는 논리를 전개한다.[62] 이들도 예외[퀑탱 메이야수(Quentin Meillassoux)]를 언급하기는 했지만, 이는 대륙철학의 주요 사상가들에게 적용되는 듯하다. 그러나 분석철학에서 이러한 특징이 나타나지 않는다고 말할 수 없다. 실례로 분석철학은, 물질세계는 단순히 감각 자료의 구성물에 지나지 않는다는 러셀과 에이어의 "중성적 일원론(neutral monism)"을 포용했다. 이는 존 포스터(John Foster)와 하워드 로빈슨(Howard Robinson)을 비롯한 철학자들이 이후 지각에 대한 관념론적·현상학적 이론으로 계승·발전시킨다.[63] 자연주의는 확실히 분석철학에서 대다수가 지지하는 입장이다. 그러나 3장에서 살펴보았듯이, 모든 자연주의자가 '강경한 과학주의'를 택하는 것은 아니다. 가령, 맥도웰

---

59) Heidegger 1996 : 115. Carr 1999도 참조.
60) Cooper 1994 : 7.
61) Zahavi 2007 참조.
62) Chase and Reynolds 2011 : 159.
63) Robinson 1994 참조.

은 '노골적 자연주의'와 자신의 자연주의는 명확히 구분된다고 말했다. 그는 "초자연주의(supernaturalism)" 혹은 "자연을 벗어난 곳에서 받은 미스터리한 선물[mysterious gift(s) from outside nature]"을 배격한다면, 이는 모두 일종의 자연주의(a family of positions)라고 볼 수 있다고 제안한다.[64] 그러나 단순히 초자연주의를 배격한다고 해서 자연주의자라고 한다면, 메를로 퐁티 역시 자연주의자로 분류될 것이다. 메를로 퐁티는 현상학적 분석의 요점은 "현상학적 분석이 '달아나는' 사실을 객관적 과학이 조직화하는 것에 반대하는 데 있지 않다."[65]라고 밝힌 바 있다. 이렇게 보면 체이스와 레이놀즈의 제안 역시 탐구 조건(conditions of inquiry)에 관한 쿠퍼의 제안과 마찬가지로, 모든 대륙 철학자에게 적용되는 것 같지만, 이들도 대륙철학에만 해당되는 유일한(unique) 특징을 제시하지는 못했다.

이 외의 다른 원칙도 제시되었지만, 여기서 논의를 마치기로 한다. 우리가 내릴 수 있는 결론은 본질주의 측면에서 철학 전통의 특징에 접근할 때 가장 어려운 단계가 바로 이 원칙 부문이라는 것이다. 스콧 소아메스(Scott Soames)가 말했듯이, "분석철학에서 가장 냉혹하면서 가장 효과적인 비판을 하는 사람은 바로 다른 분석 철학자다. 이 사실은 항상 변함없다."[66] 한편, 레비는 쿤의 "패러다임 이전의 과학(pre-paradigm science)(기존의 학설을 축적하는 것이 아니라 전복시키는 것을 목표로 한다.)"을 대륙철학과 비교하기도 했다.[67] 물론, 어떠한 철학적 원칙을 제시하더라도 이에 대해 보편적 동의를 얻는 것은 사실상 불가능하다.

방법론

원칙론보다 더 설득력을 얻을 수 있는 주장은 두 철학 진영 간의 차이는 방법론에 있다는 입장이다. 방법론은 주제와 원칙론보다도 5장의 도입부에서 개괄적

---

64) McDowell 1996 : 88.
65) Merleau-Ponty 1964a : 22.
66) Soames 2003 : xii-xiii.
67) Levy 2003.

으로 살펴본 입장(분석철학과 대륙철학은 너무나 달라서 비교할 수조차 없다.)을 더 잘 뒷받침해 준다.

방법론적 차이는 간단하게 제시할 수 있다. 분석철학의 특징은 분석적 방법론을 채택한다는 것이다. 그러나 이 제안은 두 가지 문제점을 명백하게 안고 있다. 첫째, '분석'에 대한 분석 철학자의 입장이 매우 다양하다는 점이다. 러셀에게 논리는 실재의 궁극 성분을 알기 위해 사용하는 분해적 방법론이며, 후기 비트겐슈타인과 일상 언어학파에게 논리란 언어적 암시(linguistic reminders)의 집합이었다. 따라서 분석이라는 개념은 "그 자체로 유용한 리트머스지로 기능하기에는 지나치게 탄력적이기에 다양하면서도, 때로는 상충하는 해석까지 나올 수 있다."[68] 분명히 이는 브렌타노와 후설["지향적 분석(intentional analysis)"은 후설이 즐겨 사용한 용어다.]과 같은 대륙 철학자들까지 포함할 정도로 유연한 개념이다.[69] 둘째, 4장에서 살펴보았듯이 최근 분석철학에 영향을 미치는 실험철학(experimental philosophy)은 20세기에 등장한 분석적 방법론을 모두 비판의 대상으로 삼는 듯 보인다. 실험철학에 따르면, 철학은 반드시 표준적 경험 방법론(standard empirical methods)을 사용해야 한다. 따라서 이는 모든 분석철학(그 범위가 얼마나 넓은지 상관없이)에 해당하지 않는다.

모든 대륙철학에 해당하는 공통적 방법론을 찾기란 쉽지 않다. 체이스와 레이놀즈는 "대륙철학에서 선험적 추론(transcendental reasoning)을 흔하게 볼 수 있다."라고 주장했지만,[70] (분석 철학자가 이해하는 방식으로) "선험적 추론"이 모든 대륙철학에 나타난다고 봐서는 안 된다. 2장에서 살펴보았듯이, 대륙 철학자에게 선험적인 것은 철학하기의 근본 영역(fundamental domain)과 같다. 이런 관점에서 볼 때 철학은 화학과 생물학, 심리학, 역사, 혹은 사회학과 견줄 수 있는 경험과학이 아니다. 그보다는 '2차(second-order)' 학문, 그리고 (1차) 학문의 조건을 반성하는 학문이다. 이는 다시 쿠퍼의 논의를 상기시키는데, 우리는 앞에서

---

68) Hacker 1998 : 6.
69) Beaney 2007 참조.
70) Chase and Reynolds 2011 : 89.

학문의 조건을 연구하는 것은 대륙철학만의 특징이 아니라는 점을 밝힌 바 있다. 하지만 철학이 '2차' 학문이라는 생각은 콰인의 획기적인 논문인 《경험주의의 두 가지 도그마》가 나오기 전까지 많은 지지를 받았다. 또한 분석철학계에서도 여전히 이를 지지하는 철학자들이 있다. 가령, 베넷(Bennett)과 해커(Hacker)에 따르면 "개념 문제(conceptual questions)는 …… 철학의 적절한 영역이다." 그리고 이러한 문제는 "참과 거짓의 문제에 선행한다. 이는 우리 표상의 형식(forms of representation)을 다루는 것이지, 경험 명제의 참과 거짓을 다루는 것이 아니다. 이러한 형식이 전제로 하는 것은 참인(혹은 거짓인) 과학 명제다."[71] 라고 한다.

사실 철학 문제에 접근하는 방식은 모든 분석철학을 관통하는 특징이라고 할 수 있다. 분석철학은 소규모의 단편적인(small-scale, piecemeal) 접근법에 긍정적인 태도를 보인다. 소아메스가 지적했듯이, "분석철학에서는 더 광대하고 체계적인 문제는 일단 판단을 멈추고, 대신 작고 제한된 범위의 철학 문제를 집중·탐구하는 것이 철학을 발전시킨다고 보는 가정이 폭넓은 지지를 받고 있다."[72] 소아메스는 매우 신중하게 지적했지만, 사실 이는 단순히 분석 철학자들에게 폭넓은 지지를 받는 정도가 아니라 보편적으로 수용되는 가정이다. 심지어 비트겐슈타인(전기와 후기 모두)같이 전형적으로 규모가 작은 연구에 천착하지 않은 이들에게도 마찬가지다. 이와 더불어, 대륙 철학자들이 대개 더 거창하고 스케일이 큰 문제를 좋아하는 것도 일리는 있다.

그러나 이러한 분석철학의 특징은 일부 현상학자들에게서도 발견할 수 있다. 가다머에 따르면 후설은,

> 자신을 항상 인내심을 가지고 상세하게 기술하는 작업을 가르치는 장인(master)이자 스승이라고 여겼으며, 성급한 조합이나 교묘한 구축을 매우 혐오했다. 그가 수업할 때, 초보 철학자들이 늘 하는 원대한 주장과 논거를 들이밀면 그는 이렇게 말하곤 했다. "학생, 늘 큰 지폐만 내서는 안 됩니

---

71) Bennett and Hacker 2003 : 1~2.
72) Soames 2003 : x v.

다. 잔돈, 잔돈도 내야지요!"[73]

후설이 출간한 철학 서적에서 철학에 대한 이러한 태도의 흔적을 발견하기 어려울 수도 있다. 하지만 후설의 철학 서적 중 대부분은 그가 연구에 대해 상세히 기록했던 내용을 개괄적으로 보여 준 점을 감안해야 한다. 따라서 작은 철학 문제를 긍정적으로 받아들이는 태도는 모든 분석 철학자의 공통분모이며, 주요 대륙 철학자들 중 일부(논리적으로 '적어도 한 명')도 해당한다고 볼 수 있다.

이보다 더 설득력 있는 주장은 "대륙철학은 대개 철학적 방법론을 상식 ······ 혹은 과학과 긴밀하게 연결하는 것을 매우 경계"한다는 것이다.[74] 하이데거가 철학은 상식에 맞서는 투쟁이라고 말한 것을 인용한 바 있다. 또한 항상 '겉도는 사람'으로 등장했던 후설이 이번만큼은 편하게 대륙철학의 범위에 해당한다. 그가 말한 에포케는 "'자연적 태도(natural attitude)'에 대한 가정을 일시 중지하는 방법론"으로, 여기에는 '외부 세계'에 대한 상식에 기반을 둔 확신이 포함되기 때문이다.[75] 물론, 체이스와 레이놀즈 역시 인정하고 있듯이, 후설의 현상학이 전적으로 상식에 반한다고 생각해서는 안 된다. 일반적인 현상학, 특히 에포케 방법론은 '외부 세계'에 대한 상식에 기반을 둔 확신을 반대하는 것이 아니라, 이를 비롯한 다른 확신을 해석하고 그 경험을 활용하여 근원을 밝히는 것을 목표로 한다. 후설이 『데카르트적 성찰』에서 밝혔듯이, "현상학적 설명은 철학하기에 앞서 세계가 우리에게 갖는 의미를 해석하는 것이다. ······ 철학은 드러내는 것이지 변경하는 것이 아니다."[76]

또한 모든 분석 철학자가 철학적 방법론과 상식을 긴밀히 연관하는 것에 대해 동의하는 것도 아니다. 러셀은 그의 논문인 《일반 용법의 숭배(The Cult of Common Usage)》에서 이를 단호히 배격하고 있다.

---

73) Gadamer 1976 : 132~133.
74) Chase and Reynolds 2011 : 55.
75) 같은 책.
76) Husserl 1995 : 151.

지구 반대편에 사람들이 살 수 없다고 생각한 적이 있다. 떨어져 버리거나, 그도 아니면 거꾸로 서 있어야 하기 때문에 현기증에 시달릴 것이라고 믿었기 때문이다. 지구가 자전하는 것이 말도 안 된다고 생각한 적이 있다. 모든 사람의 눈에 지구가 자전하지 않는 것처럼 보였기 때문이다. 태양이 펠레폰네소스만큼 크다는 주장이 처음 제기되었을 때 상식은 분노했다. 상식이 현명해질 날이 언제 올지는 알 수가 없다.[77]

그렇다면 대륙 철학자와는 달리 분석 철학자가 과학적 방법론에 의존한다는 주장은 어떠한지 살펴보도록 하자. 이를 더 일반적으로 해석하면 분석철학은 과학을 모방하는 반면, 대륙철학은 예술 혹은 문학을 모방한다는 주장으로 이어진다. 닐 레비에 따르면, 대륙철학은 "모더니즘 예술을 모델로 하는 반면, 분석철학은 근대 과학을 모델로 한다."[78] 또한 설의 주장에 따르면, "두 철학 진영의 중요한 차이"는 "분석철학이 과학에 매우 큰 관심을 가지고 있으며 철학은 과학에서 얻을 수 있는 동일한 종류의 객관적 진실을 추구해야 한다고 본다는 점이다. 내 경험에 따르면, 대륙 철학자들은(눈에 띄는 예외가 있기는 하지만) 철학을 과학이라기보다는 문학의 한 분과로 여기는 경향이 있다."[79]

그러나 철학을 문학으로 보는 경향에는 확실한 예외가 있다는 설의 주장은 옳다. 후설은 말년에 "최근 과학적 원리(scientific discipline)를 포기한 철학의 흐름이 지속적으로 증가하고 강력해짐에 따라 …… 유럽의 휴머니티가 침식당하고 있다."라고 탄식했다. 후설은 "철학을 위대한 예술가의 작품으로 여기며, 철학을 예술과 통합해야 한다고 여기는" 이들은 철학을 "진지하고 엄밀한, 명백히 증명할 수 있을 정도로 엄밀한 학문으로" 생각하지 않는 사람들에 속한다고 지적했다.[80] 후설이 과학적 이상을 수용하고 예술을 철학의 모델로 두는 것을 배격한 반면, 후기 비트겐슈타인은 자신의 철학을 과학이 아니라 예술에 정초하는 경향

---

77) Russell 1956 : 156.
78) Levy 2003 : 301.
79) Searle 1999 : 2071.
80) Husserl 1970 : 189, 390.

을 보였다. 앞서 3장에서 살펴보았듯이, 비트겐슈타인은 방법론과 자신의 철학적 탐구의 목표, 그리고 경험 과학의 목표를 명확히 구분하고 있다. 그는 하이데거가 할 법한 발언까지 했다. "나는 시를 쓸 때만 제대로 된 철학이 나온다고 말한 적이 있다. 이 말이야말로 철학에 대한 내 입장을 잘 요약해 준다."[81]

현상학자인 리처드 콥-스티븐스(Richard Cobb-Stevens)는, 분석철학은 "계산된 합리성(calculative rationality)을 선호하며 형식적 인과 관계와 심리적 직관과 같은 전근대(pre-modern) 범주에 속하는 것은 믿지 못한다."[82] 형식적 인과 관계는 모든 대륙 철학자가 열심히 사용하는 것이 아니니 논외로 하더라도, 과연 콥-스티븐스의 주장이 얼마나 타당한지 의문이 들 것이다. 가령, 토머스 네이글은 방법론에 관한 자신의 철학에 대해 다음과 같이 말했다. "해결보다는 문제를, 논쟁보다는 직관을, 체계적 조화보다는 다원론적 불일치를 신뢰해야 한다. …… 그 결론을 직관적으로 수용할 수 없는데도 이를 지지하는 주장이 압도적이라면, 감지할 수는 없어도 논거에 문제가 있다고 가정해야 한다."[83] 또한, 분석철학은 "심리적 직관"의 "전근대" 범주를 배격한다고 주장하지만, 분석철학에서도 (개념적) 직관을 흔히 사용한다. 또한 직관 옹호론자들은, 직관은 플라톤의 대화로부터 시작되었다고 주장하기도 한다.[84] 따라서 분석철학을 관통하는 방법론적 특징을 정의하려는 시도 역시 실패한 듯 보인다.

문체

그렇다면 분석철학과 대륙철학의 구분은 아마도 문체의 문제로 요약할 수 있을 것이다. 버나드 윌리엄스의 입장에 따르면, 글이 분석적인지를 판가름하는 요인은 '문체의 문제'다. 윌리엄스는 다음과 같이 말했다.

---

81) Wittgenstein 1998 : 28.
82) Cobb-Stevens 1990 : 1.
83) Nagel 1979 : x .
84) DePaul and Ramsey 1998 : vii.

분석철학이 대륙철학과 다른 점은 …… 논쟁과 구분을 비롯하여 특정한 전개 방식을 사용하고 있으며, (목표 의식을 가지고 성공하는 한) 쉬운 언어를 사용한다는 점이다. 분석철학은 쉬운 언어에 대한 대안으로, 모호함과 세부 사항(technicality)을 명확히 구분한다. 언제나 모호함을 배격하지만, 세부 사항은 종종 필수적인 사항으로 간주된다. 특히 세부적인 특징은 이를 혐오하는 적들의 원망을 사기도 한다. 이들은 철학이 매우 심오하고 쉽게 접근할 수 있어야 한다고 믿기 때문에 세부 사항에 분개하고 모호함에 편안해 한다.[85]

앞서 살펴보았지만 브랜든 역시 분석철학의 신조를 "분석철학의 근본 신념(credo), 즉 논리 정연한 논거에 대한 믿음, 논리 정연한 표현의 명료성(그리고 이 중에 제일은 명료성이라)"이라고 밝혔다. 그러나 프리드리히 바이스만(Friedrich Waismann)은[그의 철학적 분석 능력은 적어도 철학의 본성에 관한 그의 논문이 (A. J. 에이어가 편찬한) 논리실증주의에 관한 서적에 포함될 만큼 출중하다.] 명료성에 대한 이상(ideal)을 배격한다. 그는 명료성이 "살아 있는 사고의 싹을 잘라낼 수 있다."고 주장한다. 만약 케플러와 뉴턴 같은 "과학의 선구자들"이 사고의 매 단계에서 자신들의 명제가 완벽하게 이치에 맞는지 자문했다면, "그 어떤 창의력도 약화되었을 것이다."라는 주장이다. 바이스만은 다음과 같은 결론으로 마무리한다. "나는 언제나 명료성이란 아무것도 할 말이 없는 사람들의 마지막 피난처라고 생각해 왔다."[86]

게다가 명료성을 중요시하는 것과 이를 성취하는 것은 명백히 다른 문제다. 명료화하기 위해 노력해야 한다는 것을 잊어버리거나, 시도했지만 실패하는 경우(우리 대다수가 때때로 겪는 문제이듯이)도 존재하기 때문이다. 한스-요한 글록(Hans-Johann Glock)은 결코 명료하지 않은 분석철학의 예시를 몇 가지 제시했는데, 이중에는 크리스토퍼 피콕(Christopher Peacocke)의 표본도 포함되어 있다.

---

85) Williams 1985 : vi.
86) Waismann 1959 : 359~360.

사각형은 다음의 사항을 만족하는 개념 C다. 이렇게 생각하는 사람이

(S1) 자신의 경험을 있는 그대로 받아들이며, 사고 Cm[여기서 m은 지각 지시사(perceptual demonstrative)다.]을 기꺼이 믿을 때다. 그리고 지시사 m의 대상이 그의 환경의 사각형으로 보이는 지역에 제시될 때다. 또한 그 지역의 측면이 동일하며, 이등분선의 대칭을 이루는 것을 경험한다.(이는 대상이 "Σ모양을 갖는다."고 요약할 수 있다.)

또한,

(S2) m이라는 재현 양식에 따라 사고한 대상에 대해 기꺼이 Cm이라는 내용을 수용한다. 단, m에 의해 제시되는 대상이 (S1)에서 제시된 지각 경험과 동일한 형태를 띤다고 인정할 때로 한정된다.[87]

글록이 (반어법으로) 지적하듯이, "많은 현대 분석 철학자의 언어는 바로크 양식의 교회만큼이나 단순하고 진흙만큼이나 명료하다." 아무리 분석철학을 아우르는 문체의 특징을 규정하려 해도 소용없다. 바로 후기 비트겐슈타인의 문체는 어떤 조건도 만족키시지 않기 때문이다. 후기 비트겐슈타인이 명료성은 추구했을 수도 있으나, 심지어 글록과 같은 호의적인 주석가조차도 "비트겐슈타인이 명료성을 추구한 방식은 때때로 극도의 모호성을 나타냈다."고 평가했다.[88]

글록은 세부 사항이 분석철학에서 기여했다고 보는 주장에 대해서도 의문을 제기한다. 그는 그러한 세부 사항 중 많은 것은 "지적인 척하는 것 말고는 기능한 바가 없다."고 주장했다.[89] 그는 다음과 같은 예시를 들고 있다.

맥긴이 (1991년에) 제시한 '인지적 폐쇄(cognitive closure)'를 단순히 풀면, 특정 현상은 인간과 같은 생명체의 인지 능력을 넘어선다는 뜻이다. 그러나 그는 다음과 같이 설명했다 "특정 타입의 정신 M이 속성 P 혹은 이

---

87) Peacocke 1991 : 532~533.
88) 두 인용 모두 Glock 2004 : 432.
89) 같은 책.

론 T과 관련해 폐쇄되는 경우는 M이 사용할 수 있는 개념, 즉 형성 절차가 P의 파악 혹은 T의 이해까지 확장되지 못할 때뿐이다." 이에 대해 데넷(Dennett)은 다음과 같이 지적했다. "언뜻 보면 엄밀해 보이는 정의에 호도되지 마라. 그 예는 다음과 같다. 저자 A는 형식 어원(formal derivation) D를 사용하는 그 어떤 유용성 U도 취하지 않는다."[90]

다음 질문은 과연 "질서정연한 표현의 명료성"이 분석철학 전통에만 유일한 특징이냐는 것이다. 한 대륙 철학자가 "불명확성은 대륙 철학자가 하는 작업의 본성에 속한다."라고 주장한 바 있지만,[91] 과연 이것이 모든 대륙 철학자에게 해당되는 특징인지는 의문의 여지가 있다. 일반적으로 초기 현상학자들은 표현의 명료성을 위해 노력했다. 심지어 하이데거도 "무는 무화한다."는 주옥같은 발언을 남기기는 했지만, 자신이 원할 때는 명료한 의견을 제시하기도 했다. 이는 〈시간의 역사 서문〉, 〈현상학의 근본 문제들〉같이 1920년대 이후 그가 한 강의록에도 잘 나타난다. 또한 후설과 사르트르의 초기 철학 서적은 읽기 난해하기는 하지만, 모호하다고는(의도적으로 모호한 것은 물론이고) 말할 수 없다. 가령, 더밋은 후설보다는 프레게를 읽는 것을 더 좋아한다고 말했지만,[92] 이는 데이빗 스미스(David Smith, 분석 철학가)도 지적했듯이, 후설이 수년 동안 "자신의 철학을 설명하기 위해 일련의 전문 용어"를 만들었기 때문이다.[93]

후설을 읽는 것이 프레게와 러셀을 읽는 것과 같다거나, 사르트르를 읽는 것이 오스틴을 읽는 것과 다르지 않다고 말하려는 것이 아니다. 분명 문체의 차이는 현저하게 드러난다. 다만 그렇게 드러나는 차이 중 가장 중요한 것이 분석철학과 대륙철학을 가르는 기준과 일치하는지에 대해서는 의문을 제기할 수 있다. 또한 대륙 철학자들이 아주 드문 경우에만 모호한 표현을 썼다고 말하려는 것도 아니다. 대륙 철학자 사이먼 크리칠리는 모호함(osbscurantism)을 현대 대륙철학이

---

90) Glock 2008 : 171~172.
91) Babich 2003 : 92.
92) Dummett 1993 : 192.
93) Smith 2003 : vii.

부딪힌 주요 난관 중 하나라고 인정하며, 이를 피하기 위해 현상학으로 회귀할 것을 권고하고 있다.94) 그는 (자신이 생각하기에) "비록 하이데거와 데리다가 위대한 철학자이기는 해도 이들처럼 영어로 저술하는 것은 전혀 의미가 없다. 기껏 해 봤자 당혹스러울 정도로 파생적인 수준에 머무르거나, 최악의 경우에 이해 불가능한 결과가 나올 것이다."라고 주장했다.95) 일부 대륙 철학자들은 자신들이 우상으로 삼는 철학자를 흉내 내어 저술(그리고 담화)함으로써 불행한 결과를 초래한다는, 크리칠리의 언급은 사실로서 반박의 여지가 없다. 하지만 그렇다고 해서 대륙철학의 특징이 모호함이라고 말할 수는 없다. 크리칠리가 모호함의 위험성을 지적하고 대안을 제시했다는 사실만 보더라도 명료성의 이상을 충실히 이행하려는 대륙 철학자들이 있다는 것을 알 수 있다.

따라서 버나드 윌리엄스가 그의 논문에서 한 말로 결론을 낼 수 있을 것 같다. 그는 "내가 반박하고자 하는 것은 첫째, 명료성과 정확성을 매우 분명하고 일관성 있게 정의할 수 있는 문체가 존재하느냐는 점이며, …… 그러한 문체를 정의해 온 것이 과연 분석철학의 전형적인 절차에 대한 방식이었느냐는 점이다."라고 말했다.96) 철학에서 명료성을 성취하는 방법은 분명히 한 가지 이상 존재하며, 또한 분석철학만이 그 방법들을 독점하고 있다고 말할 수 없다. 또한 분석철학의 방법론이 반드시 명료성을 목표(성취하기는커녕)로 한다고 보기도 어렵다.

수정주의(Revisionism)와 회의주의

지금까지 분석철학과 대륙철학의 특성을 명시하려는 시도를 간략하게 살펴보았는데, 사실 이러한 시도가 성공할 가능성은 희박해 보인다. 이에 따라 완전히 다른 노선을 취하려는 움직임도 있다. 그중 하나가 '수정주의'다. 수정주의자는

---

94) Critchley 2001 : 111~122.
95) 같은 책 : 49.
96) Williams 2006 : 203.

분석철학 혹은 대륙철학의 한두 가지 특성이 해당 철학의 중추적인 특징을 말해 준다면, 반례가 등장하더라도 두 철학 진영 사이의 경계선을 재설정하는 선에서 유지할 수 있다고 본다. 더밋의 경우, 에반스가 자신이 정의한 분석철학의 특징에 해당하지 않자 분석철학에서 제외했는데, 이것이 바로 수정주의에 해당한다.

수정주의를 선택하는 이유는 다양하지만, 특히 매력적인 이유는 조금만 수정해도 지금까지 살펴본 제안 중 일부를 적용할 수 있다는 점이다. 특히, 후설과 브렌타노를 후기 비트겐슈타인과 바꾸면 문제가 간단해진다. 후기 비트겐슈타인을 대륙 철학자로 생각하고 후설과 브렌타노를 분석 철학자로 여기면, 앞서 살펴본 두 철학 진영 간의 구분(가령, 분석철학이 과학을 추종하고 대륙철학이 예술을 모델로 한다는 구분)이 유효해진다.

다그핀 휠레스달(Dagfinn Føllesdal)은 분석철학에 대해 공개적으로 수정주의 노선을 취하고 있다. 그는 "분석철학의 특징은 철학 문제에 접근하는 방식이다. 이 접근법에서 결정적인 역할을 하는 것은 논증과 정당화다."라고 주장했다. 그가 인정하듯이, 이러한 정의를 적용하면 "분석 철학자인 동시에 현상학자, 실존주의자, 해석학자, 토마스설 주창자 등이 될 수 있다."[97] 이러한 특징을 적용하면, 하이데거와 데리다는 여전히 분석 철학자에 해당하지 않으며, 다른 대륙 철학자(특히, 후설)는 분석 철학자로 분류된다. 하지만 휠레스달은 이를 문제 삼지 않는다. 또한 자신의 정의에 따르면, 전형적인 분석 철학자는 그 누구도 배제되지 않고 모두 분석철학에 포함된다고 주장한다.

하오 왕(Hao Wang)은 다른 제안을 한다. 왕에 따르면, 분석철학은 광의와 협의에서 이해할 수 있다. 협의로 생각할 때(왕은 이를 "분석적 경험주의라고 지칭한다.") 이로운 점은 그 "정의가 더 명료해진다."는 것이다. 왕에 따르면, '과학에 중점을 둔 것(science-centered)'이 분석적 경험주의의 특징이므로, 비트겐슈타인은 협의의 분석철학에서 제외될 수밖에 없다. "러셀, 카르납, 콰인과 달리 비트겐슈타인은 …… 과학이 아니라 예술에 중점을 두고 있으며 철학을 연구하는 근

---

[97] Føllesdal 1996 : 206.

본적인 동기가 다르기" 때문이다.[98] 왕은 실제로 분석철학을 분석적 경험주의와 동일시하는 것을 반대한다. 또한 비트겐슈타인이 확실히 '예술에 중점을 두는지'에 대해서도 의문의 여지가 있다. 어쨌든 왕의 분석에 따를 경우, 비트겐슈타인을 배제함으로써 분석철학을 좀 더 선명하게 정의한 수정주의가 가능하다. 그러나 무어와 일상 언어학파 철학자는 모두 과학을 기반으로 하지 않으므로, 그의 제안대로 하면 두 철학 진영의 경계선이 급격하게 재설정된다는 문제가 있다.

대륙 철학자로 간주되는 고전적인 인물을 배제함으로써 대륙철학의 경계선을 재설정하려는 시도는 거의 이루어지지 않았다. 한 가지 중요한 이유는 배제할 수 있는 주요 후보자(후설)가 대륙철학의 발전에 중추적인 역할을 했기 때문이다. 그를 제외한다면 대륙철학에서 가장 중요한 창립자를 제외하는 셈이 된다. 후설의 현상학에 영향을 받고 방대한 저술을 한 철학자에는 하이데거, 사르트르, 메를로 퐁티, 레비나스, 데리다, 리쾨르가 포함된다. 또한 가다머는 후설에 관한 논문을 작성했으며, 아도르노는 후설의 현상학을 비판하는 데 책 한 권을 할애하기도 했다.

이처럼 두 진영 간의 차이점을 명료화하는 작업이 어려우므로 대륙 철학자는 수정주의보다 회의주의를 지지한다. 애초에 그러한 구분이 가능하냐고 묻는 회의주의는 다양한 이유에서 촉발되었다. 일부 현상학자는 포스트모더니즘과 해체주의를 지지하지 않았기 때문에, 동료 대륙 철학자보다 특정한 심리 분석 철학자에게서 공통점을 발견할 수 있다. 사이먼 글렌디닝(Simon Glendinning)은 다른 이유에서 대륙철학이라는 구분을 거부한다. 그의 주장에 의하면, 소위 대륙철학이라는 명칭은 분석 철학자가 고안해 낸 허구에 지나지 않는다. 본질적으로 의심스러우며 진지하게 생각해 볼 가치가 없다고 생각한 철학을 모아 놓고 배제의 용어(a term of exclusion)로 사용하려고 만들었다는 것이다. "대륙철학은 단순히 우리가 하지 않는 것을 의미하지 않는다. 서양철학의 중추적인 전통 안에서 진지하게 사고하려면 결코 해서는 안 되는 것을 의미한다." 퀸톤이나 스마트를 비롯한 분석 철학자가 대륙철학 전체를 '허튼소리'라고 일축하는 점만 보아도, '대륙 철학

---

98) Wang 1985 : xi, 22, 75.

자'는 철학계에서 최대의 적으로 통했던 소피스트(7장에서 소피스트를 다룰 것이다.)의 현대 버전에 해당한다는 사실을 알 수 있다. 글렌디닝은 분석철학의 특징을 거부하지는 않는다. 하지만 "전통적 철학에서 전통과 같은 것은 없기 때문에"[99] 두 철학 진영 간의 구분은 철학적으로 무용하다고 밝혔다.

일부 수정주의(특히, 휠레스달의 제안)는 20세기 및 현대 철학의 중요한 차이점을 더욱 부각시키기 때문에 오히려 본질주의를 옹호하게 만든다고 볼 수도 있다. 그러나 이 점이 분석·대륙철학의 상투적인 차이점을 옹호하는 이들에게 좋은 소식인 것은 아니다. 상투적인 구분이 유효하려면 '분석철학'과 '대륙철학'이라는 용어의 외연을 누구나 인정해야 하기 때문이다. 또한 휠레스달의 수정주의를 받아들인다면, 브렌타노와 후설(메를로 퐁티와 사르트르도)을 분석철학으로 분류하지 못할 이유도 없다. 우리가 초점을 맞춘 문제는, 과연 분석철학 혹은 대륙철학으로 간주하는 철학자들과 그들의 작품에 근본적인 차이가 존재하느냐는 것이었다. 수정주의를 택하는 것은 근본적인 차이가 없다고 대답하는 셈이다.

글렌디닝의 회의주의로 돌아가 보자. 이는 적어도 두 가지를 간과하고 있다. 앞서 살펴보았듯이, 후설을 배제하고 대륙철학을 정의하려는 시도는 거의 일어나지 않았으며, 그 이유 중 하나는 누구도 반박할 수 없는 후설의 지위(대륙철학 전통의 창설자 중 한 명) 때문이다. 대륙 철학자 사이에서도 큰 차이가 존재하지만(또한 후설이 자신의 현상학이 대륙철학의 기초를 형성했다는 사실을 인정하지 않을 수도 있지만), "시간이 지나면서 형성된 영향의 양식(pattern of influence)"[100]으로 볼 수 있는 전통은 존재한다. 이것이 바로 글렌디닝이 첫 번째로 간과한 점이다. 두 번째로 "대륙철학"은 그 용어의 기원과 상관없이, 분석 철학자가 "철학적이라고 말할 수 있는 경계를 벗어난 것"을 지칭하려고 만든 경멸적 용어가 아니라는 점이다.[101] 사실 많은 대륙 철학자는 이 용어를 만족스럽게

---

99) Glendinning 2006 : 11, 13.
100) Chase and Reynolds 2011 : 8.
101) Glendinning 2006 : 11.

사용하고 있다.[102] 대륙 철학자들 사이에도 극심한 차이가 있기는 하지만, 그럼에도 불구하고 어떤 종류의 전통을 형성하고 있다는 의식이 지배적인 듯하다.

수정주의와 회의주의에도 문제가 발견된다면, 체이스와 레이놀즈의 말대로 "수정주의와 축소주의 사이 중간 노선"을 찾는 것이 필요하다.[103] 여기서 축소주의란 우리가 아는 분석·대륙철학 간의 차이는 존재하지 않는다는 입장으로, 회의론에서는 이를 명백히 표방하는 반면, 수정주의에서는 넌지시 암시하고 있다.

영향의 자취(Trails of influence)와 가족 유사성

스콧 소아메스는 문체와 방법론 이외에도, 다음과 같은 의미에서 분석철학을 역사적 전통(historical tradition)이라고 주장했다. "분석철학이 오늘 한 작업은 어제 한 작업과 다르다. 이러한 특성은 종종 20세기 초반의 분석 철학자에게서 발견할 수 있다. 분석철학은 일종의 영향에 따른 자취다."[104] 앞서 살펴보았듯이, 대륙철학 역시 비슷한 의미에서 역사적 전통인 것처럼 보인다. 단, 대륙 철학자는 분석 철학자와는 달리 "기존의 생각을 토대로 하는 것이 아니라, '대체'"하는 전면적인 혁명을 시도했다는 닐 레비의 분석에는 일리가 있다.[105] 그러나 이것을 중심적 특징이라고 말하기는 어렵다. 철학이 기존의 철학을 벗어나는 경우는 한 가지만 있는 것이 아니며, (만약 레비가 옳다면[106]) 대륙 철학자가 기존의 철학에

---

102) 스텔라 샌포드(Stella Sandford)에 따르면, "'대륙철학'은 주로 폄하하는 용도로 쓰인다는 생각은 실제 이를 다르게 사용하는 사람들을 고려하지 않은 것이다. 가령, 영국의 대학에서도 '대륙철학'이라는 강의를 개설하고 있다."(Sandford 2000 : 43). 또한, 저명한 대륙철학 학술지가 《대륙철학 리뷰(Continental Philosophy Review)》라고 불린다는 점도 주목할 필요가 있다. 물론 이는 경멸적 명칭의 이미지를 바꾸기 위한 일종의 반동적 조치라는 글렌디닝의 지적이 옳을 수도 있다. 그러나 많은 철학자가 '대륙철학'이라는 용어를 받아들이고 있다는 사실에서 글렌디닝의 생각이 틀렸음을 알 수 있다. 그들은 자신들의 철학 전통을 만들고 있다고 여기기 때문이다.
103) Chase and Reyonolds 2011 : 6.
104) Soames 2003 : x iii.
105) Levy 2003 : 301.
106) 대륙 철학자 모두 이러한 방식으로 '부친 살해'를 시도하는 것은 아니다. 가령, 메를로 퐁티는 후설과 하이데거의 작품을 전복하고 대체하는 것이 아니라, 그의 철학을 토대로 자신의 철학을 전개하고 있다. 또한 이는 프랑크푸르트학파에도 적용되지 않는다. 호르크하이머, 아도르노, 하버마스를 비롯한 주요 사상가들은 기존의 철학 중 상당 부분을 전복할 수도 있었지만, 서로 그러지 않았다.

서 벗어나는 일차적 방법은 이를 전복하는 것이기 때문이다. 그 타도의 대상이 데카르트, 칸트, 헤겔, 베르그손 혹은 후설 중 누가 되든지 말이다. 하이데거, 레비나스, 데리다가 후설의 철학과 동일한 철학 진영으로 분류되는 것도 이러한 방식 때문이다. 이들은 모두 후설(가령 프레게, 러셀, 혹은 무어가 아니라)을 공격했다.

앞에서 점검해 보았지만, 그럼에도 불구하고 두 철학 진영 간의 차이가 여전히 존재한다고 생각할 수 있다. 한스-요한 글록은 분석철학의 필요충분조건을 밝히는 시도는 부질없다고 주장했다. 하지만 그가 분석철학이 단순히 영향의 자취에 지나지 않는다고 생각하는 것은 아니다. 글록에 따르면, "분석철학은 상호 영향 관계와 가족 유사성이라는 두 가지 항목으로 결합된 전통이다."[107] 비트겐슈타인의 '가족 유사성'은 한 가족 내에서 코와 눈의 유전자를 받은 이가 있고, 눈과 입(코는 아님)의 유전자를 받은 이가 있는가 하면, 코와 입(눈은 아님)의 유전자를 받은 이가 있으므로 가족 내 모든 사람이 공유하는 단일한 유전적 특징은 존재하지 않는다는 것이다. 이와 마찬가지로 글록은, 분석철학은 분석 철학계(the analytic family)에서 교차하는 다양한 특징이 결합될 수는 있지만(일부는 원칙, 일부는 방법론, 또 일부는 문제를 기준으로) 모든 일원이 공유하는 특징은 없다고 지적했다.

분석철학을 이렇게 이해하면, 비록 모든 분석철학을 관통하지는 않더라도 앞에서 논의한 특징 중 일부는 유효할 수 있다. 물론 이는 대륙철학에도 해당된다. 바로 이것이 체이스와 레이놀즈가 분석·대륙철학의 차이에 대한 그들의 방대한 연구에서 도출해 낸 결론이다. 이들에 의하면 분석철학의 특징은 "다양하지만 겹치는 부분도 많다. 가령 언어적 전환, 형이상학의 배격, 철학을 과학의 연장선상에 두는 입장, 분석에 대한 환원적 접근, 형식 논리학의 차용, 논쟁 중심, 명료성의 추구가 여기에 포함된다." 대륙철학도 다양한 특징이 있지만, 그 가운데서도 드러나는 공통점은 "철학의 선험적 추론, 역사성을 확보할 뿐만 아니라 철학적으로도 가장 중요한 '시간적 전환(temporal turn)', 상식의 철학적 가치에 대

---
107) Glock 2008 : 205.

한 경계, 기계론적 혹은 환원론적(homuncular) 접근(가령, 과학과 심리철학에 관한) 배격, 윤리·정치학적 문제에 대한 이론 정립의 반대론 배격"으로 정리할 수 있다.[108]

이렇게 가족 유사성으로 묶인 특징 중 무엇이 옳은지 여부는 여기서 판단하지는 않을 것이다. 중요한 것은 가족 유사성으로 설명할 경우, 앞서 살펴본 본질주의를 비판하는 입장들을 다시 점검할 수 있다는 점이다. 본질주의에서 더 이상의 진전을 확인하기는 어렵다. 하지만 두 진영 간에 철학적으로 상당히 다른 점이 있다는 것은 사실인 듯 보인다.

철학은 하나의 학문(subject)인가?

지금까지 살펴본 내용에 따르면 우리가 처음 제기한 질문에 어떤 답을 할 수 있을까? 정말 "너무 달라서 비교할 수 없는 두 가지 철학"을 마주하게 되는 것일까? 대륙 철학자와 분석 철학자는 서로 다른 학과에서 일하는 것일까? 그렇게 생각하면 문제가 발생할 수 있다. 그 이유를 두 가지로 정리하면서 이 장을 마무리하고자 한다.

우선, 가족 유사성에 따라 두 철학 진영의 특징을 정리하는 것은 가능하지만, 그러한 특징에서 중복이 생기는 것은 피할 수 없다. 글록이 주장하듯이[109] '과학 중심(science oriented)'이 분석철학의 특징이라고 한다면, 후기 비트겐슈타인은 해당하지 않지만, 후설의 현상학은 포함되기 때문이다. 이와 비슷하게, 많은 분석 철학자가 '언어적 전환'을 하지만, 러셀과 무어도 그러한지는 확실치 않다. 또한 현대 분석 철학자 대다수가 언어의 검토를 통해서만 자신의 논의를 전개하는지도 확실하지 않다. 한편, 가다머와 데리다와 같은 대륙 철학자들은 언어적 전환을 취한 것이 확실하다. 따라서 가족 유사성을 적용하면, 두 철학 진영을 단지 영향의

---

108) Chase and Reynolds 2011 : 7, 254.
109) Glock 2008 : 218.

자취로만 설명하지 않아도 된다. 단, 이때 구분의 경계선은 불침투성을 지닌 견고한 것이 아니라, 유동적이고 침투성이 강한 것으로 이해해야 한다. 따라서 두 진영 간의 극심한 차이 때문에 유의미한 소통이 불가능하다는 의견은 설득력이 떨어진다. 오히려, 가족 유사성은 양 진영 사이의 확고한 대립이 있다는 주장을 배격하는 타당한 근거를 제시한다.

두 번째도 첫 번째와 마찬가지로 중요한데, 바로 유의미한 소통은 이미 일어나고 있다는 점이다. 심리와 형이상학을 다루는 많은 분석 철학가는 후설, 하이데거, 메를로 퐁티 및 다른 현상학자의 저술을 진지하게 검토한다. 가령, 지각철학(the philosophy of perception)에서, 스미스(A. D. Smith)와 켈리(D. Kelly)를 비롯한 많은 철학자가 철학적 견해와 논거를 제시하는 데 있어 현상학의 도움을 받았다고 밝혔다. 또한 크레인(Tim Crane)을 비롯한 다른 이들 역시, 브로드(Broad)와 스트로슨 같은 분석철학의 선구자들뿐만 아니라 후설과 하이데거도 참조하고 있다. 켈리는 다음과 같이 밝혔다.

> 오늘날 현상학을 도용(appropriate)하고자 하는 욕구가 눈에 띄게 늘어나고 있다. 현상학이라는 나뭇가지를 뒤져 가장 맛있는 과일을 찾으려는 것이다. 이러한 욕구와 더불어, 현상학의 과일이 철학적 영양분을 제공할 수도 있다는 믿음(혹은 적어도 그러할 가능성에 대한 확고한 개방성)이 있다.[110]

이는 일방적인 현상이 아니다. 현상학자 역시 점차 심리분석철학의 논의에 참가하고 있다.[111] 물론 이러한 소통은 교집합이 존재하는 철학 진영 사이에서 우선적으로 이루어지고 있지만, 이러한 상호 교류가 먼저 일어나는 분야는 당연히 주제·원칙·방법론 면에서 매우 중복되는 철학이 아니겠는가? 진정한 소통을 판단하는 기준으로 대화가 이루어졌는지가 아니라(가령, 지향성에 대한 후설과 설의 대화), 얼마나 비슷한 결론을 도출할 수 있는지(언어에 관한 들뢰즈와 콰인의

---

110) Kelly 2008. Crane 2006 ; Siewert 2011 ; Smith and Thomasson 2002 역시 참조.
111) Gallagher and Zahavi 2008을 참조.

입장)를 본다면 이는 어리석은 행위이며, 또한 궁극적으로 수정주의에 해당한다. 물론 전형적인 분석 철학자와 대륙 철학자 사이의 진정한 교류가 무엇이냐고 한다면, 그것은 단지 진정한 화해(genuine rapprochement)일 것이다.

결론

이번 장에서 우리는 '분석철학'과 '대륙철학'이라고 부르는 양 '진영' 간의 근본적인 대립에 대한 다양한 이해를 살펴보았다. 그리고 이러한 대립을 신중하게 검토해야 하는 이유를 제시했다. 만약 우리의 분석이 옳다면, 가장 적절한 결론은 다음과 같다. 두 진영 간에는 상대적으로 구분되지만 부분적으로 중복되는 영향의 자취가 있으며, 그 각각 역시 느슨한 가족 유사성으로 묶을 수 있다는 것이다. 그러나 이 결론은 두 진영 간의 극심한 간극으로 말미암아 소통이 어렵다는 더밋의 의견(소통이 불가능하다는 의견은 물론이고)을 지지하지 않는다.

6.
철학
그리고 진리의 추구

Philosophy and the pursuit of truth

철학
그리고 진리의 추구

도입

지금까지 우리는 철학의 특징을 논의하고, 이에 대한 비판도 살펴보았다. 그렇다면 여기에서 어떤 결론을 도출할 수 있을까? 앞서 살펴보았듯이, 철학은 수학과 과학처럼 지식이 축적되는 학문이 아니다. 적어도 아직은 참인 명제가 널리 수용되고, 이를 토대로 다른 진리들이 축적되는 학문이 아닌 것이다. 그렇다면 철학적 주장이 차지하는 위치가 무엇인지, 이에 대한 의문을 제기해야 한다. 언뜻 보면 철학적 주장은 진위를 판가름할 수 있는 명제이거나, 반대 혹은 찬성 논증을 토대로 신뢰 여부를 결정할 수 있는 명제인 것처럼 보인다. 그러나 실제 사정은 다를 수 있기 때문에 이처럼 자연스러운 가정도 의심해야 한다.

참인 주장으로 보이는 모든 명제를 이렇게 해석해야 하는 것은 아니다. 가령, 도덕 정서설(the emotive theory of ethics)에 따르면, 도덕적 판단은 말 그대로 참 혹은 거짓의 문제가 아니다. 도덕적 사실을 진술하는 것이 아니라, 도덕적으로 승인하거나 반대하는 감정을 표현하고 끌어내고자 기능하기 때문이다. 철학학술대회에서 한 연사는 철학에서 확립된 이론은 거의 없지만, 한 가지 확립된 이론이 있다면 그것은 바로 도덕 정서설이라고 선언했다고 한다. 자리가 철학학술대회였던 만큼, 그 연사의 주장을 듣고 청중이 즉각 이의 제기를 했다고 한다. 도덕 정서설을 전면 부정하는 이가 있는가 하면, 확립된 이론은 아니라고 부인하는 이도 있었다. 하지만 그 누구도(도덕적 판단 자체가 참인지 거짓인지, 사실인지 아닌지에 관한 문제가 아니라고 말했듯이) 도덕 정서설 자체도 마찬가지라고 반박하지는 않았다고 한다. 그런데 참인 철학적 주장에 상응하는 철학적 사실이 존재한다고 가정한다면, 그 사실은 무엇인지를 두고 논쟁이 벌어진다. 그것이 매우 일반적인 과학적 사실인지, 언어 사용에 관한 사실인지, 인간의 경험 혹은 그 밖의 다른 본성에 관한 사실인지 말이다. 따라서 철학이 특정한 종류의 사실을 주제로 삼는다고 가정한다면 그것이 무엇인지를 떠나 구체화하고, 철학적 주장이 과연 진위를 가릴 수 있는 후보가 맞는지에 대한 의문을 던져야 한다.

철학적 주장은 진위를 판가름할 수 있는 명제라는 가정을 모든 철학자가 받아들이는 것은 아니다. 비트겐슈타인은 『논리철학논고』에서 "세계는 일어나는 모든 것이다. 세계는 사실과 사실이 아닌 것으로 구분된다."라는 주장으로 시작해, "따라서 말할 수 없는 것에 관해 우리는 침묵하지 않으면 안 된다."로 마친다.[1] 그러나 엄밀하게 말하면, 비트겐슈타인 스스로 서두에서 제시한 세계에 대한 일반적 관찰 역시 우리가 말할 수 없는 주제에 속한다. 세계를 구성하는 사실이 아니라, 모든 사실을 아우르는 일반적인 사실로 진술하려 했기 때문이다. 이는 전형적인 철학적 발언이며, 당시 비트겐슈타인이 주장했듯이 엄밀한 의미에서 난센스다. 합리적인 언어라면 세계의 사실로 비추어 볼 때 참 혹은 거짓이 되는 명제를 서술해야 하기 때문이다. 이러한 기준으로 볼 때, 철학적 발언은 겉모습과는 달리 아무것도 말하는 바가 없다. 비트겐슈타인은 철학적 명제의 과제는 세계에 관한 무언가를 우리에게 보여 주는 것이라는 점을 인정했다.[2] 일단 철학적 명제가 제시한 것을 보고 나면 철학적 명제는 폐기된다. 마치 올라타고 온 사다리를 버리는 것과 같다. 철학에 관한 사실을 기록한 철학을 남기지 않는 것이다. 사실에 기반을 둔 주제가 없다면 철학은 진리 추구를 목표로 삼지 않는다. 『논리철학논고』에서 비트겐슈타인이 모든 철학적 발언은 엄밀한 의미에서 무의미하다고 주장한 부분은 주목할 만하다. 여기에는 그를 추종했던 빈 학파가 무의미하다고 보았던 '형이상학적' 명제뿐만 아니라 모든 철학적 발언이 이에 속한다. 이후 철학자들은 철학적 주장의 유의미성을 확보하기 위해 노력했다. 그들은 철학이 사실을 발언하거나, 사실을 진술하는 담론을 구성함으로써 의미를 확보하는 것이 가능하다

---

[1] Wittgenstein 1961 : 1.1 and 7.
[2] 적어도 표준적인 해석에 따르면 그러하다. 하지만 지난 20년 동안 이를 반박하는 의견이 제기되고 있다.(Crary and Read 2000 참조)

고 보았다. 그런데 후자는 사실을 진술하는 것 말고도 다른 방법도 유의미할 수 있다는 점을 암시한다. 후기 비트겐슈타인은 이 점을 상세히 기술하고 있으며, 이는 도덕 정서설에 영향을 주기도 했다. 그렇다면 사실을 기술하는 것 외에 철학적 발언이 하는 역할이 무엇일까? 또한 철학이 진위를 평가할 수 있는 주장을 해서는 안 되는 이유는 무엇인가?

이것이 이번 장에서 우리가 살펴볼 문제다. 철학자는 주장하면서 그 진위에 대한 평가를 원한다. 자신의 주장을 찬성 혹은 반박하는 주장을 검토하고, 이를 토대로 다시 의견을 개진하는 것이다. 그렇다면 철학적 주장이 차지하는 위치는 무엇인가? 초기 비트겐슈타인은 철학적 주장이 난센스라고 단언했지만, 우리는 대부분 철학적 명제를 제대로 이해한다. 만약 철학적 주장의 역할이 철학적 방법론을 통해 알 수 있는 사실을 보고하는 것이 아니라면, 어떻게 해야 우리가 이해할 만한 무언가를 전달할 수 있을까? 단순히 사실을 기술하는 것이라면 문제될 것이 없다. 그러나 철학적 사실의 일부 범주를 인정하지 않는다면, 철학적 주장의 역할은 무엇인지 설명이 필요하다. 이는 마치 사실에 근거를 둔 역사책이라고 생각한 책을 꺼냈는데, 조금 읽어보니 소설책인 것을 알게 되는 것과 같다. 물론 그보다 최악은 아무런 차이도 깨닫지 못하는 것이다.

이번 장에서는 앵글로·아메리칸 철학의 전통에서 주요한 위치를 차지하는 철학자 리처드 로티의 철학에 초점을 맞출 것이다. 그는 철학적 주장의 진위를 평가해야 한다는 가정에 이의를 제기하고, 이에 대한 대안을 제시했다. 로티의 관점은 이러한 전통에 결정적인 영향을 미쳤다기보다는 자극제로 작용했다. 그러나 로티의 견해 중 많은 부분이 대륙 철학자의 생각과 비슷하며, 로티도 점차 대륙철학과의 공통분모를 발견했다. 5장에서 살펴보았듯이, 분석 철학자가 대륙철학을 비판하는 점 중 하나는 논쟁과 정당화라는 방법론을 사용하지 않는다는 것이었다. 그러나 논쟁과 정당화가 논거로 정당화된 주장의 잠재적 진리를 가정하는 반면, 대륙 철학자의 방법론(논쟁과 정당화가 아닌 방법론)은 참인 주장의 지위를 드러내지 않는다. 따라서 그들의 명제가 갖는 지위는 다를 수 있다. 로티가 옳다면, 분석 철학자의 진술이라고 해서 반드시(그들이 주장하듯이) 참인 주장으로서의 지위를 갖는 것은 아니다.

은유와 언어의 우연성

철학자가 실제로 무엇을 하는지(그들 스스로 무엇을 하고 있다고 여기든지) 묻는다는 것은 그들에게 공통된 특징이 있다고 가정하는 것이다. 비록 우리가 지금까지 이러한 공통된 특징이 있다는 전제하에 회의를 나타내긴 했지만 말이다. 그럼에도 불구하고 과거의 철학자를 비롯하여 현재 우리가 철학자로 인식하는 사람들이 무엇을 하는지에 대해 질문을 제기할 수 있다. 후기 비트겐슈타인 철학에서 참고할 수 있는 한 가지 전제는 다음과 같다. 철학자는 세계에 대한 '그림들'을 제시하며, 이는 사실적 담론이 하는 방식처럼 진위를 평가하는 것이 아니라는 점이다. 로티에 따르면, 우리의 철학적 확신 중 대부분을 결정하는 것은 "명제(proposition)가 아니라 그림이며, 진술(statement)이 아니라 은유다. 예를 들어 전통 철학을 포로로 잡은 그림은, 마음을 커다란 거울로 보는 것이다. 여기서 마음은 다양한 표상을 담고 있으며(정확한 표상도 있고 그렇지 않은 표상도 있다.), 비(非)경험적 방법론을 통해 탐구할 수 있는 대상이다."[3] 또한 로티에 따르면, 이러한 그림 때문에 데카르트 이후 철학자들은 "철학의 중차대한 임무는 표상에 대한 일반적 이론이라고 가정했다. 이에 따라 문화는 실재를 잘 재현하는 영역, 덜 재현하는 영역, 전혀 재현하지 않는 영역(재현한다고 주장했음에도)으로 나뉘게 되었다."[4] 그런데 로티는 철학이 실재를 잘 드러낸다고 주장하지만, 사실은 그렇지 않다고 지적했다. 그 이유 중 하나는 실재의 작동 방식이 은유적이기 때문이다.

여기서 로티가 은유를 독특한 관점으로 보고 있다는 것에 주목해야 한다. 원리상 은유는 일반 진술(literal statements)로 바꾸어 표현할 수 있다. 이 원리를 이해한다면, 철학자들이 세계에 대한 은유적 기술을 제공했다고 해서 이를 참 혹은 거짓 표상과 대조하지는 않는다. 그러나 로티는 도널드 데이빗슨(Donald Davidson)이 말한 은유의 개념을 차용한다. 데이빗슨에 따르면, "은유란 논리

---

3) Rorty 1979 : 12.
4) 같은 책 : 3.

적 공간 바깥의 목소리지, 그 공간의 빈틈을 채우는 실증적 자료가 아니다."[5] 은유는 진위를 판가름하지 않으며, 다만 독특한 방식으로 사물을 바라볼 수 있게 해준다. 은유적 진술에는 믿거나 혹은 믿지 않을 것인지에 대한 내용(cognitive content)이 없다. 적합할 경우 수용하고, 부적합할 경우 수용하지 않는 문제이기 때문이다.

로티에 따르면, 정신을 거울로 보는 이미지는 적어도 데카르트 이후 "식자(識者)층이 읽는 모든 페이지에서 가정된 그림이다."[6] 그렇다면 철학적 문제를 해결해 온 방식에는 숨은 은유가 있다고 볼 수 있다. 가령, 마음의 개념은 마음 바깥에 존재하는 사물의 모사(模寫)이며, 이는 정신의 내부에서 직접 점검이 가능하다는 것이다. 로티는 비트겐슈타인과 마찬가지로, 우리를 포획한 이런 숨은 은유를 분명히 드러내며, 이로부터 해방될 필요가 있다고 역설했다. 단, 로티가 철학적 명제는 실재를 재현하는 기능이 없다고 단언한 이유를 더 일반적인 차원에서 알아볼 필요가 있다.

이 질문에 대답하기 어려운 이유 중 하나는 로티가 매우 일반적인 철학적 주장에서 철학에 대한 구체적인 결론을 도출하고 있기 때문이다. 이 절차는 상당히 일반적이며 반박하기가 어렵다. 하지만 철학에서는 전제의 범위를 가능한 한 제한하고, 여기서 도출하는 결론에 대한 동의는 가능한 한 많이 확보해야 한다. 그러므로 우리는 로티가 은유에 관한 결론을 도출하기까지 주장했던 것을 덜 일반적인 순서로 살펴보기로 하자. 첫 번째 주장은 진리에 대한 실용주의적 이론이다. 로티에 따르면 진리는 사실에 대응하는 것이 아니라(그의 영웅이었던 존 듀이가 말했듯이) "도구로서 훌륭한 것(what is good to steer by)"[7]으로 여겨야 한다. 우리가 믿음의 정당화를 무엇이라고 보든지, 이는 우리의 연구 방향과는 다르다. 사실 이러한 도구적 유용성을 정당화의 기준으로 삼는 것은 쉬운 일이기 때문이다. 더욱이 이 진리론을 과학에도 똑같이 적용하면 설득력을 잃는다. 이로부터 사실

---

5) Rorty 1991b : 13.
6) Rorty 1979 : 42~43.
7) Rorty 1996 : 7~8 참조.

에 대한 대응적 믿음을 바탕으로 한 진리론은 폐기되어야 한다는 것을 알 수 있다. 로티가 말했듯이 더 불편한 질문은 과학이 "사물을 저어하고 예측하는 일"[8]을 담당하는 것이 아니라, 사실의 발견을 목표로 하느냐는 것이다. 철학이 과학에 공헌한다는 의견만 받아들이지 않는 한, 우리는 과학에 대한 설명이라면 무엇이든 과학과 철학의 차이를 강조하게 된다. 그리고 앞서 살펴보았듯이, 과학은 사실에 관해 다루지만 철학은 그렇지 않다는 주장으로 이어질 수 있다. 즉, 과학과 철학의 과제는 서로 다르다는 것이다.

그러나 로티의 실용주의가 전체를 대표한다고 생각해서는 안 된다. 모든 실용주의 철학자는 진리가 인간의 개념화 작업으로 각각 묶여 표상된다는 식의 진리 대응론을 거부한다. 그렇다고 로티처럼 진리에 대한 개념을 폐기할 필요는 없다. 실용주의 철학자 퍼스(Charles Saunders Peirce)는 탐구를 이상적인(ideal) 기준으로 제한한다면, 즉 "합리성 논거와 증거에 대한 이의 제기를 아주 오랜 기간 충족한다면"[9] 합의할 수 있는 것이 진리라고 보았다. 이는 실재를 재현하는 것 외에 믿음이 목표로 삼아야 하는 것이 무엇인지 알려 준다. 또한 표면적으로 볼 때, 철학 활동으로도 적합해 보인다.

두 번째 주장(이는 로티의 첫 번째 주장보다 논란의 여지가 덜하다.)은, 믿음의 정당화는 주장을 수용하거나 거부하는 특정한 사회적 관습 밖에서 이루어지지 않는다는 것이다. 합리론자가 말하는 필연적 진리나 경험론자가 말하는 경험의 원자료(raw data)처럼 "정신에 노출되자마자 바로 믿을 수밖에 없도록 만드는" 것은 없다.[10] 여기서 로티는 분석 명제 및 종합 명제의 구분에 대한 콰인의 비판과 셀라스가 지적한 "소여의 신화(the myth of the given)(경험이 사회적 관습의 영향을 받지 않고 경험을 기술하는 특정 언어를 통해 믿음을 정당화할 수 있다는 입장)"를 근거로 삼는다. 그러나 로티가 사회의 정당화 역할에서 도출한 결론(즉, 철학자는 영원불멸의 진리를 확립할 수 없다.)을 확고하게 정립했는지는 의문이다.

---

8) Rorty 1995 : 32.
9) Misak 2000 : 49.
10) Rorty 1979 : 163.

이는 과학의 역할이기 때문이다. 단, 과학 혁명으로 이전의 과학 이론이 폐기되었기 때문에, 이러한 가정에도 의문을 제기할 수 있다. 로티에 따르면 "과학에서 혁명적 변화가 종식되었는지를 보여 줄 수 있는 철학적 관점이 무엇인지 확실하지 않다."[11] 그러나 로티가 과학의 방법론을 모델로 삼으려는 철학의 시도를 종종 비판하는 과정에서 인정했듯이, 과학은 철학과 달리 진보하고 있다. 왜, 철학은 모든 정당화가 사회적 중재를 통해 이루어지는 방법론의 영향을 받아야 하는가? 단순히 과학이 철학보다 늦게 태어났고, 더 질서가 잡힌 학문이기 때문인가?

로티의 세 번째 주장(이는 두 번째와 긴밀하게 연결된다.)에서 도출할 수 있는 좀 더 설득력 있는 제안은 "언어의 우연성"이다. 이 입장에 따르면 언어(languages) 혹은 로티가 종종 부르는 어휘(vocabularies)는 개별 주장에 대한 정당화의 기준을 제공하는데, 이는 변화하기가 쉽다. 그러나 그러한 변화 자체는 합리적으로 정당화될 수 없다. 변화한 언어는 언어 밖의 기준을 요구하는데, 이는 불가능하기 때문이다. 그렇다면 언어가 변화하는 것은 우리에게 그럴 만한 이유가 있기 때문이 아니다. 로티가 실용주의적 관점에서 말한 비유에 따르자면, "낡은 도구를 새롭게 발명한 도구로 대체하는 것"이다. 로티에 따르면, 적어도 일부 철학(그가 "흥미로운 철학"[12]이라 칭한 철학)은 "골칫거리가 된 기존의 확립된 어휘와 어렴풋이 장밋빛 미래를 약속하는, 반만 형성된 신규 어휘 간의 대립이다."[13] 그가 철학은 영구불변의 진리를 추구하는 것이 아니라고 주장한 이유가 바로 여기서 드러난다. 영구불변의 진리는 어휘가 변화하지 않으며, 그럴 필요가 없어야 가능하기 때문이다. 그러나 어휘는 변화해 왔으며 또한 앞으로도 그럴 것이다. 기존의 어휘보다 신규 어휘가 세계에 대한 그림을 제공하는 데 더 유용한 도구로 작용하기 때문이다.

여기까지 보면 철학이 세계의 모습을 있는 그대로 재현할 수 있느냐는 질문에 대해 로티가(철학에 대한 대안적 그림을 제시하면서) 부정적으로 단정하는 것

---

11) 같은 책 : 285.
12) Rorty 1989 : 12.
13) 같은 책 : 9.

은 아닌지, 의심이 들 수 있다. 로티의 우연성 이론으로 생각해 보자면, 그는 이러한 비판을 기꺼이 수용할 것이다. 다만, 표상주의적 사유의 틀을 이용하는 한 이를 피할 수 없다고 말할 것이다. 표상주의 사유의 틀에서 필요한 것은 영원불변한 철학적 진리는 없다는 결론에 대한 근거다. 만약 이러한 사유의 틀에서 비롯된 진리가 영원불변의 진리라면 이는 모순이다. 수용의 새로운 기준은 기존의 사유 틀에서는 거부당할 수 있지만, 새로운 사유 틀에서라면 생성될 수 있다. 표상주의자는 그가 의존하는 것이 역사적으로 구체적인 그림이라는 주장을 해도 개의치 않을 것이다. 역사가 진행되는 동안, 역사의 구체적인 그림이 부정확한 표상들을 생산한다는 주장은 없었다. 우리가 자연의 그림을 비추는 낡은 거울에 불만족스럽다면, 우리를 매혹시킬 수 있는 새로운 그림을 제공하는 것, 그것이 로티가 할 수 있는 일이다.

로티가 말하는 언어적 전환이 설득력이 없다면, 그 그림은 로티가 바라는 만큼 우리를 매혹시킬 수 없을 것이다. 언어는 분명히 변화한다. 단, 로티가 말하는 혁명적인 방식이 아니라, 사용하는 과정에서 자연스럽게 변화할 뿐이다. 로버트 브랜덤(Robert Brandom)이 말했듯이, "개념적 규칙을 적용하는 것과 이를 탈바꿈하는 것은 동전의 양면"과 같다. 언어를 새로운 방식으로 어떻게 적용할지를 결정하는 것은 없기 때문이다. 따라서 로티의 의견과 달리, 브랜덤은 "어휘를 사용하는 것은 어휘를 바꾸는 것이다. 이것이 어휘가 다른 도구와 다른 점이다."[14] 라고 결론 내렸다. 그 예로, 프로이드가 무의식에 대한 새로운 이해를 제공하면서 우리의 일상적인 심리적 속성이 변화한 것을 들 수 있다. 이에 따라 욕망을 비롯한 심리적 속성들에 대한 다른 기준이 점차 수용되었다. 그러나 이러한 변화는 눈에 띄지 않게 점차적으로 이루어졌기 때문에 기존 어휘와 신규 어휘 간의 확실한 구분이 드러나지는 않는다.

이에 따라 하나의 어휘 안에서 발생하는 논쟁과 신규 어휘가 약속하는 재기술(redescription)은 명확히 구분된다는 로티의 주장은 타격을 입을 수 있다. 그러나 로티는 철학의 더욱 불연속적인 이야기(discontinuous story)를 주장할 만한 근

---

14) Brandom 2000b : 177.

거를 가지고 있다. 앞서 살펴보았듯이, 그는 "우리의 철학적 확신 대부분을 결정짓는 것은 명제(proposition)가 아니라 그림이며, 진술(statement)이 아니라 은유다."15)라고 주장했다. 이것이 옳다면, 철학의 변화는 우리가 사용하는 도구의 변화와 같다. 새로운 은유가 도입되면 우리는 이전과 다른 것을 행하고, 이전에 볼 수 없었던 방식으로 사물을 보게 되기 때문이다. 존 위즈덤(John Wisdom)은 다음과 같은 예시를 들었다. 모자를 쓴 여인이, 그녀의 친구가 "얘, 모자가 거의 타지 마할이네."16)라고 말하고 나서야 비로소 무엇이 잘못되었는지 알게 되었다는 것이다. 비슷한 맥락에서, 로티는 많은 비유(정신을 거울에 비유한 것을 비롯하여) 때문에 철학자가 세계에 대해 생각하는 방식은 변화했으며, 더불어 철학자의 역할에 대한 이들의 이해도 변화했다고 생각한다. 역사적 이야기가 그러한 변화에 의존한다는 로티의 주장이 맞는지에 따라 철학의 상당한 부분이 좌지우지될 것이며, 이는 매우 논쟁적인 문제다. 단, 로티는 메마른 역사가 아니라 강렬한 서사(narrative)를 제시하는 데 더 관심을 보였다. 이것 또한 사물을 새로운 각도로 볼 수 있게 해주는 문학적 장치에 해당한다.

역사성(Historicism)

로티의 언어에 대한 우연성 이론을 더 살펴보자. 어휘는 항상 변하기 때문에 그 어떠한 것도 상대적으로 실재에 더 가깝다고 간주할 수 없다. 따라서 로티는 철학이 제공해야 하는 것은 헤겔의 표현대로 "시대에 대한 사고(its time held in thought)"17)라고 생각했다. 철학적 주장이 실재의 표상으로서 영원하고 보편적인 방식으로 적용되지 않는다면, 단지 그러한 주장을 발설한 시간에만 유효할 것이다.(여기에는 훨씬 오래된 철학 사상의 인용도 포함된다.) 그렇다고 철학에는 영

---

15) Rorty 1979 : 12.
16) Wisdom 1953 : 248.
17) Rorty 1999 : 11.

원한 주제가 아니라 역사적으로 한정된 주제만 있다고 말하는 것은 아니다. 로티의 반표상주의 역시 이를 배제하고 있다. 또한 철학적 주장이 특정한 시간과 장소에만 연관성을 갖는다는 것(가령, 기독교의 신은 일반적으로 기독교를 믿는 사회에만 연관성을 갖는다는 것)을 의미하지도 않는다. 철학적 주장은 그러한 믿음 없이도 이해할 수 있다. 이러한 믿음을 갖는 것이 무엇인지 누군가 상상할 수 있기 때문이다. 다만 그 누군가는 이러한 믿음 중 그 어느 것도 자신이 살아가는 세계에 적용할 수 없을 것이다. 이는 단지 현재의 관심사와 미래의 관심사가 관련이 없는 것과는 매우 다른 문제다. 죄와 구원처럼 믿음을 전제로 하는 개념이 보편적이지 않다면, 신에 대해 주장하는 것은 무의미하기 때문이다.

따라서 역사성에 대한 로티 주장의 핵심은 철학적 주장이 등장한 시대의 관심사와 그 주장의 상관관계를 고려하여 철학적 주장의 요점을 생각해야 한다는 것이다. 이것이 없다면 철학적 주장은 무의미하며, 그런 상태에서 철학적 주장을 다루는 것은 순전히 학자의 학업적 성취에 지나지 않는다. 로티는 이것이야말로 로티가 분석철학의 현황이라고 보았다. 로티가 비판하는 분석철학의 프로젝트 중 하나는 "지시 이론의 추구(quest for a theory of reference)"다. 그는 이것을 두고 사람들이 "실제로 말하는 것"에 대한 일반적 이론의 가망 없는 "의미론적" 추구와, 똑같이 가망 없는(회의론을 반박하고 우리의 주장이 논픽션이라고 확인해 주는) "인식론적" 추구 사이의 혼돈이라고 진단했다.[18] 이러한 추구를 시작한 것은 바로 분석철학의 창시자인 프레게, 무어, 러셀이었다. 그렇다면 왜 그들은 지시 표현이 지칭하는 바가 무엇인지에 그토록 매달렸을까? 로티는 여기서 회의주의의 영향을 감지했다.(그리고 이는 타당하다.) 여기서 말하는 회의주의는 구체적으로 말하자면 19세기 후반(그리고 20세기 초반)에 등장한 것으로, 과학의 부상으로 종교적 믿음이 위태로워지고, 그 결과 사람들이 실재에 대한 기존의 사고방식을 회의하면서 시작된 사조를 말한다. 이러한 위협에 대항하기 위해, 논리적 원자론을 제창하던 시기의 러셀을 비롯한 철학자들은 사고 자체가 가능하려면 [실재의 요소들(elements of reality)과 직접적으로 연관된] 우리의 존재에 얼마나 의존해야

---

18) Rorty 1979 : 293.

하는지 보여 주고자 했다. 또한 전반적인 분석철학을 움직인 힘은 바로 이러한 요소들이 무엇을 말하는지 발견하려는 욕구였다.

　이러한 요인이 없었다면, 분석이라는 프로젝트는 존재 이유를 상실했을 수도 있다. 분석의 역할은 단순히 철학자의 문제가 아니라 모든 이가 인지하는 문제를 해결하는 것이었다. 그리고 이러한 문제를 해결하는 방법으로는, 적어도 데카르트까지 거슬러 올라가는 전통을 따랐다. 그런데 이러한 전통에서는 문제를 영구적인 것으로 파악했다. 단, 로티의 역사주의적 접근을 수용한다면, 이러한 문제는 영구적인 것이 아니라 구체적인 사회·역사적 조건에 따라 발생하는 것으로 봐야 한다. 이에 따르면 문제의 해결 방법은 문제의 경험 방식에 따라 달라지며, 이는 역사적 환경에 따라 결정된다. 따라서 일부 문제는 결정적 해법을 요구하는 골칫거리가 된다. 앞서 살펴보았듯이, 자유 의지가 과학과 양립이 가능한지에 대한 문제는 이러한 방식으로 빅토리아인들을 괴롭혔다. 과학적 결정론이 그들의 종교적 믿음이 요구한 자유를 박탈하려고 위협을 가했기 때문이다. 그러나 이러한 특징이 모든 문제에 나타나는 것은 아니다. 일부 문제들은 해법이 아니라, 문제를 끌어안고 살아가는 법을 찾는 방식으로 다룰 수 있다. 앞으로 살펴보겠지만, 로티가 분석을 배격하는 것은 철학자들이 미래에 문제를 다루는 다른 방식을 채택하기를 바랐기 때문이다.

　로티의 역사주의는 철학이야말로 영원한 문제와 씨름하는 학문이라는 주장으로 배격할 수 있다. 가령, 회의주의를 생각해 보자. 스탠리 카벨은 회의주의를 "인간 실존의 조건을 거부하려는 인간의 소망이 표현되는 세속적인 중심지"라고 보았다. 이는 언어의 적용 기준을 거부하고 "언어 게임 밖에서" 말하려는 우리의 필요 능력에 연유한다. 그렇게 함으로써 이러한 언어 게임이 요구하는 "서로의 기준에 맞추기(attunement with one another)"를 거부하려는 것이다. 따라서 회의주의는 "단순히 지식의 기준을 지나치게 높게 잡는 기능"[19]이 아니라, 발화자가 자신의 의견을 확실히 주장하여 문제를 키우려는 욕구다. 그러니 세상에 대해 늘 만족스럽지 않은 감정을 갖게 되는 것도 당연하다. 그러나 로티에 따르면, 데카르

---

19) Cavell 1988 : 5, 48, 139, 147.

트가 "개념의 베일 인식론(veil-of-ideas epistemology)"을 소개한 후, 철학자들이 대면한 회의주의는 17세기의 "확립된 제도에 대한 확신의 위기"[20]에 연유한 새로운 모습이었다. 두 의견 중 무엇을 선택해야 할지는 잘 모르겠다.

    로티의 역사주의적 관점은 특정한 철학적 주제를 정당화한다고 볼 수도 있다. 그러한 주제는(그러한 주제가 제시되는) 구체적인 문화적 맥락에서만 이해될 수 있기 때문이다. 그는 이러한 관점을 '민족중심주의(ethnocentrism)'라는 도발적 용어로 불렀다. 철학적 정당화가 이러한 방식으로 문맥에 의존한다면, 철학의 목표에 대한 강력한 의견을 제시하는 관점이 결함을 가질 수밖에 없으며, 지식의 토대를 마련해야 하는 숙제를 안게 된다. 이러한 과제의 전체 요지는 특정한 믿음이 정당화되려면 특수한 맥락을 초월하는 정당화를 찾아야 한다는 것이다. 로티에 따르면, 우리는 구체적 지식에 대한 주장에 이의를 제기할 때, 근거를 제시해야 한다. 어느 관점이 이의 제기를 당하는지, 어떠한 대답이 적절한지는 그것이 속한 특정한 문화적 맥락에 달렸다. 이와 같은 비슷한 맥락에서, 로티는 "정치 제도가 그것의 철학적 토대보다 나을 것이 없다는 듯이 말하는" 철학자들을 비판했다. 이러한 철학적 토대가 인간의 본성을 설명해 준다고 보았기 때문이다. 이렇게 보편적으로 타당한 정당화가 없다면, 특정한 제도를 옹호하기 위해 가령, 우리의 문화에서 다른 체제보다 자유민주주의를 옹호하는 근거를 만들어야 한다. 로티에 따르면 "두 가지가 충돌할 경우, 민주주의는 철학에 우선한다." 따라서 우리는 "진보적인 사회 이론에 *기초를 제공*"[21]하기 위해 철학적 설명이 필요하지는 않다. 물론 적합한 그림을 원한다면 제공할 수는 있다. 그러나 민주주의에 대한 강한 믿음이 어떠한 그림보다 우선하기 때문에, 이는 불필요한 첨가에 해당한다. 어차피 민주주의를 반박할 수도 없기 때문이다.

    이렇게 되면 우리는 바로 상대주의로 넘어간다. 어차피 각자의 문화적 맥락에서 정당화된다면 다른 종류의 정치적 제도 중 무엇이 옳은지 선택하는 것은 의미가 없기 때문이다. 그런데 로티는 이에 대해 개념들을 혼동한 것이라고 말했다.

---

20) Rorty 1979 : 113, 139.
21) Rorty 1991a : 178, 192, 201

정당화의 우세한 기준이 없다고 해서 다른 제도를 비판할 수 없는 것은 아니기 때문이다. 우리가 이것을, 우리가 할 수 있는 유일한 방법으로 행하고 있다. 바로 문화적 맥락에서 비판하는 것이다. 또한 다른 제도를 정당화하는 다른 문화적 맥락에 사는 사람들에게 우리의 근거가 효력이 없더라도, 비판은 가능하다. 로티는 다음과 같이 말했다. "상대주의에서 진리란 없다. 그러나 문화중심주의에서는 그만큼의 진리가 존재한다. 우리는 모든 사람에게 (물리학, 윤리학 혹은 그 밖의 다른 분야에 대한) 우리의 믿음을 정당화할 수 없다. 다만, 우리의 믿음과 적절한 범위에서 중복되는 믿음을 가진 사람들에게는 정당화될 수 있다."[22]

모든 사람이 이러한 입장에 찬성하지는 않을 것이다. 이는 더 나은 믿음 혹은 제도를 위해 진보하는 사고의 기능을 배제하기 때문이다. 이에 대해 로티는, 우리는 "목표점(focus imaginarius)을 향한 진보에서 역사의 향상"으로 전환해야 한다고 대답한다. "이는 대문자 실재(Reality)에 더 가까이 간다는 자부심에서 동굴에서 점차 멀어진다는 자부심으로 전환하는 것과 같다."[23] 힐러리 퍼트넘은 좋게 보이는(seem better) 것이 실제로 좋은지(is better), 어떻게 알 수 있느냐고 의문을 제기했다. 그리고 "만약 네오파시즘의 경향이 우세하다면 사람들은 유대인, 외국인, 공산주의자를 잔인하게 대하는 저 끔찍한 방식이 더 잘 대처하는 법이라고 여기게 되어 그와 같은 방식으로 대처하게 될 수 있다."[24] 라고 수사적 반론을 제기했다. 로티가 이를 반박하려면 문화를 폐쇄된 것으로 간주하는 경향을 비판하고, 다양한 문화에서 혁신과 변화가 가능하다는 점을 강조해야 한다. 여기서 로티는 정당화에 일부 중립적인 사유의 틀이 존재한다는 점을 암시하지 않고도 다음과 같이 주장할 수 있다. 우리는 원리상 네오파시스트에게 그들이 착각 속에서 고생하고 있다고 설득할 수 있다. 만약 네오파시스트가 설득당한다면, 진보에 대한 우리의 기준에 의해 진보가 이루어질 것이다. 그러나 반(反)상대주의자들이 이러한 대답에 만족할지는 미지수다.

---

22) 같은 책 : 30.
23) Rorty 1997 : 175.
24) Putnam 1997 : 23~24.

지금까지 전통적인 표상적 진리론을 배격하는 로티의 주장에 대해 살펴보았다. 표상주의는 철학적 명제를 실재와 비교하여 참 혹은 거짓을 판가름할 수 있다는 관점에서 로티는 이를 비판했다. 더 구체적으로 보자면, (사고의 가능 조건을 무엇으로 보느냐에 따른) 토대주의(foundationalism) 혹은 선험주의, 경험적 진리 등이 아닌 의미론을 다루는 철학은 모두 이러한 이유에서 비판받았다. 앞서 살펴보았듯이, 로티의 입장은 크게 두 가지로 정리할 수 있다. 첫째는 다소 인신 공격성을 띠는데, 콰인과 같은 분석 철학자들의 연구 결과를 분석이라는 방법론 자체 및 관련 전통과 맞서게 하자는 것이다. 다음의 선언은 그의 두 번째 입장인데, 여기서 로티의 성격을 잘 파악할 수 있다. "나는 내 원칙에 부합하기 위해, 내가 대체하려는 어휘에 맞서는 주장을 펼치지 않을 것이다. 대신, 내가 좋아하는 어휘를 매력적으로 보이게끔 노력할 것이다."[25] 로티는 자신의 메타철학적 기술이, 철학자들이 자신만의 철학 방식을 설명하기 위해 표준적으로 사용하는 기술보다 더 설득력 있게 보이기를 원했다. 우리의 미래는 철학을 불만족스럽게 여길 것인지, 아니면 철학이 유용하다고 생각할 것인지에 따라 달라질 것이다. 만약 후자라면 로티는 적어도 자신의 철학이 정당화된다고 여길 것이다. 그에 따르면, 어떤 경우에서든 완전히 실용적인 관심은 우리 선택 지침이 되기 때문이다. 바로 이것이 그의 철학 요점이다.

시(詩)로서의 철학

시로서의 철학은 로티가 권고한 철학의 과제를 떠올리게 한다. 로티가 철학의 역사를 어떻게 보았는지를 먼저 살펴보면 이를 잘 이해할 수 있다. 로티에 따르면, 철학은 소위 "구원적 진리(redemptive truth)"를 추구한 역사다. 여기서 구원적 진리란 "우리가 무엇을 할 것인가에 대한 반성의 과정을 단번에 종식시킬 수 있는 일련의 신념"을 말한다. 처음에는 종교가, 이후어는 철학이 "사물의 본성을

---

[25] Rorty 1989 : 9.

있는 그대로 재현한다는 일련의 믿음"으로 이러한 욕구를 충족시켰다는 것이다. 그러나 "헤겔의 시대 이후부터 지성인들은 철학에 대한 믿음, 구원이 참인 믿음의 형태로 올 수 있다는 믿음을 상실했다." 대신, 이들이 눈을 돌린 것은 문학 문화(literary culture)였다. 이는 철학에서 "나쁜 질문들(bad questions)"을 "인간이 어떠한 삶을 살 수 있느냐에 대해 새로운 생각을 하는 사람이 있을까?"라는 "실용적인 질문(sensible question)"으로 대체했다. 또한 로티에 따르면 "이는 자기 타당성(self-reliance)이 증진되는 과정"이므로 진보에 해당한다.[26] 철학은 전통적인 방식대로 "변천하는 장르(transitional genre)"[27]로, 또한 "천재가 새롭고 흥미로우며 설득력이 있는 무언가를 만들면, 추종자들은 학파 혹은 사조를 형성하는" 문학 문화의 일부로 간주해야 한다.[28] 따라서 철학이 과학임을 자처하는 주장은 포기해야 한다.

로티는 철학을 두 가지 주요한 전통으로 구분했다. 하나는 버클리, 흄, 밀, 프레게 철학에서 볼 수 있는 분석철학이다. 앞서 우리가 대륙철학이라고 기술한 것은 헤겔, 니체, 하이데거 등 철학자들의 저술에서 발견할 수 있는데, 로티는 이러한 철학 전통을 "대화철학(conversational philosophy)"[29]이라고 즐겨 불렀다. 대화철학은 옳은 것(something right)을 찾는 것이 아니라 새로운 것(something new)을 찾는데, 사실 이는 대륙철학과 조금 다른 범주를 말한다.[30] 그는 이러한 종류의 철학을 '체계적인(systematic)' 주류철학과 비교하여 '교화(edifying)' 철학이라고 명명했다. 듀이, 비트겐슈타인, 하이데거의 철학은 "전통적인 철학적 문제에 대한 의견을 표현했다거나, 철학이 협력적이며 점진적인 학문으로 나아가기 위한 건설적인 제안을 한 것으로 보기 어렵다." 주류 철학자의 목표가 과학처럼 영구적인 것을 찾는 것이라면, 교화 철학자는 "파괴를 통해 교화철학을 생성한다."

---

26) Rorty 2000a : 2, 4, 5, 10.
27) Rorty 2004.
28) Rorty 1982 : 218.
29) Rorty 2007 : 120.
30) 많은 대륙 철학자가 자신의 철학이 로티가 칭한 "대화의 철학"으로 분류되길 원하는지는 확실하지 않다. 5장에서 언급했듯이, 데리다는 "옳은 것을 얻으려 노력하고 있기" 때문이다.(Plant 2012) 들뢰즈와 가타리 역시 "서구에서 생각하는 민주적이고 대중적인 철학의 개념이란 미스터 로티 집에서 저녁을 먹으며 기분 좋은, 혹은 공격적인 대화를 나누는 것이다." 라고 말하며 비웃은 바 있다.(1994 : 144)

그렇다면 교화 철학자가 목표로 하는 것은 "진리를 발견하는 것이 아니라 대화를 지속하는 것이다." 로티는 "교화철학에 따르면 인간은 정확하게 기술하는 자라기보다는 새로운 기술(description)을 생성하는 자이므로, 이는 철학의 목표로서 충분하다."[31]고 했다. 그리고 "지성 세계는 또 다른 지성 세계의 등장으로 대체 가능하다. 낡은 대안을 반박하는 논쟁이 아니라, 새로운 대안으로 말이다." 라고 주장했다.[32]

철학의 미래에 관한 로티의 제안을 따르자면, 대륙 철학자인 푸코와 데리다와 같은 철학자들을 주목해야 한다. 이를 어떻게 받아들여야 할까? 한 가지 난제는 "헤겔의 관점을 채택한" 이들은 철학의 진보가 "팀워크를 통해 만들어지는 것이 아니라, 천재적인 능력을 지닌 개인의 상상적 도약을 통해 이루어진다."고 여긴다는 점이다.[33] 그러나 데리다와 푸코를 비롯한 철학자들은 "철학적 대화를 거부하면서 정기적으로 잠재적 논쟁에 반대"[34]하여 불만을 샀다. 이러한 주장이 사실이라고 하더라도, 이 상황에서 '대화'가 무엇을 의미하는지 파악하기란 어렵다. 로티는 "철학이 과학을 모방해야 하는 대상으로 삼았기 때문에, 분석 철학자 사이에 문명화되고 관대한 커뮤니티가 생겨났다."[35]고 밝혔지만, 이것으로는 충분하지 않다. 그는 과학의 모델을 배격했으므로 그가 권고하는 철학하기의 대안으로, 대화 가능한 이런 종류의 커뮤니티를 지지하는 방법이 무엇인지 제시해야 한다. 로티가 말한 대로 대화에서 "낡은 대안을 배격하는 논쟁"을 제외하려면, 대범한 주장과 반박을 사용하지 않고 대화하는 방법은 무엇인가? 이는 로티 자신이 논의를 전개하는 방식도 아니다. 그는 사실 자신이 비판하는 견해를 배격하기 위해 논쟁과 매우 비슷한 방식을 종종 사용했다. 자신의 규율을 스스로 배반한 셈이다.

로티는 시인을 추방의 대상으로 보았던 플라톤의 관점을 비판하면서 자신이

---

31) Rorty 1979 : 336, 368~369, 378.
32) Rorty 1991b : 121.
33) Rorty 2003 : 25~26.
34) Bouveresse 2000 : 143~144.
35) Rorty 2000b : 147.

옹호하는 철학을 제시했다. 또 비트겐슈타인과 하이데거는 "철학이 시에 항복해도 납득할 수 있을 만큼 명예로운 조건들을 산출"하고자 했다. 그가 제시하는 이유는 명확하다. 새로운 은유를 만들어 우리의 언어 방식을 바꾸는 사람, 따라서 "우리가 원하는 것과 우리가 생각하는 우리의 모습을 바꾸는 사람"은 바로 다름 아닌 시인이기 때문이다. 또한 로티는 이러한 기술을 헤겔과 도널드 데이빗슨(Donald Davidson)과 같은 철학자들에게도 적용했다. 로티는 초기 저술에서, "전통적 문제가 소멸된 이후" 철학이 가질 수 있는 미래는(하이데거의 후기 철학이 잘 보여 주듯이) "논쟁을 일삼는 것에서 벗어나 시와 가까워지는 것"[36]이라고 보았다. 다른 책에서도 로티는 "철학의 과제는 현 존재가 자신을 드러낼 때 가장 근본적인 언어의 힘을 보존하는 것"[37]이라는 하이데거의 글에서, 그가 "옹호하는 것은 철학자가 아니라 시인"[38]이라는 것을 알 수 있다고 썼다. 전통적인 철학은 언어가 표현하는 개념을 우선시했기 때문에 은유가 불필요하지만, 하이데거는 우리가 실제 사용하는 언어의 중요성을 강조한다는 것이다. 단, 로티는 다음과 같이 덧붙였다. 근본적인 언어가 "드러내는 유일한 존재는 우리다. …… 언어가 우리를 드러내는 이유는 우리가 언어로 이루어졌기 때문이다."[39]

바로 이런 점에서, 보편적 진리뿐만 아니라 보편성을 자처하는 철학을 배격하는 로티의 관점이 드러난다. 로티에 따르면, 하이데거는 명제보다 언어의 중요성을 강조했지만, "모든 근대 유럽인과 공명할 수 있는(혹은 공명했어야 하는) 언어를 안다고 여겼던 것 같다." 하지만 프루스트를 비롯한 작가들에게 "근본적 언어(elementary words)의 본성(elementariness)은 …… 사적이며 독특한 성질을 띠고 있다."[40] 이런 경우, 대화는 더 어려워진다. 현재 우리가 사용하는 단어는 서로 모순되지 않기에 모두 사용하고 있지만, 개별적으로 선호하는 단어에는 다른 취향이 있기 때문이다. 그러나 시인과 철학자가 다른 점은 단순히 이 점뿐일까? 시

---

36) Rorty 1989 : 20, 26, 34.
37) Rorty 1991b : 34.
38) Heidegger 1962 : 262.
39) Rorty 1989 : 116.
40) 같은 책 : 118~119.

인의 경우, 배타적 감상을 위해 경쟁하지 않는다. 따라서 로티가 보여 주듯이 우리는 신화적인 예이츠와 자조적인 필립 라킨(Philip Larkin)을 모두 감상한다. 그래서 우리 자신에 대해 사고하면서 사용하는 언어에서 두 시인의 자리를 동시에 발견할 수 있다. 바로 이러한 점에서 문학 비평가가 일부 시인들을 발굴한다는 것은 주지의 사실이다. 로티는 문학 문화를 언급할 때, 종종 철학의 미래 모델을 비평(criticism)했다. 하지만 여기에는 여전히 사적인 감상의 타당성이 과잉되어 있다. 이와 반대로, 철학자들은(로티가 자신이 편애하고 옹호하는 것을 통해 분명히 보여 주듯이) 우리의 지지를 받으려고 경쟁한다. 그들이 그렇게 경쟁하는 이유는 특정한 종류의 보편성(universality)을 얻기 위해서다. 로티의 반(反)표상주의에서도 이를 전혀 배제하지 않는다.

그러나 플라톤이 시인 추방론을 제기한 것은(여러 가지 이유가 있지만) 주로 시인들이 다양한 세계관뿐만 아니라, 특히 인간 행동론에 대한 다양한 모델을 제시했기 때문이었다. 플라톤에 따르면, 이는 도덕적 혼란을 가져올 뿐만 아니라, 단일한 진리를 전달해야 하는 사명을 방해할 수 있는 행위였다. 플라톤은 신을 매우 다양한 형태와 특징으로 묘사한 시인들을 비판하면서 "신이 다양한 형태로 드러날 일은 없다." 라고 말했다. 플라톤은 단일한 시각을 가진 철학이 시를 대체한다면, 도시는 "여럿으로 분열되지 않고 자연스럽게 하나가 된다."[41] 고 보았다. 이러한 관점에서 보면 플라톤과 달리 시를 옹호하는 로티의 주장은 "체계적인 철학"의 붕괴 이후, 단순히 철학하기의 특정 방식을 지지하는 것 이상의 의미가 있다. 이상을 구현하려고 시로 회귀하는 것은 "다신론(polytheism)으로의 회귀"[42]를 의미한다. 로티는 니체를 인용하면서 그의 입장에 동의를 표했다. 니체에 따르면 "플라톤의 '참 세계(true world)'는 우화에 지나지 않으며, 시인만이 …… 우연성을 제대로 이해할 수 있다. 나머지 사람들은 그저 철학자로서, 인간의 상황을 제대로 기술하는 방법은 오직 한 가지밖에 없다."고 주장한다.[43] 따라서 로티는

---

41) Plato 1892 : *Republic* 381b, 423d.
42) Rorty 1998 : 22.
43) Rorty 1989 : 27~28.

전통적 철학자들의 단일한 진리 대신 시인들의 다양한 접근을 권고한다.(여기서 단언한다기보다는 권고한다고 하는 것이 로티의 철학과 어울리는 표현이다. 단언한다면 플라톤이 말하는 단일한 진리를 반대하면서, 같은 방식으로 주장하는 셈이기 때문이다. 다르다고 말하는 것이 아니라, 옳다고 믿는 것을 주장하는 꼴이니 이는 로티의 철학과 배치된다.)

여기서 로티가 옳은 것과 다른 것을 말하는 것을 대립 관계로 설정한 것이 잘못된 이분법은 아닌지 생각해 보자. 다른 것이 곧 옳은 것[비록 그것이 옳은 것, 영원한 진리(sub specie aeternitatis)는 아니더라도]을 의미하는 상황도 있기 때문이다. 앞서 살펴보았지만, 이것이 철학자들은 여전히 인간의 본성에 대해 말한다는 뜻은 아니다. 그들은 말하기의 새로운 방식을 도입하는 것일 수도 있다. 그러나 철학자는 시인이나 소설가와는 달리 자신의 말하기 방식이 옳다고 주장한다. 이러한 주장은 철학적 대화를 통해 반박 가능하며, 시와 소설과는 이런 점에서 전혀 유사하지 않다. 그 어떠한 어휘도 오랫동안 사람들에게 (보편적으로) 수용되지 않았지만, 철학자들이 그들의 방식대로 자신의 어휘가 옳다고(시인은 이러한 것을 주장하지 않는다.) 주장하는 것이 결코 잘못된 것은 아니다. 또한 여기서 규제 원리로 작용하는 옳음(rightness)의 개념이 있기 때문에, 대화를 단지 천재를 중심으로 형성된 학파의 일원들이 그의 사상을 추적하는 것 정도로만 생각해서는 안 된다. 대화는 그 이상을 말한다.(물론, 앞으로 살펴보겠지만 그러한 활동을 포함하는 것도 맞는 말이다.) 대화에는 반드시 서로 다른 천재들의 텍스트를 평가하는 방법이 포함되어야 한다. 물론, 로티 자신도 이러한 평가 작업을 했다. 물론 이것이 실제로 어떻게 가능한지에 대해서는 설명하지 않았지만 말이다.

위르겐 하버마스(Jürgen Habermas)는, 이러한 로티의 제안에 따르면 데리다와 마찬가지로 "장르 구분의 평준화"가 야기된다며 이를 비판했다. 여기서 장르 구분이란 철학과 문학, 논리와 수사의 구분을 말한다. 하버마스는 로티가 문제 해결보다는 "언어적 세계 폭로(linguistic world-disclosure)"를 우선시한다고 보았다. "변칙들"을 제시하여 언어적 세계 폭로가 "활력의 감소와 노화 과정의 유일한 증상을 대표하도록" 만들며, 문제에 대한 불충분한 해결책과 근거 없는 답의 결과를 이와 대조적으로 보여 준다는 것이다. 이에 대해 하버마스는 철학에서 "수사의 도구들은 논증의 명확한 형태의 규율에 종속된다."[44]고 주장했다. 로티는 하버마스가 내린 결론이 하이데거와 데리다, 그리고 함축적으로는 자신의 철학에서 입증되지 않은 사실을 가정했다고 비판했다. 하버마스는 이들의 철학이 사회 문제의 공적인 해결보다는 자기 형성의 사적인 과정에 초점을 맞추고 있기 때문에, "보편적 타당성의 문제는 이들의 철학과 무관하다."[45]고 주장했다.

비판의 가능성

로티가 철학을 시와 비교하여 평가하는 것을 거부하는 이유 중 하나는 정치적인 이유 때문이다. 로티는 플라톤이 말한 통일된 도시 국가를 반대했으며, 개인 스스로 삶에 대한 비전을 선택하는 것이 중요하다고 강조했다. 즉, 로티의 용어로 설명하자면 자신의 최종 어휘를 선택해야 한다고 강조했다. 단, 언어의 우연성을 놓쳐서는 안 되므로 다른 어휘와 비교하더라도 자신의 최종 어휘가 "다른 어휘보다 실재에 가깝다."고 여겨서는 안 되며, 끊임없이 회의를 즐기는 "아이러니스트"가 되어야 한다. 아이러니스트에게는 "어휘 밖에 선택의 기준이 따로 존재하는 것이 아니므로, 비판은 이 그림과 저 그림을 보는 것의 문제지, 두 그림을 원본과 비교하는 문제가 아니다." 이 과정은 "논쟁"이 아니라 "변증법"에 해당한다.[46] 이러한 맥락에서 아이러니의 정치적 효과는 긍정적이다. 아이러니스트는 삶에 대한 비전이 다르다고 해서 타인에게 절망감을 안겨 주지 않으며, 이에 따라 사적 다양성에 대한 진보적 프로그램도 확보할 수 있기 때문이다. 단, 이러한 로티의 견해에 따르면, 특별히 철학적인 어휘도 개인의 비전(private visions)을 다룬 어휘에 속한다고 단순하게 가정할 수 있다. 또한 그림들을 비교할 원본이 없다고 해서, "이 그림과 저 그림을 볼 때" 그 어떤 선택 기준도 작동하지 않는다

---

44) Harbermas 2006 : 29, 32.
45) Rorty 2006 : 50.
46) Rorty 1989 : 73, 78, 80.

고 말할 수 없다.

그렇다고 해서 로티가 상호 간의 동의를 전혀 구하지 않았다는 것은 아니다. 다른 진보주의자처럼 로티 역시 사적 영역과 공적 영역을 명확히 구분했다. 그러나 공적 영역에서 "객관성에 대한 욕구는 …… 가능한 한 상호 주관적 동의를 추구하려는 욕구며, '우리'라고 지시할 수 있는 범위를 힘껏 확장하기 위한 욕구다." 로티는 자신이 '연대'라고 부른 이러한 모델을 과학에서 찾는다. 윤리학에서는 "인간의 연대를 확장하는 방향으로" 도덕의 진보가 일어난다고 보았으며, 이는 "핵심적 자아를 확인"하는 것이 아니라 "우리와 매우 다른 사람들도 우리와 같은 범위에 속한다고 생각할 수 있는 능력"(특히 고통당하기 쉬운 존재라는 공통성을 고려할 때)으로 이루어진다.[47] 그러나 과학의 의견 합일은 윤리학과는 맞지 않으며, 로티가 연대의 확장이 일어난다고 보는 것은 이론을 통해서가 아니라 소설과 같은 장르를 통해서다. 여기서 연대를 지지할 철학의 자리는 없다. 이상적인 진보적 사회에서 대중문화는 "당신은 왜 진보주의자입니까?"라는 질문에 어떤 답도 요구하지 않기 때문이다. "구체적 대안 및 프로그램"으로 기존의 체계를 비판하라는 "요청"이나 이에 대한 논쟁적 토론도 필요 없다. 따라서 철학은 "그 어떤 사회적 업무보다 개인의 완성을 추구하는 데 중요한 것"으로 여겨진다. 만약 어떤 문제가 철학으로 간주된다면 그것은 "철학자를 …… 철학의 원인과 주제로 삼을 때일 뿐", 철학이 이론을 제공해서가 아니다.

로티는 이러한 의미에서 체계적 철학의 종식 이후 등장한 철학 저술들이 "변형적(transformative)"이라고 본다. 다른 한편, 앞서 로티가 셀라스를 인용하며 말했듯이 "가장 광범위한 의미에서 사물들이 결합하는 가장 광범위한 방식"에 대한 이해를 제공함으로써 이러한 변형을 가져온 천재들도 있다.[48] 그들은 새로운 그림과 참신한 어휘를 제공함으로써 이러한 변형을 초래한다. 그러나 우리 모두 이렇게 할 수 있는 것은 아니다. 그렇다면 천재를 제외한 나머지 사람들이 할 수 있는 것은 무엇인가? 아마도 로티는 하이데거와 마찬가지로, 그러한 어휘를 보존하

---

47) Rorty 1991a : 23, 39, 214.
48) Rorty 1982 : x iv. Sellars 1991 : 1 참조.

는 역할을 강조했을 것이다. "보존자는 작품을 보존함으로써 작품의 창조자와 동일한 창조성에 기여하기"49) 때문이다. 그리고 일부는 이러한 관점에서 비판이 시와 소설과 관련이 있다고 여겼다. 앞서 살펴보았듯이, 로티는 천재를 중심으로 학파가 형성되는 것이 자연스럽다고 여겼지만, 이러한 학파의 형성이 천재들이 도입한 어휘의 보존 혹은 발전과 관련이 있다고 보지는 않았다. 대신, 그는 체계적인 철학의 시대 이후 등장한 평범한 철학자들의 역할은, 인문학의 다른 학자와 마찬가지로, 서사의 생산에 있다고 보았다. 즉, "사회적·개인적 자기 이미지(self-images)의 잇따른 변형을 연결하는 …… 과거의 변형에 대한 이야기"의 생산이 중요하다고 본 것이다. 로티에 따르면, 이는 비록 사람들이 스스로 변형을 초래하지 못한다고 하더라도, 추가 변형이 일어날 수 있도록 해준다. 로티는 이러한 광범위한 의미에서의 역사적 역할이 거의 모든 최고의 철학자가 해야 할 역할이라고 생각했다.

그러나 철학적 서사를 수용하는 기준이 무엇인지는 명확하지 않다. 우리는 로티 자신의 서사라고 여겼던 것을 살펴보았다. 크리스토퍼 노리스(Christopher Norris)가 무미건조하게 말했듯이, "로티가 자신의 이야기를 현재 및 미래의 유용성에 따라 선택, 발전, 혹은 폐기되는 많은 이야기 중 하나라고 인정한다."고 하더라도 "이는 여전히 특수한 문화적 가치(부르주아 자유주의의 문화적 가치)를 광범위한 목적론과 보편적 윤리학의 지위에 올려놓을 것"이다. 노리스는 이것이 로티가 동경했던 데리다의 해체철학에 역행한다고 지적했다. 해체철학은 "지배적인 문화적 전통이 되돌려 주는 위안이 되는 자기 이미지(consloing self-image)를 저해"50)하기 때문이다. 노리스는 맥킨타이어(Alasdair MacIntyre)의 도움을 받아 "철학과 이데올로기 사이의 긴장은 …… 합리적 사고의 내재적 요건이다." 라고 말했다.51) 철학적 비판의 중요한 역할에 대한 이와 같은 의견에 많은 이가 동의하며, 과연 이를 계속해서 충족할 방법이 무엇일지 궁금해할 것이다.

---

49) Heidegger 1971 : 71.
50) Rorty 1989 : x vi.
51) Norris 1985 : 159, 166.

그런데 정신과 독립적인 실재와의 대응 진리론을 주창하는 전통적 그림을 포기하고 로티의 역사주의(historicist)를 취한다고 하더라도, 철학적 비판이 존재해야 하는 이유를 찾을 수 있다. 이러한 맥락에서 이탈리아 철학자인 지아니 바티모(Gianni Vattimo)가 말한 "온건한 사상(weak thought)"을 수용할 수 있다. 온건한 사상은 "국제적이고 형이상학적인 비전에 대한 주장을 포기하고 해석의 복수성을 취하는 철학"을 말하는 것으로써, 로티라면 이를 지지할 것이다. 바티모는 "사실이란 존재하지 않으며, 오직 해석만 존재할 뿐이다."라는 니체의 아포리즘을 인용하며, 이 또한 하나의 해석에 불과하다고 덧붙였다.[52] 이러한 관점에서 보자면, 우리가 할 수 있는 일은 특정 시기에 공동체의 다른 회원들을 설득하기 위해 해석을 제시하려고 노력하는 것이다. 이러한 반(反)표상주의적 입장에 동의하든 안 하든, 적어도 이것이 철학적 의견을 제시하는 과정에서 기반이 된다는 점만큼은 분명하다. 온건한 사상은 철학에서 비판의 역할을 배제하지 않는다. 가령, 음악은 피아노 소나타에 대한 다른 해석들이 가능하다. 어떤 해석은 너무 감상적이며, 어떤 해석은 감정이 부족하다든지, 하는 비판을 받게 된다. 철학도 이와 다르지 않다.

바티모는 이와 비슷하게, 철학적 저술에서 나타난 우리 상황에 대한 해석들이 다양한 차원에서 비판의 대상이 되고 있음을 알았다. 피아노 소나타에 대한 비판과 마찬가지로, 작품을 전체로 해석할 수 있어서 철학이 지나치게 낙관적이다(일부에서 로티의 철학에 대해 지적하는 내용처럼), 혹은 지나치게 사소하다(데리다에 대한 평가처럼)는 평가가 가능하다. 이러한 비판에 대한 대응("사실은 그게 아닙니다!")은 로티의 견해와는 달리, 실재의 실체화(hypostatisixation)를 전제로 하지 않는다. 단 소나타의 경우와 마찬가지로, 전적으로 사적이고 주관적인 반응에서 벗어나 타인에게 동의를 구하는 것이다. 또한 우리가 철학적 설명을 로티의 바람대로 은유로 생각한다면 가령 과장되었고, 무심하고, 활력이 없고, 편협하다는 등의 반응 역시 우리가 은유를 취급하는 방식이라고 생각해 볼 만하다. 실로 그러

---

52) Zabala 2007 : 18. 물론 이것도 역시 니체의 관점이다. 그가 『선악을 넘어서』에서 말하듯, "이 또한 해석에 불과하다고 한다면, 이에 열성적으로 반박을 제기하려고 할 것이다. 사실, 더 많이 반박할수록 좋다." (1990 : 53)

하다. 비록 말로 하지 않은 부정확한 기준이기는 하지만, 여기에도 기준이 존재한다. 그리고 기준이 존재하면, 비판의 가능성도 존재한다.

이것이 철학적 은유에도 적용된다고 가정하면, 유행하는 은유와 그렇지 않은 은유가 있다는 로티의 견해는 비판을 허용하지 못한다. 은유의 궁극적 테스트는 성공적이라고 할 수 있지만, 성공했다고 해서 비판이 불필요한 것은 아니다. 인기는 있지만 비판받을 수도 있다. 로티의 주장에 반박할 때, 파시즘의 언어를 비롯한 꽤 혐오스러운 은유도 널리 통용될 수 있다고 대답할 수 있다. 가령, 국적에 대한 유기적 그림(organic picture)(독일 낭만주의 철학자 헤르더가 말한 "국가는 가족처럼 자연스러운 성장이다."[53] 라는 주장에서 연유함)은 많은 비판의 대상이 된다. 첫째, 이는 문자적 의미와 은유 사이에 불안정하게 걸려 있다. 둘째, 표현이 모호한 관계로 빈약한 근거로 수용되어 이후 편협한 방식으로 적용될 수 있다. 셋째, "자연스러운 성장"의 이미지는 나무의 이미지를 연상시키지만['가계도(family trees)'도 포함], 이는 실제 국가가 형성되는 모습과 매우 다르다. 우리는 은유와 직유에 대해 이의 제기를 거치지 않고 바로 사용하지 않는다. 따라서 로티가 "재기술(redescription)"이라고 칭했던 것은 비판에 면역성이 없다고 볼 수 있다.

그러나 철학의 경우, 우리는 설명에 대한 지배적인 은유를 살펴보면서 비판을 제어하지 않는다. 오히려 좀 더 상세한 검토가 필요하다고 생각한다. 또한 비판의 대상에서 근거의 부족, 불명확 혹은 모순을 드러내기 때문에 이러한 비판의 상당 부분은 내재적이다. 이것이 가능하려면, 설명은 반드시 어떤 의미에서 체계적이어야 한다. 즉, 어느 정도의 종합성 및 상호 연관성을 보여 주어야 한다. 바로 이러한 부분들의 관계가 내부적 비판에 의해 노출되기 때문이다. 비록 로티는 "체계적 철학"의 효용성을 부정했지만, 이러한 측면도 부정할지는 알 수 없다. 화이트헤드(A. N. Whitehead)는 "철학자들은 자신이 어떠한 체계도 지지하지 않는다고 으스대지만, 그런 다음 무심한 표현의 기만적인 명확성에 의해 먹잇감이 된다. 그것을 극복하는 것이 그들 학문의 목적인데도 말이다."[54] 철학적 관점이 단순히

---

53) Herder, in Barnard 1969 : 324.
54) Whitehead 1933 : 287.

시인이 강렬한 이미지를 제시하는 방식과 다르게 명확성을 제공하려면 우리 경험의 다양한 요소를 체계화해야 한다. 이것이 자연의 수사적 어구(nature trope)를 비추는 거울이 하는 일이며, 로티가 선호한 이미지인 "새로운 선택이 첨가될수록 우리의 정신은 점차 확장되고, 강해지며, 더 흥미로워진다."[55]에서 말하고자 한 바다. 이는 우리의 정신이 "흥분을 느끼도록"[56] 만드는 능력 이상을 말한다.

은유가 제공하는 다양한 경험의 가능성을 로티가 암묵적으로 인정한 것은, "지구는 태양을 중심으로 돈다."는 명제를 다룰 때다. 그는 이것이 한 은유의 시작점이라고 보았다. 행성을 하나의 태양계로 보게 하면서 천문학에서 조직하는 역할을 했기 때문이다. 로티의 주장에 따르면, 이러한 체계화 기능을 수행할 때 은유는 힘을 잃게 된다. 이는 분명한 사실이지만, 이것이 가능했던 이유는 많은 일반적(literal) 진술이 여기에 해당하는 것처럼 보이게끔 과학 이론('지구의 궤도란 무엇인가?' 라는 질문에 반드시 관찰과 측정을 통해 답을 도출해야 하는)을 조명했기 때문이다. 가령, 정신에 대한 철학적 은유에는 이와 비슷한 현상이 발생하지 않는다. 철학적 은유가 우리에게 힘을 행사할 수 있는 건 어디까지나 그림으로서 가능하기 때문이다. 로티는 강의 '어귀(mouth)'처럼 죽어 버린 은유와, 부서(部署)의 '고목(dead wood)'처럼 식상해진 은유를 혼동한다. 철학의 은유는 완전히 죽은 것은 아니지만, 점차 식상해지고 있다.

철학의 체계성

로티가 생각하는 체계가 지나치게 편협하다고 주장할 수 있다. 그는 체계를 "가능한 한 모든 기술을 하나로 축소시키는 방법을 찾음으로써 추가적인 재기술을 불필요하게 만드는 방법"[57]으로 보기 때문이다. 로티는 철학의 체계가 구체적

---

55) Rorty 1991a : 14.
56) Rorty 1989 : 152.
57) Rorty 1991a : 14.

결과를 설명하는 근본적 원리를 제시함으로써 과학의 체계를 흉내 낸다고 보았다. 그러나 반드시 이러한 방식으로 철학적 체계를 볼 필요는 없다. 또한 철학이 체계를 추구한다고 해서 반드시 과학의 체계를 목표로 삼는다고 볼 필요도 없다. 오히려, 다른 요소들이 연결되는 더 큰 그림을 구성함으로써 "무관심한 표현들"을 피하는 것이 철학적 체계라고 볼 수 있다. '사물들이 어떻게 결합하는지'를 설명하려면 반드시 이러한 종류의 체계를 구성해야 한다. 이를 위한 주요한 동기 중 하나는 사물들 사이의 연결을 정확히 강조함으로써 이러한 설명의 일부에 대한 비판을 논박하는 것이다. 이와 같은 체계성은 철학적 논의의 전제 조건이며, 또한 철학적 논의가 긴급하게 필요할 때 요구된다.

앞서 살펴보았듯이, 로티에 따르면 "생성을 위해 파괴하는" "교화 철학자"는 "그들 자신의 어휘를 제도화"하거나, 자신의 입장을 지지하려고 어휘를 만드는 것이 아니다. 대신 그들은 "풍자, 패러디, 아포리즘을 제공한다." "자신의 주제가 과학의 안전한 길을 걷는 것을 원치 않기" 때문이다.[58] 그러나 이는 철학의 모든 체계화를 과학적 체계로 동화하려는 시도를 배격하고, 내부적 비판의 가능성을 무시한다. 사실 내부적 비판은 종종 반대자의 그림이 같은 현상을 설명할 능력이 없다는 외부 비판으로 이어진다. 로티는 점차 확장되고 강화되는 정신이라는 이미지가 토머스 네이글의 비유에 등장하는 '우리'(네이글은 도덕적 변화를 설명할 때 우리 자신의 정신에서 벗어나는 것으로 설명했다.)가 좋아하도록 고안된 것이라고 주장했다. 만약 이것이 철학적 입장이 옹호해야 하는 유일한 그림 혹은 은유라 하더라도, 더 큰 것이 왜 반드시 더 강해야 하는가? 그리고 이는 로티의 의견과 달리, '정상적인' 전문 철학 내부에서의 체계화와 제도화를 요구한다. 로티의 대안은 단지 우리가 철학으로 부르고자 하는 모든 것을 끝장내자는 것이 아니라, 문학 문화(literary culture)마저도 멈칫거리는 애매한 선언으로 대체하자는 것으로 보인다.

게다가 철학이 전형적으로 포함하는 체계성의 종류는 교화 철학자가 거부하는 협동을 허용한다. 협동은 새로운 어휘를 소개하고, 그 어휘의 적용을 반대하는 이

---

[58] Rorty 1979 : 369.

들에게 반박하는 것이다. 또한 애초에 생각하지 않았던 다양한 경우에 적용할 필요도 있다. 천재 주위에 형성된 학파가 공통적으로 하는 일이란 바로 이렇게 저술을 체계화하고 발전시키는 것이다. 비트겐슈타인과 하이데거 학파가 새로운 분야를 처리한 방법을 생각해 보면 이해가 빠를 것이다. 그들의 접근이 이러한 방식으로 확장될 수 있다는 사실로 미루어 볼 때 그 방법은 타당하다. 심지어 로티의 실용주의적 원리에 대해서도, 그 방법이 유용하다는 것을 알 수 있다.

그렇다면 이러한 의미(반드시 표상주의를 말하는 것은 아니다.)에서 체계화는 철학적 의견을 비판하고 옹호하는 활동에서 필수적인 결과라고 주장할 수 있다. 그러한 철학적 활동이 대개 그렇듯, 특정한 주제를 지지하기 위해 일반화에 기대야 하기 때문이다. 단 이것이 형이상학적 야심을 드러낸다고는 결코 말할 수 없다. 단지 사고에서 일관성과 질서를 확립하기 위한 욕구일 따름이다. 하버마스가 주장했듯이, "철학적 대화는 논쟁과 정당화를 위한 토론으로 자연스럽게 기울어질 수밖에 없다. 다른 대안은 없다."[59] 그러나 로티는 적어도 두 가지 근거로 이러한 체계성을 공격할 것이다. 첫째, 교화 철학자는 여전히 체계를 구성하는 것이 아니라 "생성을 위해 파괴한다."[60]는 것이다. 그러나 앞서 설명했듯이, 이 두 가지 활동은 서로 배격하는 것이 아니라 상호 의존적이다. 둘째, 로티는 니체와 마찬가지로, 세계에 대한 단일한 관점이 아니라 복수의 관점을 선호한다. 그러나 사람마다 다른 관점에 끌린다는 사실로 미루어 볼 때, 단일한 관점으로는 부족하다고 주장할 수 있다. 다양한 관점의 형성 자체가 그들의 일차적 목적이라고 가정한다면 말이다. 만약 이것이 옳다면, 우리가 철학적 견해로 말미암아 세계를 똑바로 보게 되는지를 판단할 만한 어떠한 기준도 존재할 수 없다. 옳음이 정확한 표상으로 간주된다고 하더라도 말이다. 그렇다면 철학적 의견은 단순한 선택의 문제가 된다. 단, 옳은 철학을 판단하는 기준이 무엇인지는 정확하지 않아도, 적어도 그 기준에 비판이라는 테스트를 잘 견디는 것이 포함된다는 점은 분명하다. 철학적 논의에서는(비록 궁극적으로 옳은 대답을 찾을 수 없더라도) 비판을 받을 경

---

59) Habermas 1986 : 309.
60) Rorty 1979 : 369.

우, 이는 곧 틀릴 수 있다는 가정을 전제하기 때문이다.

결론

철학에 대한 로티의 권고 사항은 의무적으로 지켜야 하는 법칙이 아니다. 누군가 반표상주의와 역사주의, 은유의 역할 강조, 더 일반적으로는 철학적 입장을 명료화하는 데 실제 언어의 중요성을 모두 수용한다고 하더라도 말이다. 그러나 우리는 다시 한 번 철학적 발언의 위상이 무엇인지 자문하게 된다. 이는 적어도 세 가지 관점 사이에서 선택할 수 있다. 첫째, 전통적인 표상주의다. 둘째, 세계를 표상한다고 자처하지만, 사실은 문학적 산물과 별다른 차이가 나지 않는다. 이러한 로티의 주장대로라면 우리는 그에 따라 철학적 수행을 조절해야 한다. 문학 작품과 다른 철학 작품을 연구할 특별한 이유도 자연스럽게 사라진다. 셋째는 중도적 방안으로 철학이 표상을 위한 학문이라는 생각을 폐기하고, 단지 전통적인 철학의 역할이었던 비판의 기능만 가져오는 것이다.

세 번째 방법을 사용하면 철학적 주장은 상당한 객관성을 띠게 된다. 첫째, 철학적 주장을 수용할지의 여부를 특정한 개인들의 반응에 의존하지 않는다. 로티의 설명에 따르면, 그렇게 될 경우 이는 사적인 소비재로 보이기 때문이다. 둘째, 철학적 주장의 수용 여부는 독자들로 이루어진 한 공동체의 공통적인 반응에만 의존하지 않는다. 즉, 세계에 관한 일부 진실을 포착했다고 주장하는 예술 작품이 의존하는 방식과는 다르다. 그러한 진리는 상당이 모순적인 비전으로 판별되기 때문이다. 한편, 철학적 관점들은 문학과 달리 항상 대립한다. 즉 다른 관점에서 진리를 발견할 수 없도록, 다른 철학적 견해들과 언제나 경쟁 관계에 있다. 그렇다고 철학적 견해의 이해가 청중의 반응과 상관없는 것은 아니다. 이러한 철학적 견해에 귀를 기울이는 것은 오직 타당한 그림을 제시했다고 반응했던 사람들뿐이기 때문이다. 또한 이러한 가능성은 이 세 번째 대안과 표상주의를 구별하기도 한다.

철학의 대립적 성격은 철학의 비판적 활동과 확실한 관련이 있다. 한 주장에 대한 반박은 전형적으로 반대 주장을 예고하며, 이는 철학이 가진 객관성이라는 특징으로 우리를 인도한다. 즉, 철학의 주장을 테스트하는 합의된 절차가 있다는 것이다. 다만, 어떠한 절차도(허용할 수 있는 반박의 내용과 마찬가지로) 그 자체로 비판의 대상이 될 수 있다. 이러한 특징은 표상주의적 설명에도 적용된다. 하지만 논쟁과 토론이라는 절차가 어떻게 세계에 대한 정확한 표상을 만들어 낼지에 대해 설명하는 것은 표상주의자의 몫이다. 이러한 관점에서 보면 세 번째 방법은 덜 거창하다. 여기서 철학적 주장이 옳은지 판단하는 기준은 단순히 비판에 잘 대항하느냐에 달렸다. 그것이 최종적이든, 특정한 시간과 장소에 국한되든 상관없이 말이다. 이러한 면에서, 세 번째 대안은 철학적 견해에 대응하여 그 일치 여부를 판단할 철학적 사실들을 가정하지 않는다. 오직 표상주의자만 그 어떤 비판에도 영향을 받지 않는 견해가 존재한다고 장담하기 때문이다. 만약 이것이 맞지 않다면, 철학적 견해란(지금까지 해온 것처럼) 비판과 혁신을 겪으며 항상 변화한 여러 의견 중 하나라고 볼 수 있다.

이는 사실 우울한 그림이 아니라 고무적인 그림에 가깝다. 표상주의는 사람이 정확한 표상에 근접하지 못한다는 가정을 전제하므로 우울한 반응을 야기할 수밖에 없다. 그 사실에 낙담한 나머지 철학자들이 사용한 방법론에 이의를 제기하게 되기 때문이다. 철학적 상상력이 풍부하고, 철학적 비판의 자원이 풍성하다는 것은 분명히 축하할 일이다. 만약 우리가 이러한 그림에서 철학의 존재 이유가 무엇이냐고 묻는다면, 그것은(그림 혹은 음악과 같은 활동들과 마찬가지로) 철학의 내부에 있으며, 오직 경험해 본 사람들만 이를 이해한다고 말할 수 있다. 즉, 어느 정도 철학에 참여함으로써 철학적 논쟁의 주기적인 변화를 파악하는 능력을 갖춰야 한다는 것이다. 따라서 철학의 수행은 이러한 토론을 벌이는 활동이다. 그러나 이러한 활동이 정말 가치가 높은가, 아니면(열성적인 추종자들에게 얼마나 매력적인지 상관없이) 다른 사람들에게는 압정만큼이나 가치가 없는가? 이것이 우리가 마지막 장에서 살펴볼 질문이다.

7.
좋은 철학이란
무엇인가?

What is good philosophy?

좋은 철학이란 무엇인가?

도입 : 기준의 문제

과연 철학이 무엇이고, 무엇이어야 하는지에 관한 질문은 좋은 예와 나쁜 예를 구분하는 기준을 가정한다. 여기서 말하는 기준이 정확히 무엇을 말하는지에 대해서는 의견이 분분할 것이다. 단, 어떤 철학 관련 종사자도 철학적 견해들이 모두 비등할 만큼 훌륭하다고 생각하지는 않는다. 한 폴란드 논리학자가 "고약하게도 철학에는 그 어떠한 기준도 없다."고 천명한 것은 자신이 세운 엄격한 기준을 대부분 따르지 않았기 때문이다. 다른 철학자들은 그의 기준을 따르지 않았으며, 그의 의견에 동의하지도 않았을 것이다. 사실 동일한 방법론으로 함께 작업하는 특정한 철학자들만이 좋은 철학과 나쁜 철학이 무엇인지, 가끔 의견 일치를 볼 뿐이다.

이는 프랑스 포스트 구조주의자인 자크 데리다(Jacque Derrida)를 둘러싼 논란을 보면 잘 알 수 있다. 1992년 데리다는 케임브리지대학의 명예 학위 수여자로 거명되었으나 많은 케임브리지 교수진이 보기 드물 정도로 반대하고 나서는 바람에, 이 문제는 결국 투표에 부쳐지게 되었다. 결국 데리다가 상을 수여하는 것으로 결론이 모아졌다. 하지만 뒤이어 영국 일간지인 타임스에 이를 반대하는 서신이 게재되었다. 배리 스미스와 18명의 철학자는 "데리다의 철학은 일반적으로 통용되는 기준인 명료함과 엄밀함을 만족시키지 못한다."고 공동 서명한 서신을 공개해 반대의 뜻을 밝혔다. 데리다는 "이해가 불가한 서술 방식"을 고집하고 있다는 것이다. 또한 "정합적 논리가 전개된다고 하더라도 거짓이거나 사소한 문제에 그치고 만다."고 지적했다. 그들은 "이성, 진리, 학문을 공격하면서 명성을 높였지만, 무슨 말인지 알 수 있는 것은 반 정도에 지나지 않는다."며, 데리다의 영향력은 영문과를 비롯한 "철학의 테두리를 벗어난 다른 분야"에만 미친다고 밝혔다. 즉 "누군가의 작업이 주로 다른 학문 전공자들로부터 인정받는다면", 이는 그 자체로 철학으로서의 지위를 의심하게 하는 요인[1]이라고 문제를 제기한 것이다. 그러나 여기서 데리다가 과연 수여자의 자격을 갖추었는지에 대해서는 논하지 않겠다. 하지만 철학자들만이 이 문제를 중재할 수 있다는 가정에는 동의한다. 요점은 위와 같은 판단은 철학 작업의 본질적인 부분에 해당한다는 것이다. 이러한 판단 없이 철학은 진보할 수 없다. 여기서는 데리다를 둘러싼 논란을 철학의 기준과 관련한 전통적인 논의의 틀에서 살펴보고자 한다. 이는 소크라테스가 기원전 5세기에 소피스트들을 비판한 데서 그 기원을 찾을 수 있는 전통으로, 철학의 경계선을 정의하고 재검토하는 데 필요한 논의다.

고르기아스(Gorgias), 프로타고라스(Protagoras), 히피아스(Hippias), 프로디쿠스(Prodicus)를 비롯한 소피스트들은 우리가 쉽게 알 수 있는 철학적 주제에 관해 의견을 제시한 철학자들이다. 이들의 의견은 대체로 회의적이었다. 일설에 따르면, 프로타고라스는 신이 존재하는지 알 길이 없다고 주장했다는 이유로 아테네에서 추방되었다고 한다. 또한 '인간은 만물의 척도다.'라는 유명한 말을 남기기도 했는데, 이는 인간의 의견을 뛰어넘는 절대적 진리의 기준은 존재하지 않는다는 뜻이다. 사실 프로타고라스의 말은 진리의 가치에 대한 공격으로, 어쩌면 스미스와 그의 동료들이 데리다를 비판한 기준과 다르지 않을지도 모른다. 그러나 소크라테스가 소피스트들을 공격한 것은 이들의 견해 때문이 아니라, 그러한 견해를 옹호하는 태도 때문이었다. 소크라테스가 이들은 철학자가 아니라고 주장한 것도 바로 그들의 접근 방식 때문이었다. 이는 스미스와 그의 동료 교수진이 데리다의 수상을 거부한 것과 비슷하다. 비록 데리다가 "자신을 철학자로 보았으며, 그의 글쓰기는 철학적 글쓰기의 특징을 일부 가지고 있기는" 하지만 말이다.[2]

소피스트들이 실제로 어떠했는지는 여전히 논의의 대상이지만, 그들은 기본적으로 교사였으며, 특히 화술을 가르쳤다. 화술을 의미하는 수사는 고대 아테네의

---

1) Smith 1992.
2) 같은 책.

민주 의회와 법정에서 특히 중요한 기술로 통했다. 플라톤의 『대화』에서 소크라테스는 자신이 소피스트들의 수사법을 사용하면(한 주석자의 말을 따르자면) "철학이 항상 추방의 대상으로 삼는 철학자들"[3)]을 대변하게 된다고 말했다. 소크라테스에 따르면, 수사는 설득의 기술이기 때문에 소피스트의 일차적 목적은 자신의 제안을 수용하게 만드는 것이지, 철학자처럼 진리를 발견하는 것이 아니다. 따라서 플라톤의 『대화』에서 소피스트는 다음과 같이 묘사된다. "자기모순을 야기하는 기술을 일삼는 의식적이거나 혹은 가식적인 부류에 속하고, 현상의 모사꾼이며, 이미지를 제작하는 환영을 더 세부적이고 창의적 기술인 문장으로 만드는 현란한 기교를 부린다. 이는 인간의 창조물이지 신의 창조물이 아니다."[4)]

사실, 스미스와 그의 동료 교수진이 타임스에 데리다의 수여를 비판하는 서신을 게재했을 때 이와 비슷한 비판을 염두에 두었을지도 모른다. 서신에서 그들은 데리다가 "차용하는 장난과 술수는 다다이스트에 버금가며", "거짓과 비정합성은 소피스트들의 환영(phantasms)과 궤변에 버금간다." 라고 비판했다. 이들은 데리다의 언어적 독창성은 인정하지만 "이러한 독창성이 그가 명예 학위 후보로 적합한 근거는 되지 못한다." 라고 밝혔다[5)]. 여기서 명예 학위 후보로서 적합하지 않다는 것은 철학자로 인정하지 못한다는 의미다. 소피스트와 데리다가 가진 유사점은 한 가지 더 있다. 히피아스가 소크라테스에게 항상 "새로운 것을 말하고자 한다."고 말한 대목에서 알 수 있듯이, 소피스트들이 "창의적인 기술"을 가지고 있다는 점이다.[6)] 게다가 데리다가 철학자가 아닌 집단에서 인기가 있다는 점도, 소피스트들이 "대중을 설득할 수 있는" 능력이 있었다는 사실과 비교해 볼 수 있다. 고르기아스는 자신을 비롯한 대중이 아무런 지식도 없지만, 의학을 비롯한 "어떤 주제를 막론하고" 대중을 설득할 수 있었다고 한다.[7)] "논의 중인 주제

---

3) Cassin 2000 : 106
4) Plato 1892 : *Sophist* 267.
5) Smith 1992.
6) Xenophon, quoted in Poulakos 1983 : 44.
7) Plato 1892 : *Gorgias* 458.

에 대해 무지한 사람들을 설득할 때 가장 효과적인 것은 수사를 발휘하는 자"[8]였던 것이다. 요컨대 데리다와 소피스트 모두 철학자로서 갖추어야 할 기준에 부합하지 않았으며, 그 이유는 이들이 상당히 의도적으로 그러한 기준을 배격하고, 철학적 목표가 아닌 다른 목표를 추구했기 때문이다.

철학자와 소피스트

플라톤의 『대화』에서 소크라테스가 말했듯이, 소피스트는 철학자와 여러 가지 면에서 다르다. 한 가지 차이는(이는 중요하지만, 그 초점은 다소 편협하다.) 이들이 가르친 대상에 끼친 영향에 관한 문제다. 그 영향은 좋을 수도 있고 나쁠 수도 있다. 수사는 철학과 달리 그 자체로 덕의 배양을 목표로 삼지 않기 때문이다. 마지막 장에서 이에 대한 소크라테스의 견해를 살펴볼 것이므로 여기서 추가적인 논의는 하지 않겠다. 또한 왜 소크라테스가 이들을 철학자로서 부적격하다고 보았는지, 이들의 특징에 대한 학문적 평가도 하지 않겠다. 대신 소크라테스가 지적한 소피스트들의 특징을 살펴보고자 한다. 이러한 특징은 철학자가 부합해야 할 기준과 대조를 이루는데, 이에 대해서는 이 장의 후반부에서 다룰 것이다.

우리가 주목해야 할 소피스트의 첫 번째 특징은, 이들은 전문적인 명문장가이자 "문장으로 현란한 기교를 부리는 창의적 기술"의 장인들이라는 점이다. 여기서 이들이 수사적 효과를 노린다는 점을 비판할 수 있다. 이들이 겨냥한 것은 단순히 설득이 아니었다. 소크라테스는 설득에 방점을 두었지만, 사실 이들의 다른 목적(소크라테스 역시 알았을 수도 있다.)은 바로 그가 역시 저주했던 시인들처럼 쾌락을 전달했다는 점이다. 그러나 철학자는 설득 혹은 기쁨의 전달 중 어떤 것에도 제약을 받지 않는다. 상상 속의 이미지를 만드는 "이미지 제작의 기술"을 사용하는 이들과는 달리, 철학자는 논의하는 대상의 정확한 재현을 추구하기 때문이

---

[8] Santas 2001 : 24.

다. 소피스트는 "비(非)존재의 어둠 속으로 달아나기"[9] 때문에, 목적만 일치하면 모호한 표현을 쓰는 그들을 막을 도리가 없다. 철학자가 명료성을 추구해야 하는 이유는, 다루는 주제의 '유사(類似, likeness)'를 획득하여 더 이상 은폐되지 않도록 해야 하기 때문이다. 이는 알레테이아(aletheia)(진리를 뜻하는 그리스어)를 말하는 것으로 글자 그대로 비(非)은폐성을 뜻한다. 소크라테스는 이러한 목적을 따르지 않으면서 현란한 문체를 사용하는 것을 삼가야 한다고 주장했다. 따라서 소피스트가 철학자와 구분되는 것은 문체상의 차이라고 할 수 있다.

두 번째 특징은 소피스트의 설득 방식이 기회주의적이라는 점이다. 그들은 대중을 설득할 수 있는 전략은 무엇이든지 가리지 않고 차용했다. 소크라테스 역시 대중을 설득하길 원했으나 그가 선택한 수단은 달랐다. 그리스인들은 이를 문답법(dialectic)(플라톤의 『대화』에서 드러나듯이), 즉 서로 문답하는 기술이라고 불렀다. 문답법을 통해 소크라테스는 대화의 상대가 스스로 깨닫도록 하였으며, 단순히 누군가 주장한다고 해서 곧바로 동의하지 않았다. 그러나 스스로 깨달으려면 반드시 일련의 논리적 단계를 거쳐야만 했다. 문답법이 이후에 '변증법'의 의미를 갖게 된 이유가 여기에 있다. 논증의 엄밀함 혹은 철저함을 따질 때 우리가 말하는 것도 같은 맥락이다. 플라톤은 철학자들이 사용한 변증법과 소피스트들이 차용한 논쟁술을 비교하면서, 소피스트들은 그럴 듯한 논쟁을 사용하여 설득하려 한다고 지적했다. 철학이 엄밀해야 하는 이유는 누군가 옳은 답을 깨달을 수 있도록 하기 위해서다. 변증법을 사용하는 목적 역시 이와 다르지 않다. 알렉산더 세손스케(Alexander Sesonske)는 "보통 사람이라도 …… 다양한 진술 및 용어 사이의 논리적 관계를 이해할 수 있다. 그렇지 않다면 소크라테스가 과제를 제대로 수행하지 못했을 것이다. 따라서 보통 사람도 논쟁에서 설득력이 강한 것과 약한 것을 구분할 수 있다."[10]고 말했다. 그러나 소피스트는 희박한 근거를 가지고도 자신의 주장보다 더 강력한 주장을 제패할 수 있었다고 한다. 이와 달리, 철학의 방법론은 반드시 이러한 전도(顚倒)를 드러내고, 논거의 약함을 가장하지도, 그렇다

---

9) Plato 1892 : *Sophist* 254.
10) Sesonske 1968 : 219.

고 논거의 강력함을 과장하지도 않은 상태에서 논쟁을 전개해야 한다.

소크라테스가 구분한 세 번째 특징은 이미 살펴본 두 가지 특징에 내포되어 있다. 철학자가 진리를 추구한다면, 소피스트는 자신이 옹호하는 주장이 어떤 결과를 낳는지, 전혀 개의치 않는다는 점이다. 소피스트는 지적인 면뿐만 아니라, 도덕적 면에서도 결함이 있는 '위선자'다. 이와 달리, 철학자는 청렴(integrity)의 덕을 보여 준다. 단 우리가 여기서 기억해야 할 점이 있는데, 소피스트는 시민들이 아테네의 의회 및 법정에서 연설할 수 있도록 웅변술을 가르쳤으며, 여기서는 철학적 논의의 기준이 거의 적용되지 않았다는 점이다. 기소 인정 여부 절차를 따지거나 변호하기도 하고, 대의를 위해 싸우기도 하지만, 검열의 대상이 되기도 하는 등 편파성과 당파심이 작동하기 때문이다. 이러한 태도로 진리를 밝히는 작업(소크라테스가 말한 철학자의 임무)에 임한다면 이는 부적절할 것이다. 소크라테스의 관점에서 말하자면, 그러한 자세는 철학으로 간주되지 않은 영역에서만 가능하다. 소크라테스가 "정의란, 혹은 덕이란 무엇인가?"라고 물을 때, 특정한 대답에 사심이 있거나 특별히 애호하는 것이 있으면, 이에 대해 옳게 답하기가 어렵기 때문이다. 이는 타당한 답을 도출하기 위해 노력하는 데, 방법론뿐만 아니라 마음가짐에 대한 특정한 기준, 즉 특정한 종류의 덕을 측정하는 기준이 있다는 것을 의미한다.

네 번째 특성 역시 앞서 설명한 특징과 연결된다. 소크라테스의 태도를 지적 겸손이라고 부른다면, 그와 대비되는 소피스트의 차이를 알 수 있다. 소크라테스는 경솔하게 단언하지 않으려고 자신의 무지를 자주 고백했으며, 잘못된 견해를 수정하기 위해 기꺼이 반박을 받아들였다는 점에서 지적 겸손을 갖추었다고 할 수 있다. 하지만 소피스트는 자신이 이해한 것보다 과장하는 지적 허세를 부렸다. 소크라테스의 표현을 빌리자면 "이 수사학자는 진리에 대해 알 필요가 없었다. 단지 자신이 제대로 아는 자보다 더 많이 알고 있다고 무지한 자들을 설득하는 데만 관심이 있었기 때문이다." 고르기아스는 "다른 기술을 배우지 않았는데도 그 분야 교수들보다 열등하지 않다는 것"은 "큰 축복"이 아니냐고 반문했다.[11] 소

---

11) Plato 1892 : *Gorgias* 459.

크라테스가 말한 지적 겸손은 제대로 된 답을 도출하기 위해 수반되는 자세인 반면, 소피스트의 지적 오만은 상대에게 깊은 인상을 주기 위한 이들의 욕망을 보여 준다. 지적 겸손은 소피스트의 자기 확신과 대조적인 일종의 자기 인식(self-awareness)이다. 이러한 자기 인식이 결국 철학자의 겸손으로 이어지는 것이다. 자신이 틀렸다는 것을 보이고 싶지 않아서 지적 겸손을 부리는 것이 아니다. 그렇다면 이는 항상 옳게 보이고 싶은 소피스트의 자세와 다를 바 없이, 자기 편의를 챙기는 셈이 될 것이다. 지적 겸손은 타당한 결론에 도달하기 어렵다는 점을 알고 자신의 의견을 철저히 검토하려는 자세에서 나오는 것이다. 이러한 반성적 작업은 철학을 특징짓는 기준이 된다. 따라서 처음부터 당연한 사실이나 비판과 철회의 가능성을 뛰어넘는 것은 아무것도 없다.

마지막으로 소피스트와 구분되는 철학자의 특징은 다음과 같다. 철학에 매진하는 태도를 보여 줌으로써 다른 사람들의 동의를 성의껏 구해야 한다는 점이다. 한마디로 철학자는 진지하다. 소피스트에게 결여된 자세가 바로 이 점이다. 이들은 진지할 수가 없다. 이들이 즐거워하는 일 중 하나는 상충되는 주장들을 모두 옹호하면서 논거를 전개[소위 '모순(antilogiai)'이라고 불리는 것]하는 것이다. 이들이 한 가지 입장을 고수한다고 해도, 왜 그러한 결론을 도출했는지는 명확하지 않은 경우가 종종 있다. 고르기아스가 『비존재론』에서 존재하는 것은 아무것도 없다고 주장할 때처럼, 이들은 자신의 결론에 대한 동의를 구한다기보다는 단순히 장난(parody)을 하고 있는 듯 보인다. 소크라테스는 종종 소피스트의 궤변을 경멸조로 비난했다. 『에우티데모스(Euthydemus)』에서 소크라테스는 소피스트의 주장대로 세상에 무지 혹은 거짓이 없다면, 왜 굳이 가르치는 일을 하느냐고 묻는다. 자신의 주장도 진지하게 받아들이지 않는 집단이라는 것이다.

따라서 철학자가 갖추어야 할 자격 조건 중 하나는 진지함이다. 철학은(소피스트가 자신의 목적을 추구하는 방식처럼) 게임이 아니기 때문이다.[12] 그 이유가 단순히 제대로 해야 하기 때문이라면 이는 충분한 이유가 될 수 없다. 제대로 하

---

[12] 8장에서 살펴보겠지만, 러셀은 후기 비트겐슈타인이 철학을 "한가로운 오후의 차 마시기 놀음"으로 전락시켰다고 비판한 바 있다.(1959 : 217)

려는 태도는 퍼즐과 같은 게임에도 충분히 동기 부여를 하기 때문이다. 제대로 하려는 욕구가 생기는 이유는 그 대상이 중요하기 때문이다. 즉 그 대상을 진지하게 여겨야 한다. 스미스와 그의 동료들이 격분한 이유 중 하나도, 데리다가 "농담과 말장난('논리적 오류 등')을 정교하게 풀어내는"[13] 것을 보고 그의 진지함을 의심할 수밖에 없었기 때문이다. 단 사람들이 종종 말하듯, 진지함은 엄숙함이 아니다. 또한 소크라테스는 스미스와는 달리 유희를 즐기는 편이었지, 절대 거들먹거리지 않았다. 어떠한 말투를 구사하는지, 어떠한 문학적 장치를 사용하고 있는지는 문체의 문제에 해당하는 것이지, 이를 통해 그 사람의 지적 진지함 등을 살펴볼 수 있는 신뢰성 있는 장치는 아니다. 그렇다면 이제부터 철학의 문체를 살펴보기로 하자.

철학의 문체

시대와 장소마다 지배적인 문체가 있는 것은 사실이지만, 철학에 적합한 단일한 문체는 존재하지 않는다. 형식과 내용이 완전히 분리될 수 없기 때문이다. 베렐 랭(Berel Lang)은 형식과 내용이 상호 독립적인 중립적 모델과, 내용이 형식에 의해 부분적으로 결정되는 상호 영향적 모델을 구분했다.[14] 따라서 1970년대의 한 작가는 문체학에 대해 "최근 영국 철학의 저술 방식은 신사들의 대화 방식이나 격식을 차리지 않는 문체"라고 말하며, "과연 철학자들이 삶의 진지함과 그에 따른 행동에 대해 취한 관점이 마르크스와 아퀴나스의 관점과 다른 것은 이러한 문체 때문일까?"라고 질문한다.[15] 이 질문에 그렇다고 대답한다면, 철학자의 문체에 대한 비판은 형식상의 비판에 머무르는 게 아니라 중요한 철학적 비판에 해당한다고 볼 수 있다. 따라서 마르크스주의자가 이러한 영국의 철학자들을 비

---

13) Smith 1992.
14) Lang 1990.
15) Turner 1973 : 190.

난한다면, 이들의 관점이 틀렸다고 단언하는 것이 가능하다. 그들이 사용하는 문체는 삶의 시급한 현안 및 관련 조치를 진중하게 다루는 데 부적합하며, 옥스퍼드 철학자들처럼 신사로서의 존재 양식을 영위할 수 없는 사람들에게는 그보다 더 진지한 형식을 갖추어야 한다고 말이다.

그렇다면 철학적 문체에 대한 비판은 철학이라는 활동(the activity of philosophy)에 대한 비난이자, 철학적 주장을 둘러싼 찬반 논쟁의 주제로 등장할 수 있다. 어떤 입장이 명확하지 않다는 비판은 대개 그 입장이 만족스럽지 않다는 것이 아니라, 문학적 표현이 부족하다는 의미다. 입장이 모호한 이유는 그의 문장이 논쟁적인 주제를 쉽게 드러내지 않기 때문이다. 즉 문장이 애매모호하고, 정의가 엉성하며, 과장되었다는 뜻이다. 그렇다면 불확실성을 지적하는 것은 다른 입장과 비교하여 장점을 파악할 수 있도록 결점을 보완하라는 뜻이 된다. 주장의 장점을 파악하려면 명확한 표현(formulation)이 필요하기 때문이다. 무엇이 명확한 표현인지 결정하는 것은 해당 주장에 대한 찬반 토론이 어떠한 종류인가에 따라 달라진다. 명확한 표현이 만들어지는 전반적 문체 역시 토론의 종류에 의해 결정된다. 적절하거나 적절하지 않은 문체는 토론의 성격에 따라 달라지기 때문이다. 하지만 논의의 종류가 다르다고 해서 이해하는 데 큰 장애물이 있는 것은 아니다. 분석철학과 대륙철학을 비교하면서 살펴보았듯이, 문체상의 경계는 다소 어렵더라도 넘어갈 수 있다.

흔히 철학적 글쓰기에서 더 명료한 문체와 분명하지 않은 문체가 정해져 있다고 생각하기 쉽다. 즉, 더 정확한 문체가 있다는 것이다. 그러나 정확성의 정도는 주제와 토론의 종류에 따라 달라진다. 논리학과 같은 일부 철학 분과는 명확하게 정의된 용어로, 형식 증명(formal proofs)을 전개할 수 있는 수학의 조건을 요구한다. 그러나 일반적으로 "당신의 용어를 정의해 보시오!" 라는 말은 [피터 기취(Peter Geach)가 무례하게 표현한 대로] '게으르고 멍청한 놈을 위한 대화 시작법(a gambit for idle tosspots)' 이다. 그 요점의 정의는 규정적이어야 하며, 용어의 정의는 특정 목적을 암시해야 한다는 것이다. 가령 한 마을의 '인구'를 정의할 때, 타 지방 출신 학생들도 포함되는지 물을 수 있다. 그러나 철학에서 대개 필요한 것은 용어의 실제 사용법을 이해하는 것이다. 논리의 경우, 실질적인 함의

(material implication)와 같은 개념은 실질적 함의를 포함하는 명제의 진리 조건을 명시함으로써 정의할 수 있다. 그러나 실질적 함의가 연쇄 추론에서 '만약 A라면 B다(if …… then).'를 대신한다면, 이 개념은 비형식 연결사(informal connective)의 의미를 포착하지 못한다.[16] 가령, '2+2=5라면, 2+2=4다.'와 같은 명제를 주장하기를 원하지 않지만, 실질적으로 거짓 명제는 그 어떠한 명제도 함의할 수 있다. 따라서 정확성은 실제 삶에서의 언어 사용법을 놓치는 위험을 감수해야만 획득할 수 있다. 이것은 수학을 철학 문제의 모델로 삼을 경우, 항상 도사리고 있는 위험 요소다. 이러한 위험은 예전부터 지적되었다. 아리스토텔레스는 "모든 논의에서 동일한 정도의 정확성을 기대해서는 안 된다."고 강조한 바 있다. 따라서 "다루는 주제가 허락하는 만큼의 정확성"[17]을 추구해야지, 어울리지 않는 정확도를 부여해서는 안 된다.

일부 철학적 주제는 이러한 시도와 어울리지 않는다. 스피노자는 기하학적 방법론으로 윤리학을 시도했지만, 사실 윤리학은 다른 철학자들이 열망하는 표현상의 정밀성을 거부한다. 윤리학에서 정밀성이 부족한 이유는 용어 자체가 문맥에 크게 의존하기 때문이다. 그렇다고 윤리학에 대한 철학적 논의가 전문적이지 않다는 말은 아니다. 대개 철학적 논의가 전문성을 가지는 것은 시간이 지나면서 전문성이 발달하기 때문이다. 앞서 살펴보았듯이 이 과정에서 모호함을 지적받았다면 좀 더 명료한 표현으로 수정할 필요가 있다. 전문 용어는 일상에서의 용어와 다르므로, 이를 명확히 정의하는 작업이 필요하다. 가령, 청구권과 자유권을 구분하려면 논의를 진척시키는 과정에서 권리와 관련된 전문 용어를 소개하여 정리해야 한다. 전문 용어에 크게 의존하는 철학은, 토론을 진행하면서 점차 초점을 좁혀나감에 따라 자연스럽게 문체를 형성한다. 이렇듯 본래 선호하는 문체란 존재하지 않으며 충분히 숙고해서 선택해야 한다. 그러지 않고 선뜻 문체를 받아들이면 논의의 발단이 된 가정에 의심스러운 부분이 있어도 간과하고 넘어가게 된다.

앞서 기술한 방식대로 저술한 철학은 전형적으로 건조하고 다소 따분하기까

---

16) 이 문제에 대한 다른 접근은 Grice 1989 참조.
17) Aristotle 1976 : 1094b.

지 하다. 이러한 따분함은 적어도 지금까지는 철학적 비판의 대상이 아니었다. 표현은 따분하더라도 주제는 흥미로울 수 있기 때문이다. 단 비유적 언어, 아이러니 및 문학적 장치를 판단할 때는 단순히 철학적 주장을 흥미롭게 만들고자 사용한 것인지, 아니면 철학적 주장에 필수적인 장치인지를 구분해야 한다. 길버트 라일이, 이원론자는 인간을 "기계 속의 유령"처럼 이해한다고 말한 것은 전자에 해당한다.[18] 여기서 목적은 이원론을 심각하게 받아들이는 사람을 조롱하는 것이 아니다. 하지만 종교상의 이유로 이원론을 고수하는 철학자라면, 이는 익살스러움이라고 주장하며 감정적이지 않은 용어를 사용하라고 요구할 것이다. 물론 라일은 이처럼 불쾌할 수 있는 이미지를 사용하지 않고도 그의 주장을 전달할 수 있다. 그러나 어떠한 철학적 입장을 취하든, 적절한 말투가 무엇인지 알려 주는 기준은 없다.

다음 장에서 상세히 살펴보겠지만, 은유는 철학적 견해를 표현하는 데 종종 필수적으로 사용된다. 물론 철학은 있는 사실 그대로 담백하게 표현해야 한다는 주장도 계속 제기되고 있다. 콰인은 주부가 술부를 포함하고 있다고 본 칸트의 분석성 개념이 은유적이라고 비판했다. 그러나 스킬레아스(Ole Martin Skilleås)는 이러한 콰인을 다시 비판했다. 신념 체계의 중심성(centrality) 차원에서 분석적이라고 판단되는 문장을 설명하는 그의 방식 역시 이와 비슷하게 은유적[19]이라는 것이다. 한편, 데리다는 은유에 대한 적대감을 비판했다. 그에 따르면, 이러한 적대감 자체가 은유적인 믿음에서 비롯된다. 즉, 세계의 참상을 기술하는 데 적합한 개념이 따로 있으며, 이상적인 철학은 그러한 어휘를 통해 세계의 참상을 드러낼 수 있다는 믿음이 그것이다.[20] 그러한 어휘에서 은유는 중요하지 않다. 은유의 의미를 결정하는 용어는 선호되는 어휘에 속하지 않기 때문이다. 이러한 데리다의 주장은 특유의 과장이 섞여 있기는 하지만 일리가 있다. 어쨌든 여기서 요점(그 성공 여부와는 상관없이)은 특정한 철학적 입장에 따라 달라지지 않는, 적합

---

18) Ryle 1949 : 15~16.
19) Skilleås 2001 : 119~123.
20) Derrida 1982.

한 철학적 어휘가 무엇인지를 말해 주는 기준이 없다는 것이다.

물론 문체는 단순한 언어의 사용 이상을 의미한다. 문체에는 철학에 녹아 있는 문학적 형태도 포함된다. 플라톤이 대화체를 이용해 소크라테스의 변증법을 보여 준 점이 여기에 속한다. 철학자마다 사용하는 형식은 다르며, 특별히 어떤 형식을 선호해야 할 이유 또한 없다. 만약 선호하는 형식이 있다면, 이를 특수한 철학적 견해로 정당화해야 한다. 가령, 추론의 연쇄를 통해 결론까지 이어지는 특정 형식을 선호할 이유는 없다. 그러나 그러한 형식은 철학을 특징짓는 서사 구조의 형태를 잘 보여 준다. 소크라테스는 소피스트를 비판하면서 그들의 작품에는 바로 이러한 구조, 즉 일종의 모험담이 없다고 비판했다. 가령, 그리스 신화에서 아이손(Jason)과 아르고선 선원(Argonauts)은 황금 양모를 구하려고 모험을 감행한다. 철학자가 추구해야 할 모험의 대상은 바로 실재에 대한 진리 혹은 그러한 진리에 버금가는 사실이다. 이는 논거를 마련하고 반격을 타파하는 등 많은 시련을 겪고 나서야 획득할 수 있다. 많은 철학적 글이 바로 이러한 서사 구조를 보여 주고 있으며, 여기에는 철학 자체의 목표가 무엇인지에 대한 가정이 포함된다. 그 예로 소크라테스가 주장했지만, 소피스트들에게는 결여된(전무하다고 말할 수는 없지만 많이 부족하다.) 목표를 들 수 있다. 철학을 다르게 보면 이에 따라 다른 서사 구조를 사용하기도 한다. 가령, 후기 비트겐슈타인이 하는 이야기는 괴물을 처단하는 이야기라고 볼 수 있다. 여기서 괴물이란 우리를 위험에 빠뜨리고 마음의 안정을 빼앗는 사악한 철학적 영향을 말한다. 이는 마지막 장에서 살펴볼 것이다.

모험의 서사 혹은 괴물의 처단이 모델로 삼는 순수문학의 서사 구조와 철학을 구분하면 흥미로운 분석이 나온다. 순수문학의 경우, 영웅이 추구하는 모험은 텍스트 안에만 존재하며, 처단해야 할 괴물 역시 텍스트 안에만 존재한다. 그러나 철학 서적은 독자를 상대해야 한다. 독자는 영웅의 천재성과 단호함을 끊임없이 시험한다. 심지어 독자가 처단해야 할 괴물일 수도 있다. 이런 경우, 독자는 그가 쏘는 화살을 피하면서 방어할 것이다. 따라서 철학 서적의 저자는 자신의 독자층을 상상해야 한다. 그가 어떤 문체를 선택하느냐에 따라 독자층이 어느 정도 결정되기도 한다. 저자는 독자가 설치하는 장애물을 예상해야 하며, 독자의 갑작스런 공격을 막아내야 한다. 그가 모험에서 성공하느냐 패배하느냐는 그의 손에 달렸지만, 독자의 손에 달린 문제이기도 하다. 철학적 논의에서 독자는 단순히 구경꾼이 아니라 참가자이기 때문이다. 따라서 철학자는 이해하기 쉬운 문체를 사용해야 한다. 소피스트들과는 다르게 말이다.

철학적 엄밀함

훌륭한 철학은 철학의 과제를 잘 수행한다. 앞서 살펴보았듯이, 철학의 과제가 무엇인지는 여전히 논쟁의 대상이다. 훌륭한 수행은 대개 기술을 요구하는데, 여기서 기술이란 일을 적절히 처리하는 방법을 의미한다. 우리는 이를 방법론이라고 부른다. 철학의 전반적인 방법론에는 논란의 여지가 있지만(가령, 순수한 선험적 방법론인지, 부분적으로 경험론에 의지한 방법론인지), 철학을 구체적으로 수행하는 과정에서 사용하는 방법론에는 다소 엄격한 기준이 있다는 사실에는 모두 동의할 것이다. 엄밀함의 정도는 수행자의 기술과 적용에 따라 달라진다. 티모시 윌리엄슨은 "프레게가 선보인 특별한 명료성과 엄밀함은 천재성을 타고나지 않으면 불가능하지만, 그의 본을 따라서 이러한 방법론을 효과적으로 배울 수는 있다."[21]고 말했다. 그에 따르면 프레게는 "수학 공부를 통해 약간의 도움을 받았다."고 한다. 즉, 윌리엄슨이 배울 수 있다고 말한 엄밀함의 모델은 수학에서 찾을 수 있다. 그 이유는 설명하지 않았지만 말이다. 그는 수학이 학문의 엄밀함으로 발전을 이룬 반면, 철학은 엄밀함의 부재로 발전을 제대로 이루지 못했다고 지적했다. "철학 공동체는 아직 높은 수준의 방법론을 책임질 정도의 수준에 이르지 못했으며", 또한 "중요한 주장의 진술 방식도 모호하다."[22]는 것이다. 하지만 안타깝게도 윌리엄슨의 주장 역시 쉽게 읽힐 정도로 명백하지는 않다.

엄밀함이란 규칙을 엄격하게 적용하는 것을 말한다. 수학에는 증명 및 기타 과정에 동일하게 적용하려고 합의한 규칙이 있다. 규칙이 엄격하게 적용되지 않

---

21) Williamson 2007 : 286.
22) Ibid. : 288.

는 경우는 적어도 세 가지다. 가령, 규칙이 파기되었거나 무효 조치가 이루어진 경우, 규칙은 전혀 적용되지 않는다. 혹은 이미 적용되었다는 것을 보여 주고, 이를 다시 적용하지 않는다. 이는 다음의 두 가지 중 한 가지 방식을 따른다. 첫째, 증명해야 할 정리의 진리가 수상한 가정에 의존할 경우에는 생략할 수 있다. 둘째, 수학에서는 증명의 단계가 자명할 경우에도 경제성과 가독성을 위해 생략할 수 있다. 철학에서는 수학과 비슷한 엄밀함을 추구하는 것이 불가능하다. 따라서 철학에 엄밀함이 없다고 해도 수학의 경우처럼 생략할 수는 없다. 물론 철학적 주장이 논리적 오류를 범할 수 있지만, 이는 대개 비형식적 오류를 범한 것이지, 철학적 추론의 규칙을 위반한 것은 아니다. 이와 비슷하게 암묵적 가정을 만들 수 있지만, 이를 명시해서 수용되게 하려면 추가 논거를 마련해야 한다. 그러나 수학처럼 이러한 가정을 명료화하는 논증에 있어 옳은 방식이 있는 것은 아니다. 마지막으로, 수학은 논거의 중간 단계를 모두 전개하여 명시적 타당성을 제시할 수 없다. 단, 수학이라고 해서 이러한 과정을 가능하게 하는 명시적 규칙이 있는 것도 아니다. 수학에도 언어가 있기는 하지만, 철학과 비교했을 때 상대적으로 잘 정의된 언어는 없기 때문이다. 스피노자와 같은 일부 철학자들은 이를 극복하기 위해 주요 개념을 정의하고 공리(公理)를 사용함으로써 이들 간의 관계를 추론하고자 했다. 하지만 문제는 앞서 설명한 바와 같이, 철학의 관심이 정의 그 자체에 있다는 점이다. 철학에서는 이러한 정의에 관한 합의에 이르지 못하기 때문에, 엄격한 추론의 규칙을 적용할 형식 체계를 마련하기가 어렵다. 즉 철학에서 엄밀함이 부재하는 것은 비형식적 규칙을 엄격하게 적용하지 못하기 때문이지, 엄격한 규칙이 부재하기 때문이 아니다.

단, 철학에 엄밀함이 없다고 비판할 때, 수학의 엄밀함을 비교 대상으로 삼을 수는 없다. 철학에 해당하는 규칙이 대부분 수학의 규칙과 유사하지 않기 때문이다. 수학의 규칙과 일치하지 않으므로 철학에는 엄격함이 없다고 가정하는 것(윌리엄슨이 하듯이)은 타당하지 않다. 철학에서 주장 및 근거를 제시하는 것은 그러한 주장과 근거가 수용되기를 원하기 때문이다. 이는 증명을 제시하는 것과는 다르다. 그 이유 중 하나는, 철학자는(수학자와 달리) 자신의 주장에 대한 반박을 예상할 수 없다는 것이다. 윌리엄슨은 "오해, 오역, 혹은 반박을 살 만한 것을 미리 알아서 제거하려고 노력한다. 악의를 품었거나 상상력 부재라는 임상 진단을 받은 사람들이 오해할 만한 내용까지 포함해서 말이다. …… 안타깝게도 이것이 분석철학에서 내세우는 명료성과 엄밀함으로 통하는 경우가 종종 있다."고 말했다. 그는 "이는 엄격한 과학적 절차를 흉내 내는 것밖에 안 된다."고 지적했다. 하지만 "철학에도 자연과학 혹은 수학의 연장으로 볼 수 있는 작업이 있다. 하지만 많은 경우, 철학을 자연과학 혹은 수학과 동일시하는 것은 잘못된 것"[23)]이라고 덧붙였다.

엄밀함을 소크라테스의 방식으로 생각해 볼 수 있다. 즉, 실수를 제거하거나 방지하기 위해 고안한 방법론을 양심에 따라 사용하는 것이다. 사람들의 믿음을 시험하기 위해 산파술을 사용한 대목에서 그의 방식을 알 수 있다. 이러한 활동에 적용되는 규칙은 준수할 때가 아니라, 위반할 때 더 쉽게 인지할 수 있기에 구체적으로 명시하기 어렵다. 앞서 설명했듯이, 엄밀함을 위반하는 확실한 방법은 결론까지 이르는 추리 과정에서 논리적 오류를 범하는 것이다. 그보다 덜 분명한 방법은 논리의 전제로부터 결론까지 전개한 내용을 상대가 제대로 파악할 수 없게 만드는 것이다. 이 경우, 상대는 처음부터 결론을 믿고 시작하는 것이 아니라 스스로 검토해야 한다. 그렇다고 논리의 연쇄 과정을 상세히 풀어야 하는 것은 아니다. 단지 상대가 의도한 연결점을 제대로 파악하기만 하면 된다. 이는 절대 논쟁이 타당해야 한다고 말하는 것은 아니다. 철학에서 더 상세한 추론이 논거의 타당성을 증명하는 경우는 거의 없다. 철학의 공동체가 요구하는 정도로(이는 시간이 지남에 따라 변한다.) 논리적인 연결 고리를 만들 때 엄밀성이 나오는 것이다. 그렇다면 이러한 기준을 유지하는 주체는 누구인가? 그 기준은 그 활동에 참여하는 사람들에 의해 결정된다. 만약 우리가 기준을 너무 높게 잡으면, 철학의 모든 영역에서 엄밀성이 부재하여, 결국 철학적 비판에서 엄밀성이라는 용어는 더 이상 사용되지 않을 것이다.

소크라테스가 소피스트들을 공격한 대목을 보면, 철학적 논쟁이 엄밀하지 않은 경우가 많았다는 점을 알 수 있다. 그들은 설득의 기술을 사용했지만 엄밀함

---

23) Williams 2006 : 197.

은 만족시키지 못했다. 규칙을 준수하는지 판단할 수 있는 추론의 형식을 사용하지 않았기 때문이다. 세손스케의 말을 빌리자면, "소피스트는 산만하게 하거나, 논의를 부차적 방향으로 이끌거나, 애매모호한 표현을 잘 사용하거나, 감정적 호소를 하는 능력을 배양했는데, 이는 오늘날의 선동 정치가에게서도 찾아볼 수 있다."[24] 물론 이러한 기술은 철학에서도 종종 사용된다. 의와 같은 방법을 사용하면, 방법론은 제대로 사용하지 못한 것이 문제가 아니라, 그 어떤 것도 철학적 방법론이 아니라는 비판을 받는다. 한편, 이성과 감정적 호소를 비교하고 싶은 마음이 들 것이다. 그러나 이렇게 비교한다면, '이성'이라는 용어를 매우 좁은 의미로 해석하지 않는 이상(그러나 이는 부적합하다는 것을 앞서 살펴보았다.) 긍정적인 의미를 부여하기가 어렵다. 추가적인 분석이 없으므로 철학적 방법론으로서의 설득은 감정의 호소로 치우친 설득과 다르다는 사실에 대개 동의한다는 점만 지적하고자 한다.

철학적 추론 기술은 어느 정도 배울 수 있다. 특히 논거에서 피해야 할 오류와 결점을 파악하는 능력은 배양할 수 있다. 그러나 근거를 수립하는 특별한 기술은 없다. 일부 철학자들은(가령, 도덕철학에서 공리주의를 특수한 경우에 적용했을 때처럼) 명확하게 진술된 주장의 결과를 보고 만족할 수도 있다. 분명한 점은 이런 종류의 활동이 철학을 근거로 생각할 수 있는 것이 무엇인지 철저히 다루지 않는다는 것이다. 그리고 추론에서 많은 부분이 수사의 효과와 쉽게 구분되지 않는다. 비트겐슈타인은 돌이 감정을 느낄 수 있다고 상상해 보라고 권하면서 다음과 같이 말했다. "어떻게 사물이 감정을 느낀다고 생각할 수 있는가? 차라리 숫자가 감정을 느낀다고 하는 편이 낫다. 하지만 이러한 난제는 꿈틀대는 파리 한 마리를 보는 순간 사라진다. 우리는 여기서 고통을 발견하게 되고 모든 것이 굉장히 순조롭게 풀린다."[25] 여기서 돌이 고통을 느끼지 않는 이유로 그가 제시한 것은 단지 모든 것이 '굉장히 순조롭게 풀리기' 때문이다. 이 주장이 돌과 파리가 다르다고 말하는, 순전히 설득적인 술수와 다른 점이 무엇인가?

---

24) Sesonske 1968 : 220.
25) Wittgenstein 1958 : § 284.

이는 여기서 다루기에는 너무 큰 질문이지만, 비트겐슈타인의 진술을 더 철저히 검토하면 '너무 순조롭다.'는 것이 무엇을 의미하는지 알 수 있다. 이 표현은 철학적 진술이어서 이러한 검토가 필요하다. 윌리엄슨의 비판대로 비트겐슈타인의 진술이 '모호'하더라도, 한 가지 이점은 말할 수 있다. 순조롭다는 은유 때문에 우리가 고통이라고 말하는 상황과 그렇지 않은 상황을 면밀히 검토할 수 있다는 점이다. 이러한 은유가 제기하는 일련의 추론은 우리를 풍부한 결론으로 이끌 수도 있고, 또 그렇지 않을 수도 있다. 반대로, 결론의 불모 지역으로 이끄는 추론도 있다. 특히 그 추론의 특성이 판에 박힌 결과를 좇는 것이라면 말이다. 하지만 이는 철학적 주제에 대한 사고를 고양시키지 않는다. 사고의 고양이야말로 철학적 추론의 목표인데 말이다.

철학적 덕목(Philosophical virtues)

소크라테스는, 철학적 질문에 만족스러운 대답을 하기 위해 전진하려면 사물을 명확히 이해하려는 욕구가 필요하다고 보았다. 그리고 이러한 욕구를 자신의 의견을 다른 이들에게 설득하려는 욕구 혹은 그 밖의 다른 숨은 동기보다 우선해야 한다고 여겼다. 또한 철학적 질문에 대한 답을 찾으려는 욕구를 말하기도 한다. 데이비드 흄은 자신이 철학을 하게 된 계기가 "놀이와 친구들에게 지쳤을 때" 알게 된 그의 기질 때문이었다고 털어놓았다. 그 기질은 바로 자신이 경험한 문제가 무엇인지를 탐구하려는 욕구였다. 그는 다음과 같이 말했다. "이러한 정서는 지금도 내 기질로 불쑥불쑥 나타난다. 그럴 때면 나는 다른 일이나 오락에 관심을 돌려서 기질을 누르려고 노력한다. 이러다가 제대로 놀지도 못하는 답답한 사람이 될 것 같다."[26] 그러나 그는 이러한 기질을 발휘하지 않았던 일상생활에서는 "세계의 일반적인 격언을 나태하게 받아들였다." 이러한 흄의 구분은 옳다. 일상생활의 실용적 지식과 인생 및 인생을 사는 방법에 대한 철학적 이해는 다르기

---

26) Hume 1978 : 271.

때문이다. 그러나 모든 이가 흄처럼 철학에 대한 자연적 기질을 타고난 것은 아니다. 소크라테스가 산파술을 한 것도 바로, 모든 이가 이러한 기질을 타고나지 않았기 때문이다. 그의 목표는 이해하고자 하는 욕망을 만족시키는 것뿐만 아니라, 그러한 욕망 자체를 이끌어 내는 것이었다. 이것이 바로 '철학(philosophy)'이라는 어원에서도 잘 나타나는 지혜에 대한 사랑이다.

이러한 덕목에는 두 가지 측면이 있다. 혹은 두 가지 측면이 합쳐져 있다고 할 수도 있다. 우선, 무지 속에 머무는 것보다 이해를 추구하는 것이 낫다. 호기심은 지적인 덕목이다. 둘째, 실수를 용인하는 것보다 명확히 이해하려고 노력하는 편이 낫다. 이러한 성실성을 요구하는 지적 청렴 또한 덕목에 해당한다. 철학적 질문에 호기심을 가지고 있으나 옳은 답을 얻으려는 성실함이 없는 사람이 있는가 하면, 혼란스러운 질문에도 올바른 답을 제시하지만 그 과정에서 호기심은 부족한 사람도 있다. 이 두 가지 모두 철학을 제대로 하려면 필수적인 덕목으로 보인다.

따라서 이러한 덕목을 발휘할 수 있게 해주는 철학이 좋은 철학이다. 철학의 올바른 방법론을 올바른 행동(일부 덕 윤리학자가 이해하는 측면에서의 올바른 행동)에 비유할 수 있다. 가령, 로잘린드 허스트하우스(Rosalind Hursthouse)는 "그 상황에서 덕이 훌륭한 사람이 전형적으로 했을 만한 행동이 바로 옳은 행동이다."라고 주장했다.[27] 그렇다면, 철학을 하는 올바른 방법은 지적인 덕목을 갖춘 철학자가 철학을 하는 방법이라고 할 수 있다. 하지만 이것이 철학을 어떻게 해야 하느냐는 질문에 대한 유일한 해결책이라고 생각해서는 안 된다. 소크라테스처럼, 철학자의 지적인 특성에 주목하여 그러한 방법을 본받아 주장을 제기하고, 자질을 개발하며, 대안을 고려하고, 철학을 하는 올바른 방법이란 무엇인가에 대해 배우도록 만드는 경우도 있기 때문이다.

기술만큼이나 덕성 또한 학습할 수 있다. 이는 전형적으로 습관의 형성을 통해 배양할 수 있는 부분이다. 임무를 수행할 때의 성실함이 대개 습관에서 비롯되듯이, 철학적 청렴을 구성하는 지적 성실함도 마찬가지다. 이를 배우려면 철학을 제대로 수행하는 데 이러한 지적 성실함이 반드시 필요하다고 생각해야 한다.

---

[27] Hursthouse 1999.

심지어 호기심조차도 마음의 습관이다. 여기서 말하는 습관이란 가령 십자말풀이가 아닌 지적인 문제를 추구하는 것을 말한다. 철학의 덕목을 구성하는 이러한 습관은 철학자의 지적 특징을 형성한다. 따라서 이러한 특징이 있다면, 그 자체로 좋은 일이다. 이렇게 말하면 소위 덕[책임론자(virtue-responsibilists)를 편드는 덕]은 신빙론자(virtue-relabilists)를 배격하는 셈이 될지도 모른다.[28] 덕 신빙론자는 지적인 덕의 요건은 높은 도구적인 가치라고 주장한다. 이는 신빙성을 더해서 진리에 도달하게끔 하기 때문이다. 이러한 관점은 이미 진리에 도달한 것이 분명한 영역에서는 개연성이 충분하다. 하지만 철학처럼 결론에 도달하기가 쉽지 않은 학문에서는 어떻게 적용할 것인지 불명확하다.[29] 그러나 덕 책임론자는 지적 습관이 덕에 해당하는 이유는 본래 가치가 높은 특성에 기여하기 때문이라고 주장한다.

지금까지 철학적 덕(philosophical virtue)을 지성인이 갖추어야 할 특성인지(a trait of intellectual character)에 대한 개괄적인 설명을 살펴보았다. 이것은 덕의 특징 혹은 다른 말로 하면, 지적 덕(intellectual virtue)으로서의 덕을 말하는가? 올바른 마음으로 철학을 할 경우(다른 점은 다 똑같다고 할 때), 그 사람은 더 좋은 사람이 되는가? 이 질문은 마지막 장에서 철학의 장점을 논의하면서 다시 살펴보도록 하자. 여기서는 일단 소크라테스가 소피스트들의 도덕적 결함을 비난한 대목을 살펴보기로 한다. 소크라테스는 이들이 지혜를 사랑하지 않는다는 점을, 정직하지 않고 남을 잘 조종한다는 도덕적 결점과 지나치게 연결했다. 누군가 철학 프로젝트를 망쳤다고 해서 반드시 도덕적 결함이 있다고 비난할 필요는 없다. 틀린 건 아닌지, 의심하면서 의견을 수용하거나 대의를 내세워 지지를 호소하면서 정작 근거가 철학적이지 않다면 올바른 정신으로 일하기 어려울 것이다. 구체적으로, 철학적인 악에 해당하는 경우는 철학적 방법론은 사용하지만, 철학이 목표로 삼는 논거의 무사심성(disinterestedness)과 타당성을 고려하지 않을 때다. 단, 철

---

[28] 덕 신빙론은 Sosa 1980을 참조. 덕 책임론은 Code 1977 참조.
[29] 하지만 덕 신빙론자들이 말한 덕이 진리의 도달에 도움을 주었다면, 이는 일반적인 지적 덕에 해당하기 때문에 철학자들 역시 이를 이용하여 효과를 볼 수 있다고 주장할 수도 있다.(이러한 제안을 해준 무명의 독자께 감사드린다.)

학적인 것과 철학적이지 않은 것이 따로 정해져 있다고 생각해서는 안 된다. 앞서 살펴보았듯이, 이러한 생각에는 경계를 설정하는 과정이 포함되는데, 철학에 대한 일부 접근이 부적절한 동기로 촉발되었을 경우 타당하지 않다고 규정한다. 그러나 이러한 과정 자체는 철학적 논의를 통해 진행된다.

그렇다고 철학이 완전히 자족적인 학문이라는 뜻은 아니다. 철학과 다른 학문의 관계에 대해서는 앞서 설명한 바 있다. 철학이 과학의 연속이라는 의견도 여기에 포함되는데, 이러한 경우 철학의 지적 덕목은 과학에서 요구하는 내용과 동일할 것이다. 그러나 철학이 합당하면서도 규범적인 기능(마지막 장에서 살펴볼 것이다.)을 할 경우, 철학과 도덕적 추론은 다시 연결성을 갖게 되어 도덕적 추론에서 발휘하는 덕을 철학에도 적용할 수 있을 것이다. 이에 대한 예시로『크리톤』에서 소크라테스가 죽음을 받아들인 것을 들 수 있다. 이와 비슷하게, 정치 담론과 철학 역시 연결점을 형성할 수 있다. 물론 그 경계선을 넘었는지를 둘러싸고 종종 논쟁이 벌어지기는 하지만 말이다. 단, 철학이 다른 분야와 맺은 관계에 어떠한 입장을 취하든 우리는 그러한 추론의 철학적 측면에 어떠한 목적이 적합한지 식별할 수 있다. 이것이 바로 사물을 제대로 이해하는 것의 목적이다. 최종 결과에 영향을 미칠 수 있는(더욱 실용적인) 다른 고려 사항들이 무엇이든지 말이다.

반성(Reflectiveness)

소피스트들과 소크라테스를 구분하는 지적 겸손은 물론, 그 자체로 지적 덕에 해당한다. 소크라테스에 따르면, 이는 제대로 이해하려는 욕구에서 발생한 것으로, 우리는 앞서 지적 겸손이 철학자에게 요구되는 덕목이라고 정의했다. 철학자가 겸손해야 하는 이유는 주장이 야심차고, 불충분하거나 근거가 희박할수록 신랄한 비난을 피하기 어렵기 때문이다. 그러나 여기서는 이러한 종류의 지적 겸손을 다른 지적 덕목과 구별하고, 반성이라는 철학적 특성과 연결해 보고자 한다. 반성이란, 철학적인 활동이라면 무엇이든지 철저히 검토하고, 이를 철회할 가능성까지 검토해 보는 것을 말한다. 이것이 철학의 독특한 특징인 이유는, 오직 철학만이 그 어떤 주장도 확고하지 않다고 여기기 때문이다. 이러한 특징 때문에 반성이라는 요건이 생겨난 것이다. 반성은 가장 훌륭한 철학을 특징짓는 지적 겸손으로 이어진다. 지적 오만은 천재의 몫으로 돌리도록 하자.

소크라테스가 자신은 지혜가 없다고 인정한 일화는 유명하다. 그는 현명하고도 숙련된 장인과 자신을 비교하는데, 사실 이것은 소크라테스에게 불리하다. 목수를 예로 들어 보면, 이 비유가 적절하지 않다는 것이 드러난다. 목제 제품의 경우, 제대로 만들기 위해 공유하는 규칙이 분명히 있는 반면, 철학에는 그러한 규칙이 없고, 결론에 도달하기까지 매 단계마다 힘겨운 도전과 대면하기 때문이다. 이렇게 생각하면, 철학적 질문에 정답을 도출하는 과정을 알고 있다고 말하는 것은 주제넘은 발언이다. 또한 목수는 지혜를 자랑할 수 있지만, 철학자는 이를 쉽게 주장할 수 없다. 이처럼 엄격한 검토 및 수정을 거쳐야만 주장할 수 있기 때문에 철학자에게 반성은 반드시 필요하다. 이러한 이유에서, 철학자의 지적 겸손은 일반적인 지적 덕목과 다르다. 이는 철학이라는 학문의 본성으로 말미암아 어쩔 수 없이 생겨난 특징인 것이다. 만약 철학의 토대가 확고하고 절차가 정해져 있다면, 이런 특수한 종류의 겸손도 필요하지 않을 것이다. 거꾸로 생각하면, 겸손이 필요한 이유는 바로 확고한 토대가 부재하기 때문이다. 비트겐슈타인이 『논리철학논고』를 저술했을 때처럼 철학의 천재가 오만해진다면, 그것은 마침내 확고한 거점을 마련했다고 생각하기 때문이다. 그러나 이는 아직 먼 이야기인 것 같다.

철학적 반성은 어떤 방법론을 택해야 할지를 생각하는 자의식(self-consciousness) 상태에서 드러난다. 소크라테스의 산파술은 바로 이러한 자의식을 보여 주며, 이는 소크라테스가 비난하는 소피스트들의 난잡한 방법론과 대조된다. 이러한 방법론에 대한 자의식은 그 자체로 철학의 변화를 이끄는 중요한 동인이다. 가령, 철학자는 개념적 분석에서 논쟁을 통해 개념을 다룰 때 반성에 의존한다. 철학자가 주장하는 바가 무엇인지를 묻는 것이 바로 이러한 분석의 시작이다. 가령, 무어 역시 철학적 반성을 통해 스타우트(G. F. Stout)의 질문을 맞받아친다. 스타우트가 "구체적 사물 혹은 구체적 개인을 특징짓는 모든 특징은 보편적이지 않고 특수하다."라고 단언했을 때 무어는 "고백하건대, 스타우트 교수가 저 문장으로 무슨 말을 하려는지 알기가 매우 어렵다."고 말했다. 그는 '특수하다.'는 단어의 의미가 무엇인지, '특징'은 무엇을 말하는지에 대해 질문을 제기한다.[30] 이후 무어는 이 단어들이 의미할 수 있는 후보를 샅샅이 검토한다. 스타우트가 애초에 이러한 반성적 작업을 했더라면 대담한 단언을 하지 않았을지도 모른다. 여기서 무어는 특정한 종류의 반성을 보여 주는 반면, 스타우트는 보여 주지 않는다. 그런데 이는 스타우트에게만 해당되는 이야기가 아니다. 무어는 철학의 전통 전체를 겨냥하며 철학적 주장에서 겸손함을 찾기가 매우 어려워졌음을 지적했다.

진보한 개념적 분석이 등장한 시기 역시, 이러한 대범한 주장에 대한 불신이 가득했을 때였다. 오스틴이 지각에 대한 에이어의 설명을 비판한 대목에서 그 전형적인 예를 찾을 수 있다. 개념의 오용을 구체적으로 지적한 것 자체로도, 에이어가 자신이 한 말에 부주의했다는 암묵적 비판이다.[31] 즉, 반성이 부족했다는 것이다. 그러나 여기서 요구되는 특정한 종류의(일상 용법에 주의를 기울인) 반성은 에이어가 할 수 없었을 것이다. 당시에는 오스틴, 라일 및 다른 철학자들이 이러한 방법론을 착안하기 전이었기 때문이다. 이와 비슷하게, 방법론의 개발자가 제기하는 새로운 비판은 또 있다. 하이데거는 데카르트가 공간적으로 연장된 물체에 관한 자신의 경험을 통해 세계를 기술하는 방식을 비판했다. 이는 후대 철학자들에게 자연스럽게 전승되었다.[32] 하이데거는 현상학이라는 상대적으로 새로운 방법론을 적용하여, 우리는 우리의 활동과 관련된 사물의 측면에서 세계를 본다고 지적했다. 데카르트가 현상학을 사용했더라면 그는 자신의 기술 방식에 대해 반성적으로 사고하고 나서 결점을 발견했을 것이다. 하지만 당시에는 현상학이 창시되기 이전이므로, 데카르트는 여기서 발생한 문제를 미리 알 수 없었다.

이러한 종류의 발전은 예측 불가능하다. 철학적 주장을 하면서 겸손해야 하는 이유 중 하나가 바로 이것이다. 그러나 아무리 반성적으로 철학을 한다 하더라도 현재 제기될 수 있는 비판에는 한계가 있으며, 이는 시간이 흐르면서 더 확대될 수 있다. 자신의 영역을 넘어선 비판을 예측하지 못했다고 비난하지는 않겠지만,

---

30) Moore 1959 : 17.
31) Austin 1962.
32) Heidegger 1962 : 91~148.

지적 오만이 위험한 수위에 다다랐다면 비난을 면치 못할 것이다. 모순적이게도, 새로운 방법론에 의해 새로운 비판의 기회가 열릴 때 가장 자만해지기 쉽다. 비판은 사람을 매우 흥분하게 만든다. 그러나 이렇게 개발된 방법론이 큰 성과를 발휘하지 못할 수도 있다. 새로운 비판에 제패 당하거나, 철학적 논의를 진행하면서 막다른 골목임이 증명되는 경우가 그렇다.

우리가 철학자의 요건이라고 주장하는 반성이 사실은 회의주의의 한 형태라고 볼 수도 있다. 이러한 경우, 소크라테스의 겸손함이 소피스트들의 지독한 회의주의(이들은 철학적 추론에서 가치 있는 결과를 얻을 수 없다고 보았다.)로 전락하는 것은 아닌지에 대해 생각해 볼 수 있다. 소크라테스가 행한 문답이 전면적인 회의주의와 큰 차이가 난다고 주장하기도 어렵다. 이러한 예시로 들 수 있는 일화는 다음과 같다. 플라톤은 소크라테스의 원리에 근거해 아카데미를 설립했다. 그런데 그 후 한 세기가 지났을 때, 이 아카데미를 장악한 이들은 회의주의자였다. 반성적 문답을 채택하는 사람들과 회의주의자 모두 철학적 주장에 대한 교조주의적 주장을 반대하지만, 이들을 구분할 수 없는 것은 아니다. 소크라테스는 자신이 단호한 방법으로 많은 잘못된 견해, 특히 소피스트들이 제기한 견해를 반박했다고 생각했다. 또한 필요한 자질을 제대로 갖추고 신중한 태도로 접근하는 한 긍정적인 주장을 제기할 자격이 있다.

철학에 대한 회의주의가 갖는 난제는 철학적 결과에서 너무 많은 것을 기대한다는 점이다. 완벽한 확신을 갖고 주장할 수 없다면, 주장할 가치가 없다고 가정하는 것이다. 그러나 이는 극복해야 할 장애물이다. 우리의 일상적 판단 중 대다수가 잠정적이며, 이는 타당하다. 가령, 사람들의 성격에 대해 판단할 경우, 성격 자체가 모호하고 불안정한 경우가 종종 있으므로 그 판단은 잠정적일 수밖에 없다. 그러나 성격에 대한 판단이 잠정적이더라도 사람들의 행동을 설명하고 평가하는 데서 의의를 찾을 수 있다. 철학적 주장이 잠정적인 지위에 그친다는 데서 확고한 토대가 없다는 사실을 확인할 수 있지만, 단지 그 이유로 철학적 결과를 무가치한 것으로 치부할 수 있는지에 대해서는 더 많은 논쟁이 필요할 것이다. 철학적 결과를 판단할 때는 철학자들이 논쟁의 엄밀함과 근거의 설득력을 평가하는 실제 기준을 사용한다. 단, 이때 기준은 회의주의자들이 요구하는 도달 불가능한 기준(다른 영역에서 도달할 수 없는 기준을 요구하며 일상적 인지 수행을 위협하듯이)은 아니다.

진지함

소피스트의 철학과 대조할 때 좋은 철학의 마지막 특징은 진지함이라고 할 수 있다. 철학자들이 진지하게 자신의 의견을 설득하려는 이유는 자신의 의견이 중요하다고 생각하기 때문이다. 심지어 도덕적 의무 혹은 자유 의지처럼 명백하게 중요한 문제가 아니더라도 말이다. 단, 명백하게 중요한 문제는 아니더라도 중요한 철학적 문제와 어느 정도는 연결되어 있다. 따라서 소피스트가 현란한 말장난으로 찬반 의견을 모두 지지하는 식의 반응은 수용할 수 없다. 우리는 어느 정도 확고한 입장을 기대하거나, 그것도 아니라면 대답할 수 없는 이유에 대한 논리 정연한 회의주의를 기대한다.

따라서 우리는 반드시 진지한 입장을 취해야 한다. 비록 그렇게 하려면 많은 논거를 제시해야 하지만 말이다. 단순히 번뜩이는 공상 혹은 괴상하거나 호기심을 일으키는 것(가령, 텔레파시로 마인드 컨트롤하는 외계인이 은하계를 건너 지구를 방문하면 인간사는 그 영향을 받게 된다는 가정)은 곤란하다.[33] 단, 도발적인 주장은 철학에 꼭 필요하다. 이는 검토되지 않은 가정을 교란하고 대안을 가능하게 하기 때문이다. 가령 폴 처칠랜드(Paul Churchland)에 따르면, 믿음과 욕망이라는 심리적 상태는 존재하지 않는다. 이러한 개념을 중요하게 여기는 '민중 이론(folk theory)' 전체가 틀렸기 때문이다.[34] 이러한 제거주의(eliminativism)(이에 따르면 우리는 '~라고 믿는다.'라고 말할 수 없다.)는 수용하기 어렵다. 대

---

[33] 물론 이처럼 무리한 시나리오는 철학적 논거에서 다른 역할을 할 수도 있다. 가령, 본질적 속성에 관한 결론을 수립하는 데 도움을 줄 수 있다. 퍼트넘이 1975년에 제기한 '쌍둥이 지구'에 관한 논의를 생각해 보라.

[34] Churchland 2008.

부분의 철학자는 "이를 터무니없다고 생각했을"[35] 수도 있지만, 제거주의는 진지한 철학적 논의로 간주된다. 이는 외계인에 대한 가정처럼 세계에 대한 괴상한 관념의 표현이 아니다. 외계인의 존재를 믿는 이들이 바랄 수 있는 것은 기껏해야 확신하는 자신의 모습을 보고 다른 사람들이 좋은 인상을 받아 의견을 수정하는 정도다. 그러나 제거주의 철학자는 담담하게 근거를 제시한다. 사람들이 제거주의를 인정하는 것도 바로 이러한 근거 때문이다. 가령, 제거주의 철학자는 과거에는 사람들이 마법을 믿었지만, 과학의 부상으로 더 이상 마법을 믿지 않는다고 주장하면서, 민중 심리학(folk psychology) 역시 마찬가지라고 주장할 수 있다. 이 경우, 마법과 민중 심리학의 유사점을 판단하는 것은 우리의 몫이다.

제거주의처럼 언뜻 보면 괴상해 보이는 관점도 세계에 대한 우리의 일상적 경험을 근거로 해야 한다. 이를 진지한 철학을 위한 현실주의 요건이라고 부른다. 진지한 철학적 주장은 우리 대부분이 파악할 수 있는 근거(사실상 대부분이 수용하지만, 수용하지 않는다면 그것은 개인의 특이한 개성 때문이라고 할 수 있는 일반적 근거)에 정초해야 한다는 것이다. 진지한 철학이라면 소수 집단에 소속된 개인의 경험이나 특정 파벌의 믿음에 호소해서는 안 된다. 철학의 문제는 중요하므로 반드시 최대의 동의를 구해야 하는데, 제한된 동의 집단에서는 이러한 목적을 이룰 수 없기 때문이다. 현실주의 요건은 어느 정도의 합의에 호소하는 것보다 강한 조건을 부과하는 것처럼 보이기도 한다. 그러나 반드시 합의에 기반을 둔 전제를 사용해야 한다고 해서, 어떤 주장이든 상관없이 사용할 수 있는 합의된 가정이 따로 있다고 결론을 내려서는 안 된다. 그런데 상식을 주장하는 일부 철학자들은 이렇게 고정된 일련의 전제가 존재한다고 주장한다. 가령, 토머스 라이드(Thomas Reid)는 "상식의 정언 명령인 제일 원리(first principles)"를 규정하고자 했다. 그에 따르면 "제일 원리를 판단하기 위해 필요한 것은 편견에서 벗어난 건강한 정신 상태와 해당 질문에 대한 명백한 이해뿐이다. 배운 자든 배우지 않은 자든, 철학자든 일용 노동자든, 그들이 특정 편견에 치우치지 않는다면, 그리고 잘못된 종교 원리에 대한 이해를 포기하는 것을 배운다면 동일한 판단을 내릴 수 있다."

---

35) Cockburn 2001 : 59.

그는 계속해서 다음과 같이 말했다. 많은 이가 생각하듯이 "제일 원리에 모순되는 의견은 …… 틀렸을 뿐만 아니라 부조리하다."36) 그러나 이는 제거주의에 대한 반박의 논거가 아니다. 어떤 논의를 시작하려면 일부 원리들이 정해져 있어야 하지만, 명백한 다른 원리라도 충분히 논의의 대상이 될 수 있기 때문이다.

이중 그 어떤 논거도 상식의 철학을 배격하지 않는다. 이는 현실주의 요건이 상식철학을 의미하지 않는다는 말이다. 단, 현실주의 요건과 상식철학의 가정 사이에는 유사점이 있다. 즉, 철학적 논의의 결과가 실재에 정초하려면 합의에 기반을 둔 명제가 무엇인지 식별할 수 있어야 한다는 것이다. 단순히 한 철학자 집단이 이러한 명제를 수용한다는 것 말고도 다른 것이 필요하다. 이러한 명제에 대해 (특정한 시간과 장소에서) 학계에서 의견 일치가 일어날 수 있다. 가령, 앵글로·아메리칸 철학자들은 의미가 독립체로서 존재한다고 의견을 모았다. 콰인과 비트겐슈타인이 이를 뒤흔들기 전까지는 말이다. 또한 라이드의 주장처럼, 우리는 일용 노동자들의 의견을 반영해야 한다. 어느 시기든 일반인의 견해를 반영하지 않는다면 철학적 주장은 단순히 학계에서만 중요할 뿐, 다른 의미를 가질 수 없다. 학계를 넘어서 더 많은 청중을 상대하지 않는다면, 앞서 철학이 갖추어야 하는 요건으로 제시한 진지함을 놓치게 된다.

단 이렇게 필수적인 의견 합일을 이루기 위해, 특정 종류의 조사가 필요한 것은 아니다. 철학자가 해야 할 일은 단지 학자로서의 입장을 벗고 노동자의 입장이 되어 의견을 점검해 보는 것이다. '제일 원리'를 추구하는 상식의 철학자가 하는 것처럼, 노동자가 우리의 의견과 행동이 정초하는 근본 믿음이 무엇인지 알 필요는 없다. 또한 홍적세(洪積世)의 선조로부터 전승되었을지도 모르는 진화에 유리한 믿음[따라서 사실에 가깝다고 주장된 믿음("비록 선조의 환경에서 철학 능력에 대한 …… 선택 압이 존재하지 않았더라도"37))]이 무엇인지 걱정할 필요는 더더욱 없을 것이다. 논의의 출발점을 삼고자 합의하는 전제는(이러한 조사로 밝혀내고자 하는 근본 원리와 달리) 시간이 지남에 따라 변화할 수 있다. 중세시대

---

36) Reid 1969 : 604~607.
37) Boulter 2007 : 44.

에 명백했던 종교적 믿음이 폐기되고 과학이 확고한 믿음으로 대체된 사실에서도 알 수 있듯이, 지각된 현실도 시간이 지남에 따라 변할 수 있다. 따라서 우리가 현재 쉽게 공감할 수 있는 과거의 철학적 논의가 있는가 하면, 그렇지 않은 철학도 있다. 후자의 경우, 이러한 논의가 형성되었을 당시에는 현실주의 조건을 만족시켰으나 현재는 더 이상 그렇지 않은 것이다. 그러나 많은 철학자가 지각된 현실에서 철학적 논의를 정초해야 한다는 주장을 반박한다. 대신, 실제의 현실(가령, 자연과학이 밝힌 있는 그대로의 현실)에 정초해야 한다고 주장한다. 이 문제에 관한 추가 논의는 다른 곳에서 전개하고자 한다.

앞서 밝혔듯이, 철학이 진지해야 하는 이유는 철학의 결과가 중요하게 받아들여져야 하기 때문이다. 그런데 이는 잘못 이해되기 쉽다. 흔히, 가치 있는 철학은 '유의미하다(relevant).'고 말한다. 도덕철학이 사람들의 행동 양식에 대한 의견을 바꿀 수 있어야 유의미하다는 식이다. 이는 마지막 장에서 자세히 살펴보고자 한다. 철학의(우리가 의도하는 바대로) 중요성을 전달하기 위해 반드시 우리의 행동 양식을 바꿔야 하는 것은 아니다. 가령, 스탠리 카벨(Stanley Cavell)은 물리적 사물의 존재에 대한 회의주의에 어떻게 반응할 것인가, 하는 의견을 제시했다. 그의 결론은 "나는 물리적 대상에 관한 회의주의를 '살 수(live)' 없다."라는 것이다. 그 이유로 "정상적인 인간으로서 내가 받아들일 수밖에 없는 대안이 있기 때문이다."라고 했다.[38] 그렇다고 회의주의자의 주장을 다루는 것이 중요하지 않다는 말은 아니다. 카벨은 오히려 회의주의자는 우리가 실재에 대해 아는 감각을 미묘하게 훼손하기 때문에 그들이 주장을 다루는 것이 중요하다고 주장했다. 회의주의는 "인간의 존재 양식을 부정하고자 하는 인간의 소망이 표현되는 세속의 중심지"[39]며, 이러한 부정에 유혹을 느끼더라도 세계의 일상성에 대한 우리의 이해를 회복해야 한다. 이는 대부분의 다른 철학에서도(비록 그것이 우리의 일상적인 행동 양식에 영향을 미치지 않더라도) 마찬가지다. 철학의 진지함을 이해한다면, 세계에 대한 중요한 문제를 말하지 않을 수 없다.

---

38) Cavell 1979 : 448.
39) Cavell 1988 : 5.

결론

이번 장에서는 훌륭한 철학의 요건으로 볼 수 있는 특정 기준을 제시하고, 이러한 기준을 충족하지 못한 경우 철학의 특정 담론으로서 자격을 갖추지 못한다는 점을 살펴보았다. 소크라테스가 소피스트들을 비판한 대목에서 철학이 갖추어야 할 요건을 파악할 수 있었는데, 여기서 철학의 경계를 세울 때 참고할 수 있는 부분이 많았다. 이러한 요건은 철학하기의 구성적 기준으로 작용하며, 철학의 질을 판단하는 기준으로 작동한다. 하지만 이러한 기준에 이르지 못했다고 해서 적대적인 비판을 받을 심각한 사유가 있다고 볼 수는 없다. 또한 이러한 기준을 충족한다고 해서 동의를 얻을 수 있는 모범 사례로 꼽히는 것도 아니다. 물론 이외의 다른 기준도 있다. 가령, 독창성과 깊이를 좋은 철학의 요건으로 생각할 수 있다. 그러나 이는 우리가 앞서 제시한 기준의 구성적 지위를 충족하지 않는다. 게다가 이러한 조건이 없더라도(매우 훌륭하지는 않더라도) 철학을 수행하는 데는 문제가 없다.

8.
철학은
소용이 있는가?

What good is philosophy?

철학은
소용이 있는가?

도입

　　버트런드 러셀은 그의 저서 『철학의 문제들(Problems of Philosophy)』의 말미에 "철학의 가치는 무엇이며, 철학을 연구해야 하는 이유는 무엇인가?"[1] 라는 질문을 제기했다. 철학자들은 이러한 질문을 많이 받지만 놀랍게도 이러한 질문을 제기하는 철학자는 거의 없다. 이번 장에서는 이에 대한 답을 도출해 보고 각 입장의 장점을 제시해 보고자 한다. 이 또한 철학적 질문에 해당하며, 다른 철학적 질문과 마찬가지로 토론의 의미가 있다. 특히 어떠한 활동이 왜 가치를 갖는지를 묻는 것은 본질적으로 철학적 질문에 해당한다. 단, 이러한 거창한 질문에 답을 제공하는 것은 본 저서의 범위를 벗어난다. 그렇게 한다면 거창한 질문에 대한 답을 공유하는 사람들에게만 그러한 설명이 수용될 것이므로, 철학의 가치에 대한 다른 접근을 부당하게 제한하기 때문이다. 여기서 누군가는 자신 있게 예측하지만, 대부분 철학자들은 그러지 못할 것이다. 따라서 이번 장에서는 철학의 가치가 무엇인지 알고자 할 때, 우리가 찾는 것이 과연 무엇인지 명료화하고자 한다. 또한 철학의 가치에 대한 다양한 입장을 제시하면서, 가치에 대한 일반적 설명과 비교할 것이다.

　　러셀의 질문에 대한 우리의 답은 철학의 본성을 어떻게 생각하느냐에 따라 달라지므로, 여러 접근 방법을 점검하고 각각의 입장에서 철학이 지닌 가치를 도출할 필요가 있다. 가령, 철학이 과학에 공헌해야 한다고 생각한다면 철학은 과학적 지식이 갖는 가치와 효용성을 가져야 한다. 그렇지 않다면, 우선 철학이 가질 수

---

[1] Russell 1998 : 89.

있는 가치의 종류가 무엇인지 묻고, 그 대답에 따라 철학의 본성에 대한 답을 도출할 수 있다. 즉, 우리가 철학에서 원하는 것이 무엇인지 결정하고, 그에 따라 철학을 이해하는 것이다. 또한 철학을 연구할 때 우리가 깨닫는 가치의 종류가 무엇인지 철학적으로 성찰함으로써 우리가 무엇을 원하는지 판단하고자 한다.

철학의 가치에 기반을 둔 철학을 이해하는 것은 분명히 참신한 시도는 아니다. 러셀은 후기 비트겐슈타인이 주장한 철학의 올바른 수행법을 비판한 것으로 유명하다. 러셀에 따르면, 비트겐슈타인이 말하는 철학은 "진지한 사고"가 아니라, "한가로운 오후의 차 마시기 놀음"이다. 비트겐슈타인으로부터 "우리가 이해하고자 하는 것은 세계가 아니라 단순히 문장이기" 때문이다. 러셀은 그의 철학 방법론뿐만 아니라 철학에 대한 이해도 배격했다. 러셀이 보기에 이것은 "탈레스 이후 철학자들"의 전통을 부정하는 것이었다. 그는 계속해서 다음과 같이 말했다. "만약 이것이 철학을 해야 하는 전부라면, 이는 연구할 가치가 있는 학문이라고 생각할 수 없다." 사실, 여기서 러셀이 비트겐슈타인을 완전히 이해한 것은 아니지만, 철학에 대한 이해에 특정한 종류의 이의 제기를 보여 준다. 철학이 가질 수 있는 가치가 없어진다는 주장이 그것이다. 세계를 이해하는 것은 "엄중하고 중요한 임무"지만, 문장을 이해하는 것은 "기껏해야 사전 편찬자에게나 도움이 될 뿐이다." 비록 전통 철학자들이 "자신들의 성공에 대해 지나치게 낙관적인"[2] 면이 있었지만, 적어도 존경을 받을 만한 자격은 있다.

전통 철학자들의 방식대로 "세계를 이해하기"위해 노력하는 것이 가치 있다고 여겼던 러셀의 가정 또한 비판을 받았다. 비트겐슈타인에 대한 러셀의 비판보다 더 유명한 것은 카를 마르크스의 철학 일반에 대한 비판이다. "철학자들은 단지 세계를 이해하기만 했다. 하지만 중요한 것은 세계를 변혁하는 것이다."[3] 여기서 마르크스는 철학에 대한 기존의 이해 방식으로는 가장 시급한 과제를 해결할 수 없다고 비판했다. 마르크스를 반박하려면, 그의 주장(철학의 역할은 세계를 더 나은 곳으로 만드는 것이며 이는 정당한 요구다.)을 부정하거나, 그러한 요구

---

[2] Russell 1959 : 217, 230.
[3] Marx 1969 : 286.

를 다룰 수 있는 철학이 무엇인지 명시해야 한다.

여기서 러셀의 사소성 반대(triviality objection)와 마르크스의 무용성 반대(uselessness objection)를 구분하면 유용할 듯하다. 두 가지 차이에 주목해야 한다. 첫째, 러셀에 따르면 철학은 세계를 이해하는 방식으로서 그 자체로 의미가 있지만, 마르크스는 철학의 목적이 세계를 바꾸는 데 있다고 생각해서 철학의 도구적 효용성에 주목한다. 둘째, 두 철학의 입장을 중요하게 생각하는 집단의 성격이 다르다. 러셀의 입장에서 철학의 가치를 옹호하는 이들은 학생인 반면, 마르크스의 입장을 옹호하는 이들은 세계가 더 나은 곳으로 변하길 원하는 사람들이다. 많은 사람이 효용성을 인정하는 철학이 더 가치가 높은지에 대해 묻는 것은, 그 자체로 철학적인 질문이다. 여기서는 이에 대해 상세한 토론을 하지 않을 것이다. 다만, 문학 작품의 가치가 독자층의 형성으로 평가받지 않는다는 사실을 환기시키겠다. 철학 역시 이와 같은 맥락에서 생각할 수 있다.

철학에 대한 도전

그렇다면 철학의 가치에 대한 다양한 접근들을 살펴보도록 하자. 첫째, 우리가 철학의 사소성 반대라고 칭한 입장은 다양한 형태를 띠는데, 이는 모두 다른 학문들과 암묵적 혹은 명시적 비교를 통해 철학의 중요성에 의문을 제기한다. 그 중 하나는 러셀의 입장(철학의 중요성은 매우 제한적이라는 후기 비트겐슈타인의 입장을 비판)과 유사하다. 또 다른 관점은 철학의 결론은 명백한 참 혹은 명백한 거짓이거나, 아니면 굉장히 불확실하기 때문에 실제 결과는 거의 중요하지 않다는 것이다. 즉, 철학은 새로운 지식을 생산하지 않거나, 지식 자체를 생산하지 않는다. 여기서 비교 대상은 과학 및 사실을 수집하는 학문이다. 이러한 학문이 중요하다고 인정받는 이유는 세계의 다양한 면모에 대한 우리의 이해를 증진시키기 때문이다.

철학이 지식을 추구하는지, 아니면 세계를 다르게 이해하도록 돕는지에 대해서는 이미 6장에서 논의했으므로 이에 관한 논의를 재개하지 않겠다. 단, 여기서 중요성의 기준이 무엇인지를 묻는 것은 유용하다. 러셀이 사전 편찬에 대해 다소 경멸조로 이야기한 대목에서도 알 수 있듯이, 지식의 일부 분야는 다른 분야에 비해 중요해 보인다. 그렇다면 그 이유는 무엇인가? 일부 지식은 실용성의 측면에서 더 중요하다. 여기서는 지식 자체의 가치보다는 도구적 효용성을 더 중요하다고 판단한 것이다. 그렇다면 지식 자체의 가치는 무엇일까? 다른 지식에 비해, 더 많은 지식의 양산을 도울 수 있다면 생산성이 더 높은 지식으로 평가할 수 있을까? 가령, 소립자는 나비의 생애사(life history)보다 생산성 있는 지식인가? 소립자보다 나비가 좀 더 흥미롭다면, 적어도 나비에 관한 지식이 대부분 사람에게는 좀 더 흥미롭지 않을까? 여기서 중요성의 기준은 다양하며 또 상충할 수 있다. 또한 애초에 보편적인 기준이 존재하는지에 대한 의문을 제기할 수도 있다. 서구 문화권(our culture)에는 물리 과학이 가장 중요한 위치를 점하지만, 다른 문화권에서는 부족의 역사가 가장 중요할 수도 있기 때문이다.

철학은 중요하지 않은 학문이라는 주장도 옹호할 필요가 있다. 단, 여기서 중요성의 기준을 구체적으로 명시하고, 경쟁 관계에 있는 기준과 대조해야 한다. 그 과정에서 철학을 비판하는 사람 역시 자신이 옹호하고 변론하는 과정 자체가 철학적 행위라는 점을 깨닫게 되므로, 적어도 철학이 어느 정도의 중요성이 있다는 사실을 자연스럽게 인정할 것이다. 만약 자신이 철학적 논의의 형태를 사용한 것은 단지 철학의 무용성을 증명하기 위해서일 뿐 철학적 활동에 참여하기 위한 것이 아니라고 주장한다면, 적어도 철학의 적용 범위를 왜 그렇게 제한하는지 의문을 제기할 수 있다. 그가 자신이 천명한 의도와 달리, 철학적 논의를 하지 않는다면 자신의 의견을 옹호하기 위해 어떤 선택을 할 수 있는지 불확실하다. 명료화와 비판이라는 활동이 정말 철학의 일반적인 적용이라는 사실을 그가 인정한다면, 초기 주장과 달리 철학이 상당히 중요하다고 인정하게 될지도 모른다. 결국 그가 선택할 수 있는 대안은 자신의 판단을 이성적으로 정당화하는 일을 포기하는 것밖에 없다.

사소성의 반대에 대한 위와 같은 대인 변론은 강점과 약점을 모두 갖고 있다. 약점은 반대자가 어쩔 수 없이 인정하는 정도만 철학의 가치가 확보된다는 점이다. 다니엘 데닛이 철학의 문제가 사소한지 혹은 가치가 있는지 판단하려고 제시한 질문인, "당신이 맞는 말을 하는지 철학계 밖의 사람이 *신경(care)*을 쓰는가?"[4]와 유사하다. 이 변론이 강점을 갖는 것은 다양한 반대 의견을 공격할 때, 그들의 근거가 무엇이냐고 물으면서 반대자 역시 철학적 토론에 가담시키기 때문이다. 이때, 반대자는 철학적 토론의 가치를 완전히 부정할 수 없을 것이다.

그러나 중요한 차이를 짚고 넘어갈 필요가 있다. 앞서 살펴보았듯이, 사소성에 대한 반대는 철학의 산물(철학의 주제 및 인지 상태와 관련한 철학적 결과의 특성)과 관련이 있다. 그러나 이를 배격하기 위해 사용하는 변론은 철학적 활동과 관련이 있다. 우리는 철학의 산물이 갖는 철학의 가치와 논쟁, 그리고 비판을 수행함으로써 철학이 갖는 가치를 구분해야 한다. 그렇다면 사소성 반대를 배격하기 위한 옹호는 논점 상위의 허위(ignoratio elenchi)에 해당하는가? 그것은 분명히 아니다. 철학은 그 산물이 무엇이든지 일종의 활동이기 때문이다. 따라서 철학의 산물로만 가치를 평가해서는 안 된다는 입장은 매우 타당하다.

이러한 유사점을 염두에 두고 무용성 반대를 살펴보도록 하자. 여기서도 역시 사소성 반대를 배격하기 위한 변론과 비슷한 대응이 가능하다. 즉, 반대자가 생각하는 유용성의 기준은 무엇인지, 그리고 이를 어떤 방식으로 변호하는지 묻는 것이다. 반대자가 이 논의의 유용성을 인정하게 된다면, 이는 철학적 논의이므로 어쩔 수 없이 철학 활동의 수행이 어느 정도 유용하다고 인정하게 될 것이다. 반면 매우 유용하다고 생각하지 않을 수도 있다. 그런 경우, 그가 판단을 내리는 비교 기준(가령, 공리주의)이 무엇인지 알아낸다. 그런 다음, 공리주의가 철학적 산물이라는 사실과 어느 정도의 효과가 있다는 사실(공리주의 입장에서 볼 때의 유용성)에 그가 동의하면, 철학이 세계를 나은 방향으로 바꾸는 데 영향을 미친다고 인정하지 않을 수 없을 것이다. 그렇다면 철학의 산물이 갖게 되는 효과는 무엇인지, 그 안에서 발견할 수 있는 가치는 무엇인지에 대해 살펴보도록 하자.

---

[4] Dennett 2006 : 40.

철학의 산물

철학의 산물이 가치 있다고 보는 것 자체가 무언가 가치 있는 것을 추가하거나 해가 되는 것을 제거했다는 의미다. 만약 기존의 것을 대체한다면 두 가지 모두 해당한다. 만약 삭제 기능(subtractive function)을 논외로 한다면, 철학이 할 수 있는 첨가 기능(additive function)에는 무엇이 있을까? 철학의 전통적 의미는 그 어원이 설명하듯이 지혜에 대한 사랑이지만, 지혜가 무엇인가에 대한 의견은 매우 분분하다. 지혜는 분명히 가치의 속성을 가지며, 과학적 지식을 모델로 삼는 철학의 경우 그 가치는 확실성과 유용성이 된다. 그러나 로버트 노직(Robert Nozick)이 주장했듯이, "근본적 진리가 인생의 지침 혹은 인생의 의미에 대한 관점과 연결되지 않으면, 이때 근본적 진리는 지혜가 아니다."[5] 노직에 따르면, 지혜를 구성하는 것은 삶을 잘 꾸려나가는 데 필요한 지식과 이해다. 아리스토텔레스의 입장과 비슷한 다른 철학자들은 실용적 지혜와 이론적 지혜를 구분한다. 만약 철학자에게 오직 이론적 지혜만 필요하다면 학계의 명성은 잃지 않을지 몰라도 자신의 삶은 엉망일 수도 있다. 앞으로 살펴보겠지만, 이론적 질문과 실용적 질문에 대한 답을 할 때 철학자마다 철학의 가치에 부과하는 중요성의 정도가 다르다.

그러나 또 다른 전통은 지식 혹은 이해(이론적이든 실용적이든)의 축적과 지혜에 대한 사랑을 동일시하지 않는다. 따라서 철학의 가치를 부과하는 정도도 다르다. 러셀은 철학이 다루는 "근본적인 질문들"에 대한 어떠한 확정된 답도 "철학적 가치가 있다고 여겨서는" 안 된다고 주장했다. 그에 따르면, "철학의 가치"는 "사실상 철학의 불확실성을 추구하는 데 있다."[6] 러셀은 지혜를 사랑하는 자는 결코 그의 목적을 이루지 않는다는 소크라테스의 생각을 끝까지 추구했다. 플라톤의 『향연』에서 디오티마는 소크라테스에게 지혜에 대한 사랑을 말하면서, "무지한 자는 지혜를 추구하지 않으며", 이미 지혜를 소유한 "지혜로운 자 역시

---
5) Nozick 1989 : 269.
6) Russell 1998 : 91.

지혜를 추구하지 않는다."라고 말했다. 따라서 "지혜를 사랑하는 자는 현인과 무지한 자의 중간"[7]이며, 그는 언제나 자신이 궁극적으로 성취할 수 없는 것을 추구한다. 이런 면에서 보면, 철학의 산물은 언제나 열망하는 수준까지 이르지 못하며, 따라서 철학의 가치는 철학의 산물 그 자체에 있는 것이 아니라 시험을 당하고 부족함을 느끼는 과정에 존재한다. 소크라테스는 정의의 본성을 알지 못한다고 부인했다. 다른 사람들의 주장이 잘못됐다는 것을 지적할 수는 있지만, 자신보다 나은 변증가가 그의 주장이 틀렸다는 것을 알려 줄 수도 있기 때문이다. 그의 주장이 내포하는 가치는 기껏해야 잠정적이며 또 상대적일 뿐이다. 그러나 이러한 입장을 취하지 않고서는 대화 자체를 이끌어 갈 수가 없다. 또한 지혜에 대한 사랑과 힘껏 이해하고자 하는 바람을 표현하는 것은 바로 대화를 통해서다. 이는 후에 자세히 살펴보도록 한다. 그렇다면, 이러한 철학의 산물이 의미하는 가치는 그 자체에 있기보다 철학이라는 활동의 가치에 달렸다고 할 수 있다.

그러나 러셀은 철학의 산물이 품고 있는 독립적인 가치(도구적이긴 하지만)를 명시하고자 했다. 그에 따르면, 철학적 결과의 불확실성이 가치 높은 철학을 만든다. "철학이 많은 가능성을 제시함에 따라 사고가 확장되며 관습의 압제로부터 해방될 수 있기" 때문이다. 그에 따라 "회의라는 해방의 도구(liberating doubt)의 지역으로 절대 여행해 보지 않은 자들의 다소 오만한 교조주의는 제거된다." 이는 철학이 제공하는 심리적 이익이다. 적어도 철학의 발달에서 특정한 시기에 특정한 가능성이 배제될 수 없으며, 따라서 반드시 조정되어야 하기 때문이다. 여기서 조정해야 하는 것은 철학의 인지 상태가 아니라 철학 주제의 특징이다. "철학의 중요한 가치는 …… 철학이 숙고하는 대상의 위대함"에 있다.[8] "자유로운 지식인이라면 개인적 역사의 사건이 개입할 수 없는 추상적이고 보편적인 지식을, 우리의 감각 지식보다 더 가치 있다고 여길 것이기" 때문이다.[9] 따라서 러셀은 철학의 목표가 포괄성과 비개인성에 있으며, 이로 말미암아 우리는 편협하고 번

---

7) Plato 1892 : Symposium 204.
8) 모든 인용은 Russell 1998 : 91.
9) 같은 책 : 93.

뇌에 찬 고민으로부터 해방된다고 보았다. 이에 전제된 윤리적 태도는 논의의 대상이지만 여기서는 하지 않기로 한다. 또한 러셀이 이후에 그의 주제를 심화시키면서 취한 독특한 신비로운 방법론 역시 논의에서 제외하기로 한다.

여기서 주목해야 할 점은 철학적 산물을 심리적 이익뿐만 아니라 도덕적 유용성을 위해 사용해야 한다는 러셀의 주장이다. 아리스토텔레스의 쾌락에 대한 설명과 맞물리듯이, 러셀은 "자아의 확장은 그것을 단독으로 추구하지 않을 때 가장 잘 성취할 수 있다. 이는 지식에 대한 욕구만 작동할 때 이루어진다. 즉, 연구 대상이 미리 어떠한 특성이 있기를 바라지 않고, 연구 대상에서 발견되는 특징에 자아를 적응시키는 것을 통해 가능하다."라고 했다.[10] 러셀이 말한 '자기 확신(self-assertion)'의 포기는 도덕적 향상을 의미하며, 이는 오직 철학의 산물을 적절한 방법으로 소비했을 때만 얻을 수 있다. 따라서 철학의 가치는(철학의 산물에서 찾는 만큼) 이러한 태도를 배양하는 것에서 찾아야 한다. 러셀과 소크라테스에게 있어, 철학의 가치는 철학을 연구하는 사람들을 위한 것이지(러셀이 과학과 비교하면서 한 말대로) "인류에 일반적으로 미치는 영향"을 위한 것이 아니다.[11] 두 철학자에게 철학은 '진보하는(improving)' 학문인 반면, 과학은 그렇지 않다.

앞서 설명한 바와 같이, 소크라테스에게 철학적 산물의 가치는 철학의 실천에 달렸으며, 철학의 실천은 지혜에 대한 사랑을 표현하는 것이었다. 그러나 그가 설명한 개념 중 많은 부분은 도덕적 개념이었으며, 그의 독표는 그 개념을 올바르게 설명함으로써 이를 받아들인 개인의 도덕적 향상을 이끄는 것이었다. 그렇다면 일반적 가치는 무엇일까? 소크라테스라면 잘못된 이해를 근거로 삼아 주장하거나, 그러한 주장대로 행동하지 않도록 막는 데 있다고 대답할 것이다. 따라서 『고르기아스』에서 소크라테스는 폴루스(Polus)에게, 다른 이들에게 정의롭지 못한 행동을 하느니 스스로 부당함을 겪겠다는 뜻을 전하려 한다. 소크라테스는 그가 동의할 수 있도록 정의로운 것이 무엇인지 차근차근 풀어 나감으로써 그를 설득했다. 폴루스는 정의의 개념에 대해 반성적으로 의식하지 못했을 뿐, 이해하지

---

10) 같은 책 : 92.
11) 같은 책 : 89.

못했던 것은 아니기 때문이다.[12] 그렇다면 소크라테스가 생각하는 정의와 같은 개념을 설명하려는 요점은 추가 기능이 아니라 삭제 기능에 있다. 그리고 그 가치는 잘못된 믿음, 즉 위험할 수 있는 믿음을 제거하는 데 있다. 여기서 새로운 설명은 기존의 믿음만큼이나 단편적이다. 설명은 특정한 목적을 가지며, 그 가치는 이러한 목적의 달성과 연관이 있기 때문이다.

분석의 사용

소크라테스가 개념을 설명하면서 사람들의 잘못된 믿음(반드시 철학자로서 주장했던 것은 아니다.)을 반박한 점에 주목해 보자. 그러나 철학적 분석을 철학이 아닌 것에 적용한다고 해서(the extra-philosophical application of philosophical analyses) 반드시 제거 기능을 갖는 것은 아니다. 분석은 이들이 해결하고자 하는 문제만큼이나 개별적일 수 있다. 또한 철학적 분석은 종종 잘못된 믿음을 제거하는 것이 아니라, 해결하지 못한 질문에 답을 제시하거나 새로운 질문을 제기하고 이에 답을 제시하는 것을 목표로 삼는다. 가령, 하트(H. L. A. Hart)와 로널드 드워킨(Ronald Dworkin)은 법에 대한 다른 해석을 제공했다. 하트는 처리하기 어려운 사건에서 판사들이 자신의 판단을 통해 새로운 법을 만들기 때문에 때로는 법을 규정할 수 없다고 보았다. 반면, 드워킨은 올바른 답이 있지 않다면, 판사들은 법에 따라 결정을 내릴 수 없다고 주장했다. 이처럼 해석의 차이에 따라 미치는 영향도 다르다. 가령 하트의 입장이 옳다면, 판사를 입법자처럼 선출하는 것이 타당하다. 그러나 드워킨의 해석이 옳다면 어떤 문제에 대해서든 새로운 법안을 만들려는 시도는 부당하며, 따라서 이들은 선거 정치의 밖에 머물러야 한다.[13]

응용철학에 속하는 많은 경우 역시 비슷한 형태를 띤다. 개념의 분석을 통해 실질적인 질문이 무엇인지, 이로부터 도출할 수 있는 가치가 무엇인지를 조명하

---

12) Plato 1892 : Gorgias 469~479.
13) Himma 2002 참조.

는 것이다. 이것이 바로 리차드 포스너(Richard Posner)의 질문에 대답하는 방법이다. 그는 무용성의 반대 측면에서 "'법이란 무엇인가?'라는 질문이, 자신의 시간을 사회적인 값진 방식으로 사용할 수 있는 사람들이 제기할 만한 질문이 되려면 무언가, 이에 대한 답을 중심 주제로 삼아야 한다."고 선언했다. 그는 계속해서 "그 답을 중심 주제로 삼는 것은 아무것도 없다."[14]고 단언했다. 이 결론은 우리가 이미 살펴보았듯이 의심할 만하다. 그러나 이러한 종류의 단편적인 분석이 지닌 가치는(마치 누군가 "법이 무엇인지 알기 전까지는 법을 공부할 수 없다."[15]고 선언할 때처럼) 단지 근거를 명확히 하는 것에만 있지 않다. 이에 대한 대답은 다음과 같다. 우리는 목적이 있어도 그 목적으로 우리가 의미하는 바가 무엇인지 대부분 잘 알지 못한다는 것이다. 또한 이러한 비(非)반성적 지식은 단지 특정한 혼란스러운 질문(우리가 앞에서 "법은 항상 확정되어 있는가?"라는 질문을 살펴본 것처럼)에 대해서만 제대로 기능하지 않는다는 것이다.

그러나 분석의 유일한 가치가 법학을 비롯한 다른 학문에 기여하는 데 있다고 가정해서는 안 된다. 피터 윈치(Peter Winch)는 사실상 철학의 이러한 '하청 노동자 개념(underlaborer conception)'을 비판했다. 존 로크의 말을 빌리자면, 철학의 포부는 "지식을 향한 길에 놓인 잡동사니 중 일부를 제거하는 것이다."[16] 철학의 모든 문제는 다른 학문들이 제기한 것이라는 가정은 타당하지 않다. 따라서 윈치는 가령, "과학철학의 원동력은 과학에서 오는 것이 아니라 철학에서 온다."[17]고 밝혔다. 과학철학의 목적은 과학적 이해가 무엇인지를 밝히는 것이지, 과학적 이해를 진척시키는 것이 아니기 때문이다. 이러한 면에서 볼 때, 철학적 결과의 주요한 가치는 철학적 이해를 얼마큼 촉진하느냐에 달려 있다. 철학적 분석을 통해 다른 학문의 연구자들이 자신들의 연구가 무엇인지 명료하게 이해하게 되고, 이를 바탕으로 더 나은 작업을 하게 되지만, 이는 철학에서 부수적인 것이다.

러셀과 무어를 비롯한 철학자들은 이들의 분석을 이용해, 특히 이들의 관점

---

14) Posner 1996 : vii.
15) Bix 2003 : 542.
16) Locke 1997 : 11("독자에게 보내는 편지")
17) Winch 1958 : 20.

에서 잘못된 철학적 견해를 반박했다. 러셀은 명확한 기술(definite descriptions)의 분석에는 삭제 기능이 있음을 보여 주었다. 가령, 이의 요정(tooth fairy)을 비롯한 비실재 개체에 대해 합리적으로 토론하려면 미스터리한 존재의 성격을 부과해서는 안 된다는 것이다. 그러나 세계에 대한 이해가(철학의 목표대로) 개념들의 상호 연관에 대한 체계적 설명이라고 생각한다면 추가 기능 역시 축적된다. 이러한 추가 기능은 단편적인 것이 아니라 체계적인 것이다. 피터 스트로슨은, 분석이 "즉석 치유"가 아니라 "순수 연구"[18]로서 그 자체의 목적을 추구할 수 있다고 말하면서 바로 이 점을 염두에 두었다. 그는 이러한 관점을 발전시켜 '기술적 형이상학(descriptive metaphysics)'을 제창하기에 이른다. 이는 "세계에 대한 우리 사고의 실제 구조"를 기술하며, "소위 …… 개념적 분석과 …… 단지 범위와 일반성에서만" 다르다.[19] 이러한 구조에서 분석은 독립적 가치를 지니는데, 분석으로 이루어진 기술적 형이상학이 어떤 형태를 띠든 바로 거기에 가치가 있다.

그렇다면 우리는 개념적 도식(conceptual scheme)을 기술함으로써 세계에 대한 이해를 제공한다는 전통적 형이상학과 동일한 역할을 하는 것일까? 아니면 러셀이 비트겐슈타인을 비판했듯이, 이는 단지 우리 언어의 일반적 특징을 기술하는 것에 지나지 않을까? 이는 잘못된 대조다. 윈치가 말했듯이 "우리에게 세계는 개념 …… 을 통해 제시"되기 때문이다.[20] 기술적 형이상학은 이러한 종류의 이해를 제공하는 데 그 가치가 있을 수도 있다. 단, 이러한 가치는 니체주의자의 주장에서는 인정되지 않는다. "언어는 세계에 …… 폭력의 형태로 질서를 부여"하며, 이를 간과하는 것은 "권력 행위를 진리의 폭로로 착각하는 것"[21]이기 때문이다. 그렇다면 체계적 분석의 가치는 기껏해야 의존적인 성격을 갖는다. 즉, 우리가 사는 세계에서 권력의 관계 탐구에 얼마나 공헌하는가에 따라 그 가치가 달라지는 것이다. 그러나 이러한 논란은 우리의 목적을 벗어나는 것이므로 추가 논의는 하지 않기로 한다.

---

18) Strawson 1956 : 106.
19) Strawson 1959 : 9.
20) Winch 1958 : 15.
21) Taylor 1995 : 16.

한편, 기술적 형이상학에서 분석의 역할과 프랭크 잭슨(Frank Jackson)이 "개념적 분석의 옹호"에서 사용한 분석과 비교하면 유용할 듯하다.[22] 잭슨은 우리의 일상적 개념을 분석해서 그가 칭한 '장소 문제(the location problem)'를 해결해야 한다고 보았다. 장소 문제란 일상적 개념으로 기술한 문제가 물리 과학 개념으로 기술한 문제에 의해 어떻게 참이 되는지를 보여 주는 것이다. 잭슨이 출발점으로 삼은 세계관에서, 물리주의적 견해는 분석이 드러내는 그 어떤 결과보다 앞선다(prior to). 우리의 일상적 개념 장비 대부분이 물리주의 개념이 세계를 등분하는 선을 따라 동일하게 작업을 수행해야 한다면, 분석이 성취할 수 있는 것은 우리의 일상적 개념이 어떻게 생존할 수 있는지 증명하는 것뿐이다. 가령, '자유 행동'의 경우, 이는 물리주의에서 요구하는 결정론과 양립할 수 없으므로 생존이 불가능하다. 따라서 이러한 개념들을 제거하거나, 더 간편하게 계속 사용할 수 있는 방식으로 변경해야 한다. 잭슨에 따르면, 세계를 비결정론적으로 판단한 방식이 자유 행동의 변경되지 않은 일상적 개념의 분석에 의한 것이라면, 분석으로 세계가 비결정론적이라는 것을 증명할 수 없다. 따라서 잭슨이 지지하는 세계관은 그의 분석에 앞선다. 스트로슨의 대조를 사용하자면, 잭슨의 철학은 '기술적' 형이상학이 아니라, '수정적(revisionary)' 형이상학에 가깝다. 이러한 입장에서 분석의 가치는 주로 첨가 기능이 아니라 삭제 기능에 있다. 즉, 자유 의지를 비롯한 특정 개념들을 사용한 믿음에서 수정할 부분이 어디인지를 보여 준다.

세계관

분석의 가치를 논의하면서 세계관에 대해 언급했다. 철학 대부분이 체계적이기 때문에 많은 이가 철학의 주요 산물이 세계관(Weltanschauungen, world views)이라고 생각한다. 심지어 심신 문제 혹은 자유 의지처럼 더 작은 문제에 대한 철학적 성찰도 사물에 대해 더 포괄적인 관점을 갖는 데 도움이 된다고 여긴다. 이러한

---

[22] Jackson 1998.

철학적 해석의 요점은 문제 상황을 더 넓은 세계관으로 해석하거나, 아니면 문제 상황을 수용할 수 없으므로 그러한 세계관을 유지할 수 없다는 것에 있다. 따라서 후자의 경우 종종 다른 세계관의 옹호로 이어진다. 가령, 이원론을 주창함으로써 좀 더 포괄적인 세계관으로 다른 문제를 해석할 때 일관성을 유지할 수 있다.

세계관의 가치는 리처드 로티가 "표상주의(representationalism)"라고 한 대목에서 앞서 살펴보았듯이, 세계관이 얼마나 진리에 가까운가에 달렸다. 그러나 심지어 표상주의자도 자신의 세계관이(일반적인 과학 이론의 방식과 다른 방식으로) 사람들의 태도에 영향을 미칠 것을 기대한다. 그들의 생각을 조금 다른 방식으로 이해하면 다음과 같다. 즉, 세계의 참여자가 지닌 관점을 조명하기 때문에 참여자로 반응해야만 세계를 완전히 이해할 수 있다는 것이다.

세계관에 대한 이러한 이해를 문학 텍스트가 제시하는 것과 비교해 보자. 마사 누스바움(Martha Nussbaum)은 "인간의 삶에 대한 특정한 진리는 오직 서사적 예술가(narrative artist)의 언어와 형태로만 기술할 수 있다."[23] 라고 말했다. 소설과 이야기를 읽으면 "정말 맞는 말이야!" 하고 반응하며 세상을 이해하게 된다는 것이다. 여기서 그녀가 말하는 진리는 그러한 지지(endorsement)를 받는다는 관점에서 이해해야 한다. '인생'의 주제가 선정되는 것은 인류학자가 인간의 삶에 대한 사실을 수집하는 것과 다르다. 오히려 인생은 소설에서 우리가 지지를 보내는 측면들에 집중하게 만든다. 이와 비슷하게, '세계'는 철학이 매우 일반적인 다양한 사실을 선택하도록 작용하지 않는다. 우리가 철학적 세계관에 깊은 인상을 받고 나서 "그래, 이게 세상의 이치구나!" 하고 외칠 때, 우리를 사로잡은 관심의 방향은 이미 정해진 것이 아니다. 그러나 이러한 지지는 무관심한 방관자가 아니라 오직 참가자일 때만 보낼 수 있다.

6장에서 논의했듯이, 철학 서적과 소설에는 중요한 차이가 존재한다. 특히, 소설은 독자의 배타적인 지지를 받으려고 상대의 작품에 서로 이의를 제기하지 않는다. 단지 독자적 행보를 보일 뿐이다. 가령, 소설에 따라 삶에 대해 낙관적 혹은 비관적 태도를 취할 뿐, 서로 비교하지 않는다. 이와 달리, 비관적 철

---

[23] Nussbaum 1990 : 5.

학자인 쇼펜하우어는 삶에 대한 낙관적 관점은 공상에 불과하다며 이를 용인하지 않았다. 그러나 세계관을 제시하는 일부 철학과 문학 사이에는 공통점도 존재한다. 철학과 문학 모두 블라디미르 나보코프(Vladimir Nabokov)가 "참여 감정(participative emotion)"[24]이라고 칭한 것을 유발할 수 있기 때문이다. 소설의 묘사가 성공적이라면, 소설 속 상황에 자신을 대입하며 마치 실제인 듯 감동한다. 철학에서도 사물의 이치를 전달하기 위해 세계관을 선택할 때, 이와 비슷한 감동을 경험할 수 있다. 이때 내가 받는 느낌은 내가 세계에 대해 가져야만 하는 느낌이라는 생각이 든다.

회의주의라는 마법에 걸렸을 때 느끼는 불안을 예로 들어 보자. 가령, 그 무엇도 제대로 파악하지 못할 것 같은 의심 말이다. 분석의 마지막 형태는 감각 소여(sense data)처럼 직접적으로 아는 대상일 필요가 있다는 러셀의 말을 이해하려면, 세계가 이러한 위협을 제시한다고 봐야 한다. 이것이 옳은지에 대한 판단은, 분석이 세계에 이러한 발판을 제공할 수 있는지에 대해 어떻게 생각하느냐에 달렸다. 하지만 이는 옳은 이야기, 세계에 대한 옳은 관점을 찾도록 동력을 제공하는 회의적인 불안에 해당한다.

세계관의 유형

따라서 철학적 세계관은 선택이 아니라 우리가 갖는 관심에 대한 정답으로 제시된다. 그렇지만, 우리가 세계관으로 인정하려면 두 가지 방식으로 이를 구분할 필요가 있다. 첫 번째 구분은 빌헬름 딜타이(Wilhelm Dilthey)가 세계관의 관점에서 구분한 형이상학 체계에서 잘 드러난다. 여기서 자연주의는 우리가 수용해야 할 세계관으로 제시된다. 우리는 단지 자연 세계의 일부이므로 자연 세계 및 그에 따른 태도를 받아들여야 한다는 것이다. 그러나 모든 이가 이를 따르지는 않는다. 이는 우리가 이미 지닌 필연적인 관점이 아니다. 하이데거가 세계관을 제공하

---

[24] 로티 1989 : 146에서 인용.

는 철학을 비판한 것은 일부분 이러한 사실에 기인한다. 그에 따르면 "철학은 본질적으로 세계관의 형성이 아니다. 그러나 아마도 이러한 면 때문에 철학이 모든 세계관의 형성과 기초적이고 근본적인 관계를 갖는 것이리라." 철학이 우리에게 수용되기 위해 구체적인 세계관을 제시하지 않는 이유는, 철학은 그러한 세계관이 어떻게 가능한지를 제시해야 하기 때문이다. 따라서 "철학은 그 자체로 독특한 원시적(primal) 세계관"[25]이다. 이러한 제일의 세계관은 첫 번째와는 다른 두 번째 방식을 통해 제시된다. 이는 우리가 이미 가지고 있지만 바꿀 수 없는 세계관이다.

하이데거의 주장에 덧붙여 조금 다른 측면에서 보자면, 후기 비트겐슈타인도 원시적 세계관을 제시했다고 볼 수도 있다. 비트겐슈타인에 따르면, 말하는 방식에 질서를 부여함으로써 현상에 대한 "명료한 표상"을 제공하는 그의 방법론은 "우리가 사물을 보는 방식"을 암시한다. 그는 또한 삽입 어구로 "이것이 '세계관(Weltanschauung)'인가?"[26] 라고 반문했다. 만약 그렇다면 이 세계관은 우리의 말하기 방식을 잘못 이해함으로써 얻은 철학적 해석이 야기한 혼돈으로부터 자유롭다. 또한 회의주의가 위협하고 형이상학 체계가 그 특성을 잘못 파악한 언어와 우리의 관계를 회복시킨다. 우리는 이미 비트겐슈타인이 설명한 "세계 그림(세계에 대한 우리의 일상적이고 비반성적인 관계에서 작동)"에 대해 살펴보았다. 비트겐슈타인이라면 반성적 의식(reflective awareness)을 환기시키는 것이 필요하다고 할 것이다.

세계관에 대한 구체적인 해석과 원시적 해석은 기능과 이에 따른 가치 면에서 다르다. 원시적 세계관은, 올바르게 그린 비반성적 그림에 그 어떤 것도 추가하지 않고 다만 관련 없는 요소를 삭제할 뿐이다. 이는 이러한 삭제 기능 및 가치 외에도, 일종의 자기 이해(self-knowledge)를 제공함으로써 인간에게 삶이란 무엇인지를 인지하게 만들 수 있다. 그러나 헤르더(Herder)를 비롯한 독일 낭만주의 철학자들이 주장에 따르면, 민족이 다르고 환경이 다르면 세계관도 근본적으로 다르

---

25) 두 인용 모두 Heidegger 1988 : 8.
26) Wittgenstein 1958 : § 122.

기 때문에, 하이데거를 위시한 그 밖의 다른 철학자들이 추구한 원시적 관점은 획득할 수 없다. 하이데거는 철학이 구체적인 세계관을 생산한다는 의견을 배격하면서 세계관은 "사실상 언제나 역사에 의해 결정되는"[27] 반면, 철학은 그러한 세계관을 가능하게 만드는 것이 무엇인지 탐구해야 한다고 보았다. 헤르더는 한 민족의 언어, 즉 가치 체계 및 그에 자연스럽게 부과되는 세계관은 독특한 문화적 정체성이기 때문에, 그들의 세계관을 명료화하는 것은 그러한 정체성에 관한 인식을 일깨우고 이를 강화하는 데 그 가치가 있다고 보았다. 이러한 입장의 철학적 기초 및 정치적 함의는 매우 의심스러울 뿐만 아니라, 이러한 기능을 이미 수행하는 종교와 비교해 봤을 때, 그 세계관이 특별히 철학적이라고 할 수 없다.

원시적 유형과 달리, 구체적인 세계관은 세계에 대한 우리의 관점에 추가하는 기능을 한다. 우리는 이를 통해 암묵적인 인식조차 없었던 사물을 바라볼 수 있다. 그렇다면 이러한 세계관의 가치는 우리가 정말 이러한 세계관이 필요한가에 달렸다. 우리는 이미 그러한 세계관과 그에 따른 태도(초기 단계라고 하더라도)를 가지고 있지만, 이를 더 명료화하고 비판의 가능성을 열어 두는 편이 나을 것이다. 그러나 철학자들이 우리를 설득하려고 하는 것처럼 우리도 특정한 세계관에 대해 확신할 필요가 있을까? 앞서 언급했듯이, 다양한 가능성을 열어 두는 것이 좋다는 러셀의 입장은 시사하는 바가 크다. 그러나 동시에, 원칙론적 원근법주의(perspectivism) 입장(그 어떤 입장도 전적으로 옳지 않다.)을 갖지 않는 이상, 논쟁을 통해 설득당할 수 있다는 열린 자세를 갖추어야 한다. 이는 다른 세계관을 훨씬 타당한 근거로 지지하는 논변에도 열린 자세를 갖추어야 함을 의미한다. 그렇게 하면 관점이 틀렸는데도 이를 과도하게 자신감 넘치는 행동으로 연결하는 집착의 위험을 경감할 수 있다. 즉, 세계관의 가치는 세계관을 주장하는 태도에 일부 달렸다고 볼 수 있다.

구체적 세계관을 수용하지 않을 경우, 대안은 그 어떠한 세계관에 대한 동의도 보류하는 것이다. 이는 단지 로버트 노직의 말처럼, 허용할 수 있는 다양한 관점은 항상 존재하지만 그 가치가 의심스러우므로 그 어떤 견해에도 동의하지 않

---

[27] Heidegger 1988 : 8.

는다는 것을 말할 필요는 없다. 이 입장을 주장할 수 있는 이유는 다양하다. 세계에서 일어나는 사건이 세계와 아무런 연관성이 없다고 믿으며 태도의 선택지를 열어 두길 원할 수도 있다. 혹은 다른 동기에서 채택한 태도를 세계관으로 정당화한 것에 지나지 않는다고 생각할 수도 있다. 이는 세계관이 명백하게 혹은 암묵적으로 이데올로기의 성격을 띤다며 세계관의 명료화에 이의를 제기하는 입장과 유사하다. 우세를 점하는 세계관은 사회에서 우세한 집단의 이익을 대변하며, 따라서 관점들 사이의 경쟁은 집단들이 우위를 점하기 위해 벌이는 경쟁을 보여 준다는 것이다. 이러한 마르크스의 입장에 비추어 볼 때, 특정한 집단의 특정 세계관이 갖는 가치는 부정적일 수 있다. 이러한 세계관의 수용은 그들의 경험이 실제로 무엇인지를 숨기고, 타 집단이 아니라 자신들의 이익에 도움이 될 수 있는 태도를 방해할 수 있다.

여기서는 더 이상 이데올로기에 대한 이론을 논의하지 않겠다. 단, 주목해야 할 점은 이론 자체는 이데올로기의 왜곡을 감지할 수 없게 만들어지지 않는다는 점이다. 그 정체를 드러내는 것은 일부분 철학적 비판의 몫이다. 가령, 페미니즘 철학자들은 최근 들어 이러한 마르크스주의를 이용하여 남성 위주의 철학, 즉 사회의 주류 집단으로서 남성의 이익을 대변하는 철학적 견해를 철저히 검토한다. 이들이 제기하는 비판 중 하나는 철학적 세계관이 전형적으로 차용하는 은유에서 남성은 활동적 주체인 반면, 여성은 수동적 대상에 머문다는 점이다. 이러한 주장은 논의의 대상이기는 하지만, 세계에 대한 *견해*(views)를 철학의 산물이라고 말하는 것은 그 자체로 의문의 여지가 있다는 것을 보여 준다.

철학과 가치

지금까지 우리가 논의하지 않은 세계관의 측면은 세계관이 평가적 요소를 가지고 있는가, 혹은 가져야 하는가에 대한 문제다. 이는 분명히 딜타이의 해석과 관련이 있다. 철학적 체계마다 이야기하는 삶의 이상(ideals)은 다르며, 각 이상은 더 포괄적인 세계관에 묻히고 있다. 가령, 칸트의 윤리학은 공리주의와 다른 목적을 주창한다. 이러한 면에서 세계관은 우리가 이미 알고 있는 관점을 인지하는 것이 아니라, 특정한 관점을 채택하라고 말한다. 평가적 측면을 가진 것은 좀 더 구체적인 유형의 세계관이다. 일부 철학자들의 주장에 따르면, 철학은 이런 면에서 "본질적으로 실용적 노력"이며, 철학의 사변적 혹은 기술적 측면은 부수적이다. 데이빗 쿠퍼(David Cooper)는 이러한 관점을 근거로 "철학은 인간이 자신을 제외한 실재로부터 소외됨을 느끼는 것"에 대한 반응이며, "우리가 사고하고, 느끼고, 행동했던 것을 …… 적절히 설명할 수 있는지에 대한 관심의 반응이다."라고 주장했다. 따라서 "철학은 확실히 선(善)을 지향"하며, "우리 삶의 척도"를 찾아야 할 필요가 있다.[28] 그는 이 점을 밝히면서 다양한 철학적 접근을 예로 들고 있다. 먼저 '선험주의자'들은, 절대적 실재가 없다면 우리의 삶은 그 어떤 것에도 책임을 지지 않을 것이라고 주장한다. 인본주의자들은 우리 행위의 척도는 인간 존재로부터 비롯되는 것이라고 주장한다. 철학에 대한 이런 관점의 수용 여부는 쿠퍼가 주장한 소외와 아노미의 위협이 얼마나 개연성이 있는가에 달려 있다. 그러나 그의 이야기와 무관한 현상학적 확신을 찾아야 하는지는 불확실하다. 또한 이러한 불안을 야기하고, 이를 달래는 것 역시 그 자체의 세계관인지도 확실하지 않다.

그렇다면 이러한 '실용적' 세계관의 가치는 무엇인가? 쿠퍼의 주장대로, 우리 삶에 어느 정도의 '척도'는 필요하다. 그러나 이것이 가령 스토아학파 혹은 하이데거가 다양하게 제시한 일반적인 세계관으로 뒷받침되어야 하는가? 이에 대해 부정적으로 대답하자면, 부당한 도덕적 관점에 근거를 제공한 철학적 산물의 폐해를 들 수 있다. 니체를 비롯한 철학자들은 바로 이런 점에서 언급되고는 한다. 그가 구분한 '초인'과 '군중'이 나치가 저지른 끔찍한 악행에 이용되었기 때문이다. 그러나 일부 철학으로 인한 이러한 악영향보다 다른 철학으로 인한 혜택이 더 중요하다고 지적하는 것도 의미가 있다. 물론 이를 정확히 계산하는 것은 불가능하다. 철학적 세계관은 '척도'를 제공해야 한다는 주장의 근거를 다른 곳에서 찾을 필요가 있다.

---

[28] Cooper 2009 : 4, 7~8.

세계관은 참가자의 세계에 관점을 명료화하는 것이라는 주장으로 돌아가 보자. 참가자는 세계에 대한 믿음뿐만 아니라 대응과 태도 역시 갖출 것이다. 일련의 태도를 채택한다는 것은 필연적으로 이에 따른 윤리적 차원도 선택한다는 뜻이다. 가령 쿠퍼의 예로 돌아가면, 이미 가치로 가득한 세계와 대응한다고 생각하는 초월론자, 그리고 가치는 인간의 특성 혹은 자유 의지로 말미암아 세계에 투사되는 것이라고 생각하는 인본주의자는 각각 다른 윤리적 체계를 사용한다. 이러한 차이가 생기는 직접적인 이유는 이들의 세계관이 다르기 때문이다. 우리의 반응이 평가적 특징에 대한 반응인지, 우리 자신의 본성 혹은 의지에서 연유하는 것인지를 밝히지 않고는 이러한 세계관을 충분히 명료화할 수 없다. 이러한 면에서 세계관의 평가적 요소는 단지 여분으로 가지고 있으면 좋은 것이 아니라, 관점을 제공하는 기능을 수행하는 데 있어 필수적이다.

이러한 경우, 세계관이 윤리적 체계에 근거를 제공한다. 하지만 세계관을 지지한다고 해서 이미 고수하는 윤리적 체계와 상관없는 윤리적 체계를 수용하리라고 가정해서는 안 된다. 종교의 개종처럼 전향이 가능하기는 하지만 이는 매우 드물게 일어나며, 특히 철학자들에게 이는 합리적인 설명이 불가능한 일이다. 가령, 실존주의(쿠퍼의 구분에 따르면 인본주의의 극단적인 형태)의 유행을 받아들인 사람들이 사르트르의 『존재와 무』의 새로운 세계관에 이끌리기보다 단순히 논거에 설득 당했다고 말하는 것은 의심스럽다. 만약 그렇다면, 새로운 윤리적 견해를 제공한다는 이유만으로 평가적 세계관에 가치를 부여할 것을 기대해서는 안 된다. 이때 가치는 직접적인 윤리적 가치가 아니라, 세계에 대한 경험을 조직하는 지적인 가치로서 반드시 이에 대한 윤리적 관점을 포함한다. 그러나 앞서 제시했듯이 여기에는 위험한 점이 있다. 믿음이 체계화될수록 변화는 요원해지는데, 이러한 경직성은 특히 윤리에서 위험하기 때문이다. 바로 이러한 이유에서 러셀은 다양한 체계가 열려 있어야 교조주의에 대한 해독제로 작용할 수 있다고 강조했던 것이다.

도덕적 향상

"그런데 철학은 대부분의 종교가 목표로 삼듯이, 사람들의 윤리적 견해를 바꾸고, 이를 개선해서는 안 되는 것이 아닌가?"라고 반문할 수도 있다. 만약 그렇다면, 도덕적 이론이 "인간의 행동을 개선할 가능성은 없다."는 리처드 포스너[29]의 주장은 매우 진지한 것으로 보인다. 물론 도덕적 진보가 무엇을 의미하냐는 질문이 제기될 것이다. 이 질문에 어떻게 대답하느냐에 따라 철학자들은 규범적 이론을 제기하는 부류와 그렇지 않은 부류로 구분된다. 규범적 이론은 전형적인 일련의 원칙을 제공하고, 이를 통해 특정한 상황에 대한 도덕적 판단을 내린다. 가령, 제레미 벤담(Jeremy Bentham)의 유용성 원리나 칸트의 정언명령이 여기에 해당한다. 그렇다면 행동의 개선은 올바른 원칙(그것이 무엇이든 상관없이)을 포용한 후에 가능하다. 즉, 사람들이 원칙에 입각해 행동하도록 동기를 부여한다는 말이다. 그러나 동기 부여가 특정한 관점에서 세상을 보는 것 외에 다른 인센티브를 필요로 한다면, 이는 종교의 몫이지 철학의 역할은 아니다. 그럼에도 불구하고, 규범적 이론이 때로는 사람들을 올바른 행동을 하도록 이끈다고 주장할 수는 있다. 만약 그렇다면(가령, 공리주의를 접하고 난 후 더 이타적으로 행동하게 된다면) 규범적 윤리학은 포스너의 예상과는 달리 윤리적 가치를 갖게 될 것이다.

다른 철학자들은 규범적 윤리학을 제공하라는 요구를 거부한다. 첫째, 그들은 특정한 도덕 원칙을 포함하는 이야기보다 더 근원적인 이야기 혹은 더 일반적으로 보자면, 규범적 윤리학이 어떻게 가능한지에 대한 방법을 보여 줄 수 있을 뿐 규범적 윤리학을 수립하지는 않는다. 둘째, 철학자는 자신의 역할을 윤리적 개념을 분석하는 데 있지, 그 개념의 적용을 기술하는 데 있지 않다고 이해하기 때문이다. 소크라테스의 문답식 변론에서 살펴보았듯이, 이러한 자세 역시 도덕적 행동이 무엇인지 명확하게 알게 한다는 점에서 도덕적 장점을 지닌다. 물론 여전히 행동의 방법을 모른다고 하더라도 말이다. 셋째, 선한 혹은 옳은 행동을 식별하도록 해주는 것은 배타주의 교조[선하고 옳다는 수식어를 적용할 수 있는 명백한

---

[29] Brennan 2008 : 278에서 인용.

사례(paradigm cases)에 해당한다.]라는 인식에 연유한다. 이에 따라 일반적 원리는 존재하지 않을 수도 있으며, 따라서 명료화할 규범적 이론도 없을 수 있다.30) 이러한 전형적 사례를 만드는 것은 철학자의 과제가 아니다. 단, 그러한 사례를 조명하고, 특정한 판단이 특정한 도덕적 관습에 따라 얼마나 의존적인지는 보여줄 수는 있다. 이러한 작업이 가치를 갖는 것은 도덕적 혼란을 제거하는 데 있다. 그러나 개별주의(그 옹호자들의 주장에 따르면)는 그 자체로 특수한 상황을 민감하게 만들며, 도덕적 경직과 교조주의로 흐를 가능성은 적다.

그러나 철학적 해석이 명백한 윤리적 메시지를 전달한다고 생각해서는 안 된다. 윤리적 사용이라고 생각해야지, 윤리적 처방 혹은 금지령 안에 윤리적 술부(predicates)를 사용하여 표현하는 윤리적 내용이라고 여겨서는 안 된다. 코라 다이아몬드(Cora Diamond)는 비트겐슈타인의 『논리철학논고』를 그 예로 든다.31) 그는 "윤리학은 말로 표현할 수 없기"32) 때문에, 이 철학서의 윤리적 의미는 명료화된 도덕적 판단에 의지하게 하지 않고, 특정한 종류의 윤리적 감수성을 배양하게 하는 데 있다. 여기서 문제는 이러한 감수성이 저마다 달라서 그 자체로 윤리적 비판에 열린 자세를 취하게 된다는 것이다. 가령, 비트겐슈타인 자신의 감수성이 일종의 체념에 가깝다고 투박하게 묘사한다면, 이는 세상을 변혁하고자 하는 노력을 방해하는 도덕적 악의라고 비판받을 수 있다. 또한 이러한 비판의 기준을 명료화하고 옹호할 필요가 있다. 비트겐슈타인이 격언으로 단언한, '말로 표현할 수 없는 것'에 대해 만족할 수는 없다.

응용철학

철학의 다른 분야와 마찬가지로, 윤리학에서 철학자들이 그들의 과제라고 여

---

30) Dancy 2004 참조.
31) Diamond 1996.
32) Wittgenstein 1961 : 6. 421.

기는 것과 그 과제에 부과하는 가치는 그들이 철학 내에서 주장하는 원칙에 달렸다. 그러나 이러한 원칙 역시 철학자들이 말하고자 하는 주제에 따라 영향을 받는다. 이러한 주제가 철학의 전통적인 레퍼토리에서 벗어날 때, 이는 흔히 '응용철학(applied philosophy)'으로 간주된다. 특히, "철학적 추론을 실용적 문제에 적용"[33]한 경우가 여기에 해당한다. 2장에서 살펴보았듯이, 철학이 전통적으로 다루어 온 다양한 주제를 식별할 수 있기 때문이다. 그러나 순수 수학에서 숫자를 비롯한 수학적 대상만을 그 분야의 특수 주제로 생각하는 것처럼, 철학에도 '순수철학(pure philosophy)[철학적이지 않은 것과 연관되지 않은, 때묻지 않은(untainted) 특수한 주제를 가진 것]'이 따로 있다고 생각해서는 안 된다. 철학이 기술하는 세계는 철학자가 앉아서 글을 쓰는 바로 그 탁자를 포함하는 세계며, 철학자가 본성을 탐구하는 생명체는 바로 철학자 자신이다. 이러한 의미에서, 모든 철학은 '응용' 철학이다. 응용철학의 연구 결과는 우리 자신의 상황과 연관되며, 우리는 그 상황에 대해 실용적 관심이 명백해진다. 그럼에도 불구하고 응용철학이라는 용어는 우리의 상황과 매우 구체적인 연관성이 있는 철학에 사용된다. 지구 온난화가 진행되고, 경제적 자원의 분배가 불평등하게 이루어지며, 새로운 의료 기술이 발전하는 현대 세계의 맥락과 맞닿아 있는 것이다. 철학자들은 이러한 상황이 야기하는 문제들을 해결하는 데 도움을 주고자 한다. 이는 철학의 응용으로 생기는 혜택에 철학의 가치가 있다고 보기 때문이다.

이렇게 철학의 일부분을 응용철학이라고 설정하면, 나머지 철학은 우리의 문제에 적용할 수 있는 이론을 제공하는 것 같은 인상을 준다. 마치, 이론 물리학이 응용 물리학에 이론적 토대를 제공하는 식으로 말이다. 이러한 비교에 대해 다음과 같은 이유에서 이의를 제기할 수 있다. 첫째, 응용철학은 이론을 적용함으로써 진행할 필요가 전혀 없다. 공리주의를 사회적 혹은 정치적 문제에 적용하는 경우에는 예외지만 말이다. 하지만 공리주의는 바로 정확히 이 목적을 위해 고안된 것이지, 철학의 연대기에서 발견하여 적용한 것이 아니다. 두 번째 이유는 오노라 오닐(Onora O'Neil)이 규범적 원칙과 관련하여 말한 대목에서 발견할 수 있다.

---

[33] Uniacke and Carter 2008.

그녀는 경험적 이론은 사실에 들어맞아야 하지만, 규범적 추론의 목적은 "원칙을 적용(apply)하는 것이 아니라 제정(enact)하는 것"[34]이라고 말했다. 규범적 추론의 목표는 행동에 관한 사실을 더 나은 방향으로 바꾸는 것이지, 심리학적 원칙처럼 우리의 원칙을 변화시켜 이러한 사실에 들어맞게 하는 것이 아니다.

응용철학을 응용 윤리학에 제한해야 한다고 여겨서는 안 된다. 낙태 허용이나 동물 보호 같은 문제와 연계해 볼 때, 인간과 동물의 삶에 관한 문제가 더 확실한 형태의 규범적 문제인 만큼 더 중요하다. 그런데도 응용철학에서 가장 큰 부분을 차지하는 것은 응용 윤리학이다. 현장에서 종사하는 이들은 '응용'이라는 단어가 잘못된 이미지를 전달할 수 있다는 이유에서 '실용 윤리학(practical ethics)'이라고 부르기를 좋아한다. 그러나 그들은 자신들이 응용만 하는 것이 아니라 이론을 수립한다고 여긴다. "우리가 단순히 이론을 적용한다는 말은 아니지만, 실용적 문제를 면밀히 생각하다 보면, 이론화 작업을 할 수밖에 없다. 이러한 반성(reflection)은 특수한 경우에 대한 연결 고리를 제공해 준다."[35] 여기서 윤리적 이론은 상황에 대한 반성에 연유하는 것이지, 철학의 다른 분야에 제기되는 형이상학적 주장에서 비롯되는 것이 아니다. 이것이 실용 혹은 응용 윤리학에 대한 일반적 접근이다. 그러나 이론적 접근의 경우, 오랜 기간 수행하는 연구를 통해 문제 상황과 맞추어 보면서 다양한 이론적 틀을 점검하기 때문에 갈수록 전문화되기 마련이다.

여기서 위험한 점은 이러한 전문 영역 밖의 사람들이 그 결과물을 읽고, 이로부터 응용철학이 주장하는 가치의 혜택을 받는 경우가 줄어든다는 것이다. 이러한 흐름을 막기 위해 소위 '대중철학(public philosophy)'이 등장했다. 대중철학의 한 대표적 기수는 자신의 글(대중철학 관련 글은 주로 학술지가 아닌 다른 형태로 출판된다.)에 대해 다음과 같이 말했다.

> 나의 글은 두 가지 면에서 대중철학의 모험을 의미한다. 첫째, 당대의 정치적 및 법적 논란을 다루는 것이 철학의 역할이라고 생각한다. 둘째, 철학을

---

34) O'Neil 2009 : 225.
35) LaFollette 2003 : 8.

공론화하려는 시도를 의미한다. 즉, 도덕 및 정치철학을 현대 대중의 담론과 연계하는 작업인 것이다.[36]

이러한 노력의 문제점 중 하나는, 그러한 논란을 다룰 때 철학자들에게 요구되는 역량이 무엇인지를 평가하는 것이다. 우리가 대체적으로 철학자들에게 기대하는 학문적 객관성(academic detachment)인가, 혹은 시민으로서 갖추어야 할 헌신인가? 또 다른 문제는 대중철학에 종사하는 이들로부터 과연 어떤 종류의 전문성을 기대할 수 있느냐는 것이다. 이러한 질문을 조금 다른 맥락에서 살펴보도록 하자. 두 번째 질문은 매우 직접적으로 다루게 될 것이다.

윤리 전문가

의사 혹은 기업가를 비롯한 전문가들이 윤리적 난제에 대한 조언을 구하기 위해 철학자들을 찾는 경우가 점차 늘어나고 있다. 의사와 기업인은 그들 분야에서 뛰어난 지식 및 특수 기술을 갖춘 전문가지만, 윤리학에 있어서는 자신들만큼 그 분야의 전문가라고 여기는 철학자들을 찾는다. 만약 윤리 전문가가 의사 결정자들에게 유용한 지식 및 기술을 제공하는 사람으로 간주된다면, 과연 윤리 전문가는 무엇일까?

첫째, 윤리 전문가는 윤리적 개념에 대한 지식과 도덕적 추론 기술을 갖추어, 도덕적 문제에 대한 의견을 설명하고 정당화해야 한다. 피터 싱어(Peter Singer)가 주장한 바에 따라 "도덕 개념 및 논쟁에 익숙하고, 이러한 정보를 수집하고 생각할 시간이 충분히 있는 사람이라면 그렇지 않은 사람보다 타당한 근거를 바탕으로 결론에 도달한다고 생각하는 것이 합리적이다."[37] 이것이 바로 전문성을 갖춘 주장의 근간이 된다는 것이다. 따라서 둘째, 그의 조언은 오로지 윤리학

---

36) Sandel 2005 : 5.
37) Singer 1972 : 23.

자라는 전문적인 역할에 연유해야지, 다른 역할에 비롯되어서는 안 된다. 윤리적 전문성에는 윤리학이라는 별도의 영역이 존재한다는 생각이 밑바탕에 놓여 있기 때문이다. 토머스 네이글이 말한, 우리의 "공통 윤리 능력(common ethical faculty)"[38]을 이용할 수 있으며, 전문가들의 능력을 더 신뢰할 수 있도록 이용할 수 있는 윤리적 영역이 따로 있다는 것이다. 그러나 윤리 전문가의 판단이 '타당한 논거를 바탕으로 하고' 있을지라도, 반드시 이들이 도덕적 판단을 가장 잘 내린다는 뜻은 아니다. 이들의 실질적인 역할은 옳은 결정에 대한 의견을 무조건적으로 제공하는 것이지만, 형식상 역할에는 명료화하고 추론하는 기술이 포함된다. 이때, 윤리 전문가는 해당 윤리의 전제에 대해 책임을 지는 의사 결정론자에게 조건에 따라 의견을 제공한다. 형식적 역할로 볼 때, 윤리학자가 틀린 도덕적 판단을 내렸더라도 그는 여전히 윤리학자다. 하지만, 실질적 역할을 생각할 때는 윤리학자가 될 수 없다.

이러한 구분에 관한 것이 바로 윤리 전문가를 이론가로 생각할 것인가, 아니면 유추론자로 생각할 것인가에 대한 문제다. 전자의 경우 일반적인 도덕 원칙을 사용하며, 후자는 이미 결론이 난 상황과 비교한다. 이론가는 기술자와 같다. 물론 기술자들이 이용하는 원칙과 달리, 윤리학자의 원칙은 논쟁 가능성이 많지만 말이다. 따라서 이들이 의뢰인에게 의견을 제공할 때, 만족스러운 근거를 어떤 방식으로 수립할지는 확실하지 않다. 실질적 차원에서 보면, 일반적 원칙이 그 원칙을 지지 근거로 사용한 판단보다 덜 확실해 보이는 것도 무리가 아니다. 따라서 윤리 전문가가 자신의 판단을 지지하는 근거는 거의 중요하지 않을 수도 있다. 그러나 형식적으로 이해하면 상황이 조금 더 나아진다. 의사 결정자가 다른 종류의 일반론(공리주의, 칸트 윤리학 등)을 이해할 능력이 없기 때문이다. 이것은 바로 철학자의 영역이다. 따라서 철학자의 충고를 받아들이는 것은 다른 이유에서 받아들인 결정에 지적인 근거를 제공하는 셈이다. 그리고 그러한 충고를 제공하는 것은 철학자로서 존경받을 만한 일이라고 평가하기 어렵다. 이 주장에 대해서는 전문적인 업종에 이론을 적용하면서 윤리 전문가라고 주장하는 이들이 대답해야

---

38) Nagel 1986 : 148.

한다. 흔히 말하는 것처럼, 이러한 종류의 응용 윤리가 논란의 여지가 없다고 단순히 가정할 수는 없다.

이론가로서의 윤리 전문가와 달리, 유추론자[때로는 '결의론자(決疑論者)'로 불리기도 함]는 소송 변호사(case lawyers)와 비슷한 방법을 사용한다. 이들은 결정된 판례와 아직 결정되지 않은 판례에서 유사점을 발견한다. 판례법과 마찬가지로, 많은 윤리적 판단에서 반박 가능한 특성이 인정될 수 있다. 이는 일반적 원칙에 대해 의견을 합일하지 못하기 때문이 아니라, 미결정 사례와 가장 유사점을 가진 사례가 무엇인가를 두고 논쟁이 일어나기 때문이다. 유추론자는 윤리 전문가의 역할을 실질적으로 볼 때 잘 맞지 않는다. 그들은 명백한 판단(paradigm judgements)을 얻고자 전문가들에게 의존하기 때문인데, 형식적 이해로 볼 때 이들의 업무는 전문가들의 업종에서 이러한 패러다임을 식별하여, 판단이 필요한 상황과 판단이 이미 수립된 상황 사이의 유사점 및 차이점을 파악하는 것이다. 철학자들은 이러한 역할에 특별한 기술이 있고, 이에 따라 전문적인 충고를 줄 수 있다고 생각할 수 있다. 하지만 과연 이것이 사실인가?

추상적인 담론에서는 대답하기가 어려우므로, 응용철학이 사회 문제에 제공하는 충고에서 그 예를 살펴보도록 하자. 현대의 소위 비대칭 전쟁(asymmetric wars)에서 반란군에 대한 합당한 전술이 무엇인가, 라는 문제를 둘러싸고 상당한 논란이 진행됐다. 재래식 전쟁은 전장에서의 합법적인 사살과 함께 확인된 개인 전투원 암살을 명확히 구분하여 후자를 비윤리적이라고 규정했다. 그러나 민간인들 사이에 잠복한 테러리스트를 '표적 사살(targeted killing)'하는 것 역시 비윤리적인가? 정치 철학자인 타마르 마이셀즈(Tamar Meisels)는 그렇지 않다고 주장한다. 그녀는 "무장 전투에서 처벌적 조치가 아닌 예방적 수단으로, 테러리스트라고 자인한 이를 암살하는 것은 합당한 자기 방어 행위다. 이는 전장에서 군인을 사살하는 것 이상도 이하도 아니다."[39] 그러나 마이셀즈가 암살과 자기 방어를 유사하게 본 것은 군사 사상(military thinking)에서 기사도가 차지하는 가치(전통적으로 암살은 비겁한 행동으로 간주됨)를 상당히 간과한 것이다. 심지어 자기 방어도 불

---

39) Meisels 2008 : 161.

가피한 경우로 제한되었다. 즉, 전투원들에게 암살이 허용된 것은 군사적 목적의 달성을 위해 엄격하게 요구될 때뿐이었다.

마이셀즈는 군사 윤리학에서 말하는 가치[인간애, 기사도, 불가피성(necessity)]를 조사하지 않고도 군사 영역에서 유사점을 쉽게 파악할 수 있다고 가정한다. 사실 이러한 가치는 전사들에게만 통용되는 가치다. 가령, 전사들의 전형적인 행동에서 볼 수 있는 인류애를 일반인에게 적용하기는 어렵다. 전사는 반드시 적군을 사살하거나 부상을 입혀야 하지만, 그러면서도 적군을 자신과 같은 인간으로 보기 때문이다. 전사가 아닌 일반 사람들이 이를 실감하기는 어렵다. 민간인은 이러한 태도를 상상하기도 어렵고, 인류애가 품은 가치를 이해하기도 어렵기 때문이다. 따라서 이러한 가치를 이해하려면 군인들이 이 가치들을 어떻게 이해하고, 윤리적 및 비윤리적 행동의 패러다임(paradigm)에서 실현하고 있는지를 살펴봐야 한다. '공통적인 평가 능력(common evaluative faculty)'을 발휘해 일반적인 윤리적 가치의 측면에서 유사점을 발견하는 것으로는 충분하지 않다. 그러나 군사와 관련해 이러한 작업을 수행해야 한다면, 철학자들이 이러한 작업을 할 수 있는 지식을 갖추고 있는지, 혹은 일반인과 달리 이러한 가치를 이미 내면화하고 있는 군인들이 가장 적합한 적임자는 아닌지를 물어보는 것이 합리적이다. 이러한 회의적인 상황을 일반화한다면, 도덕 판단의 충고자로서 이 전문가의 전망은 밝지 않을 것이 분명하다. 철학자는 윤리 전문가의 역할에 대한 야심을 줄여야 한다. 혹은 교사, 시민 등 자신이 맡은 역할 내에서 제공할 수 있는 충고에 만족해야 한다. 사실 소크라테스가 제시한 윤리적 의견이 전달되는 범위도 바로 자신의 역할 내에서였다.

응용 윤리학의 가치에 대한 지금까지의 논의는, 결정을 내려야 하는 상황에서 (조건적 혹은 무조건적) 도덕적 판단을 내리는 것으로 제한했기 때문에 범위가 매우 한정적이었다. 우리의 구분에 따르면, 이는 철학의 단편적 산물이다. 전문가 및 다른 사람들이 사용하는 개념 분석하기 혹은 숨어 있는 가정 드러내기가 단편적인 것과 같은 이치다. 이러한 개념 및 가정 분석은 유용할 수 있으나, 전통적인 철학적 문제 밖에서 철학을 응용하는 것에 불과하다.

다음으로 살펴볼 내용은 철학적 실천의 가치다.

철학의 실천(The practice of philosophy)

철학의 가치는 철학의 결과물과 철학의 실천에 모두 있다. 이 둘 사이의 변증법적 관계에서 가치가 유래한다고 볼 수도 있다. 철학의 산물을 통해 특정한 관점에서 사물을 보게 된다면, 철학의 활동은 이에 대해 의문을 제기하기 때문에, 그 어느 것도 혼자서는 충분하지 않다는 식이다. 만약 철학이 단순히 세계관의 나열에 지나지 않는다면(가령 철학이 이전의 철학 사상을 비판하는 작업 없이 진화했다고 가정한다면), 두 관점을 비교해서 선택할 때 합리적 근거는 분명히 불충분할 것이다. 선택하지 않은 견해에 대해 비판을 제기하지 않을 것이기 때문이다. 또한 우리가 선택한 관점이 과연 옳은 것인가에 대해서는 회의할 수 있는 근거가 매우 희박할 것이다. 자신의 견해에 대한 자신감을 억제하는 데 필요한 것이 비판의 가능성이니 말이다. 후자는 철학의 가치를 불확실성에서 찾은 러셀의 입장과 일맥상통한다. 전자는 '관습의 압제'에 의해 우리가 갖는 근거가 아니라, 우리가 철학적 세계관에 부여하는 근거에 그 가치가 있다고 본다. 두 가지 모두 철학을 비판적 및 논쟁적 학문으로서 활용할 때 철학적 산물로서의 가치가 있다고 본다.

아니면 철학의 가치가 철학의 수행에만 있으며, 철학의 산물은 단지 결과물을 제공하는 파생적 가치를 갖는다고 볼 수도 있다. 물론 철학적 산물을 제시하는 것이 이러한 목적에만 한정되는 것은 아니다. 더욱 야심 찬 목적을 가진 철학자들도 많다. 그렇지 않은 철학자의 경우, 단지 사람들이 잘못된 믿음을 제거하도록 하는 삭제 기능에 만족하면서 그 어떤 긍정적인 철학적 산물도 제공하지 않을 수도 있다. 이러한 접근에서 사람들은 특정한 영역과 철학이 다루는 영역에서 특히 실수를 범하기 쉽다는 생각을 한다. 소크라테스와 그 이후의 데카르트, 비트겐슈타인, 해체주의자들에 이르기까지 많은 철학자에게 동기를 부여한 것도 바로 이러한 생각이다. 따라서 비트겐슈타인이 "플라톤의 작업을 철학이라고 부르면서, 왜 나는 현재 우리의 활동 역시 철학으로 부르고자 하는가?"[40] 라고 물었을 때, 그가 암시한 것은(여러 가지가 있겠지만, 그중에서도) "새토운 활동이 이전 활동의 자

---

40) Wittgenstein 1979 : 28.

리를 차지하는 이유는, 이전 활동이 해야 했던 심리적인 불안을 제거하기 때문이다." 이전 철학자들의 체계 대신, 비트겐슈타인은 "예시를 통해 방법론을 증명하고자 했다. …… 하나의 문제가 아니라, 여러 문제가 해결되었다."[41] 이런 점에서 보자면 소크라테스의 방법론과 크게 다르지 않다. 특히 일부 주석가들도 동의하듯이, 그의 방법론에서 본질적인 특징은 최종적인 정답에 도달하는 것이 아니라 잘못된 이해를 제거하는 삭제 기능이라고 본다면 말이다.

그러나 소크라테스와 비트겐슈타인의 방법론에는 차이점도 있다. 비트겐슈타인은 철학의 다양한 문제가 이미 혼란스럽다고 여겼다. 그가 사용한 유명한 이미지를 사용하면, 철학의 문제들은 이미 병 안에 있는 파리를 잡는 격이다. 반면, 소크라테스는 자신을 사람들에게 새로운 혼란을 주는 잔소리꾼(gadfly)이라고 기술했다. 따라서 그의 문답법(elenchus)은 가령 정의의 개념을 이미 알고 있다고 주장하는 이들에게 질문함으로써, 이들이 사실은 무지하다는 것을 일깨워 주었다. 이들은 처음부터 혼란스러워하지 않았다. 소크라테스가 정의에 대해 그들이 하는 주장과 그 주장의 암묵적 전제들 사이의 모순을 환기시켜 주면서 혼란을 야기한 것이다. 가령, 소피스트인 트라시마쿠스(Thrasymachus)는 덕이 정의라고 주장한다. 소크라테스는 문답을 통해 사실 그가 믿는 것은 그 반대, 즉 정의가 덕이라는 것을 일깨워 준다.[42] 이 상황에서 트라시마쿠스는 정의 혹은 덕이 무엇인지 알 수 없다. 이러한 혼란스러운 단계를 통과한 후에야 그는 더 용인되는 설명이 옳다고 인정한다.

소크라테스가 문답법을 사용한 것은 단순히 이러한 문답법을 통해 일부 사람들이 비도덕적 믿음을 폐기했기 때문은 아니다. 오히려, 소크라테스는 이들이 검토하지 않은 확신을 제거해서 이들이 그의 문답법을 통해 자신의 믿음을 살펴보는 것을 목표로 삼았다. 이러한 문답법을 받아들였기 때문에 그들의 영혼은 진보(소크라테스는 이것이 단순히 지적 향상이 아닌 도덕적 개선이라고 보았다.)할 수 있었다. 이는 앞서 살펴보았듯이, 사물을 제대로 알고자 하는 욕구가 갖는 장점

---

41) Wittgenstein 1958 : § 133.
42) Plato 1892 : *Republic* 348~354.

이다. 이러한 태도를 받아들일 때 생기는 "도덕적 혼란"은 "실수의 제거와 도덕적 진리를 향한 점진적 진보 사이에 있는 전이 과정이 아니다. 오히려, 사고의 전제 조건에 해당하며, 이러한 혼란은 소크라테스 식 제거(purging)의 주요 목표"[43] 라고 주장할 수 있다. 여기서 전제된 사실은 이러한 태도를 받아들여 그들의 믿음(단지 명백한 도덕적 믿음뿐만 아니라 세계와 타인에 관한 그들의 태도를 반영하는 믿음까지)에 적용하는 이들은 그러지 않는 사람들보다 낫다는 것이다. 가령, 이러한 사람은 자신의 믿음만 절대적으로 고수하고 타인의 비판에 노출되지 않으려는 사람보다 낫다. 따라서 이러한 문답의 태도에 철학의 가치가 있다면, 이러한 가정은 옹호할 필요가 있다.

또한 다음과 같은 주장도 옹호할 수 있다. 일부 개인(그 수가 많지는 않더라도)에게 개선의 효과를 전하므로, 이러한 가치로 미루어볼 때 철학이 무용하다는 주장은 설득력이 떨어지며, 오히려 충분히 정당화할 수 있다는 것이다. "소크라테스가 말하는 양심은 사실, 일종의 *자기 이해*(self-interest)다." 라고 주장할 수 있기 때문이다. 즉, 타인의 관심보다는 자신의 영혼을 돌보는 것을 우선한다는 것이다. 데이나 빌라(Dana Villa)는 이러한 반박[한나 아렌트(Hannah Arendt)가 제기한 반박]이 잘못된 이분법에 의존한다고 주장했다. "소크라테스가 구분하려고 했던 자신에 대한 관심과 세상에 대한 관심 사이의 간접적(indirect) 관계를 고려하지 않았기 때문"이다. "자신과 그리스 시민의 열정과 에너지 사이에 일정한 거리를 둘 때만 …… 비로소 도덕적 반성을 통해 부당함(injustice)을 깊이 통찰할 수 있다. 이는 관습적이며, 일상적인 것을 초월하며, 대중의 분위기에 따라 부화뇌동하지 않는 것을 말한다."[44] 이에 대한 추가 논의를 진행하지는 않겠다. 하지만 여기서 주목해야 할 점은 철학이 추구해야 하는 것이 개인의 가치인가, 혹은 집단의 가치인가, 하는 점을 둘러싸고 갈등이 발생할 수 있다는 점이다.

집단의 가치가 우선하며, 이는 철학의 산물이 아니라 철학의 수행에서 가능하다고 믿는 사람이라면, 대중을 상대로 비판적 사고를 배양하는 철학 교육의 장점

---

43) Villa 2001 : 19.
44) 모든 인용은 Villa 2001 : 52~53.

을 강조할 수 있다. 또한 대중 담론의 명료성과 합리성이라는 철학의 바람직한 효과를 지적할 수도 있다. 그러나 그러한 집단의 가치가 의존하는 것은 특정한 개인에게 가치가 높았던 철학적 활동이다. 그렇다면 철학은 어떠한 혜택을 제공하는가? 소위 '비판적 사고'라는 일반적인 혜택(부정확한 표현, 감정적 언어, 논리적 오류 등과 같은 위험에 빠지지 않도록 막아 줌)만 생각해서는 안 된다. 비판적 사고는 특별히 철학적 훈련이라고 말하기 어렵기 때문이다. 물론 철학적 활동을 통해 비판적 사고 능력이 향상되는 것은 맞다. 또한 이를 수행할 역량을 갖춘 것은 철학이라고 주장하기도 한다. 개념적 분석의 전성기 시절에 철학은 비(非)철학도가 각자의 영역에서 혼란을 겪지 않도록 도와주며, 왜곡된 사고를 막는 예방책을 제공한다고 여겼던 것도 분명하다. 그렇다면 비철학도는 철학자들 스스로 '하급 노동자'라고 여기며 맡았던 역할을 스스로 할 수 있게 된다. 그러나 앞서 살펴보았듯이, 이러한 명료성을 제공하는 것이 철학만의 특징이라고 보기는 어렵다.

치유로서의 철학(Philosophy as therapy)

예방책으로서의 철학에 있는 장점이 무엇이든지, 이를 후기 비트겐슈타인의 생각과 혼동해서는 안 된다. 비트겐슈타인은 사람들이 당면한 문제(철학을 수행함으로써 도움을 받을 수 있는 문제)와는 매우 다르지만, 좀 더 명확한 개념을 지니고 있었다. 또한 철학의 혜택이 갖는 특징과 수혜자의 범위에 대해 훨씬 더 제한적인 관점을 가지고 있었다. 비트겐슈타인에게 철학은 본질적으로 지적 질병(intellectual ills)을 막는 예방책이 아니라 치유에 해당한다. 치유하려면 먼저 질병을 앓고 있어야 하며, 비트겐슈타인이 암시하는 바에 따르면 그러한 질병의 희생자는 원칙적으로 철학자다. 그는 "철학자는 오해라는 자신의 많은 질병을 치유해야 한다."[45]고 말했다. 이러한 질병의 원인은, 호도하는 그림에 사로잡혀 "우리 언어의 작동 원리"를 "오해하고자 하는 충동"에 연유한 것이다. "파리에게 병

---

45) Wittgenstein 1998 : 50.

안에서 나가는 길을 보여 주고자 한" 비트겐슈타인의 목표는 질병을 앓는 자에게 치유책을 제공하는 것이었다. 이러한 예시는 질병의 전형적인 증상을 잘 보여 준다. 즉, 병에 갇힌 파리처럼 "고뇌에 시달리는" 것을 말한다. "진정한 발견"이란 "철학에 평화를 주는 것으로, 더 이상 철학 자체를 문제 삼는 질문에 시달리지 않는 것을 말한다." 따라서 "철학자가 질문을 치유하는 것은 병을 치유하는 것과 같다."46)

비트겐슈타인의 목표가 순전히 치유에만 있는지(그러한 경우, 그의 철학에 대한 정당화는 철학의 수행과 관련이 있다.), 혹은 그 역시 철학의 추가 기능(additional value)에 관해 긍정적인 주장을 제기하고 있는지를 둘러싸고 상당한 논쟁이 진행되었다. 확실한 것은 그가 "우리는 그 어떤 종류의 이론도 제기하지 않아도 되며 …… 기술만으로도 이론을 대체할 수 있다."고 밝혔다는 점이다. 그러나 우리의 언어 작동 방식을 밝히는 기술이 그 자체로 철학의 가치 있는 산물인지, 아니면 그의 말대로 단순하게 치유의 일부에 해당하는 "특정한 목적에 대한 암시들(reminders)"47)의 집합인지는 여전히 논의의 대상이다. 비트겐슈타인의 치유가 심리 분석처럼 "심리적 불안을 겪는 개인"을 겨냥하고 있다는 생각을 한다면, 비트겐슈타인만큼 정신적 고통을 받는 철학자들은 거의 없기 때문에 여기서 말하는 범위가 훨씬 더 좁아진다. 그러나 이 주장은 소위 증상과 질병을 혼동하고 있다. 철학자가 증상 없이 질병을 앓을 수도 있기 때문이다. 이 경우, 치유의 대상 범위는 철학의 전통적인 영역에 대해 이론을 제기하는 모든 사람을 포함한다. 치유의 효과에 대한 여부는 비트겐슈타인이 이러한 철학적 문제를 제대로 진단하는가에 달렸다. 혹은 데이비드 파피노를 비롯한 이들의 다음과 같은 주장이 맞는가에 달렸다. "거의 모든 중요한 철학적 문제는, 세계와 관련한 전반적인 이론의 실제 긴장에 의해 생성된다. 따라서 이러한 문제의 해결을 위해서는 단순한 개념 정리(tidying)가 아니라, 상당한 이론적 진전이 필요하다."48)

---

46) Wittgenstein 1958 : §§ 109, 133, 255, 309.
47) 같은 책 : §§ 109, 128.
48) Papineau 2002 : 4.

그러나 철학의 주요한 가치(특히 철학의 수행에서 주요한 가치)를 살펴보려고 비트겐슈타인의 철학적 문제에 대한 진단 혹은 그의 치유적 방법론에만 국한될 필요는 없다. 가령, 소크라테스와 비트겐슈타인 모두 비슷한 방식으로 전제를 드러내고, 이를 비판에 노출시키며, 새로운 각도에서 질문을 제기하여 탐구하고자 한 것을 알 수 있다. 그리고 이 과정에서 철학의 가치는(다른 학문과는 달리) 연구 결과의 수정 가능성을 전제하고 끊임없이 올바르게 이해하려는 욕구에 있다. 사회에서 수용과 정체의 문화가 아니라, 비판과 변화의 문화를 조성하려면 철학이 필요하다. 이러한 점에서 철학은 정치와 사회적 사상의 모델을 제공할 수도 있다. 비록 철학적 관심에 해당하지 않는 경험적 전제를 도입할 때도 말이다. 철학이야말로 지적 탐구를 권위 혹은 러셀의 표현대로 '관습의 압제'에 휘둘리지 않고 실행하는 전형적인 방법론을 제시하기 때문이다.

이러한 경우, 철학의 가치는 상대적이 된다는 주장에 대해 우리는 다음과 같이 강력한 태도로 대답해야 한다. 우리가 이해하는 방식대로라면 비판적인 태도는 덕이며, 무비판적인 태도는 악덕이다. 그렇지 않은 경우가 무엇인지는 상상하기 어렵다. 이와 비슷한 관점으로 볼 때, 비판을 받았지만 변화하길 거부하는 것은 경직되어 있고 비합리적인 것이며, 이 역시 악덕에 해당한다. 철학이 종종 불편한 덕목인 비판적 태도와 합리성을 수호하는 이유는, 철학에서는 그 어떤 것도 두려움의 대상이 아니기 때문이다. 따라서 철학의 수행은 비판과 합리성을 끊임없이 실행하면서 그 전형적인 특징을 보여 주는 것이다. 이러한 맥락에서, 앞서 말한 지적 덕목이 잘 실현되고 있는 사회는 그렇지 않은 사회보다 좋은 사회라고 할 수 있다. 그러나 권위의 인정이나 전통의 존중과 같은 다른 덕목들을 우선하는 사회보다 이러한 사회가 더 좋은 사회라고 말하는 것은 아니다. 전통을 더 존중하는 사회는 철학이 양산하는 지적 덕목이 상대적으로 부족하더라도 이보다 우선하는 가치가 있기 때문에, 앞서 말한 사회의 종류와 다르다. 물론 이것이 가능한지, 혹은 어떻게 가능한지의 문제는 또 다른 철학적 문제다.

철학적 수행의 가치는 적어도 특정한 지적 덕을 조성하는 데 있다는 주장을 다음의 두 주장과 혼동해서는 안 된다. 첫 번째 주장은 앞서 논의한 대로, 철학의 가치는 다양한 사고 기술을 전달하는 데 있다는 것이다. 7장에서 살펴보았듯이,

기술과 덕은 대개 다르게 구분된다. 이 주장에 대해서는 규범 윤리학이 도덕적 진보를 가능하게 하느냐는 문제를 검토하면서(다소 회의적으로) 간접적으로 살펴보았다. 그러나 철학이야말로 도덕적 진보를 가능하게 한다는 생각은 더 좁은 의미에서 말하는 별개의 주장이다. 철학이 지적 덕목을 양성하고, 이 덕목이 도덕적 덕목인 경우에만 이러한 주장은 참이라고 말할 수 있다. 이는 우리가 수용할 수 있는 도덕적 덕에 어떤 식으로든 공헌하는 것 이상을 말한다. 비판을 받아들이는 태도는 관용이라는 도덕적 덕 혹은 지적 양심을 통해 제대로 이해하고자 하는 욕구를 허용하기 때문이다. 이것이 참이라면 철학의 수행은 도덕적 진보를 가능하게 할 수 있지만, 이러한 도덕적 덕은 철학이 주입하는 것이 아니기 때문에 간접적으로만 가능하다고 볼 수 있다. 그러나 우리가 논의한 지적 덕은 그 자체로 도덕적 덕이라는 주장으로, 철학적 토론의 주제에 해당한다. 다른 여러 가지가 있겠지만, 이는 도덕적인 것의 범위를 어떻게 이해하느냐에 따라 다를 것이다.

그러나 이에 대해 긍정적으로 대답하려면 존 헨리 뉴먼(John Henry Newman)의 다음과 같은 이의 제기를 어떻게 반박할지 연구해야 한다. 뉴먼은 "솔직하며, 공정하고, 감정에 치우치지 않는 정신의 소유자로서 …… 교양을 갖춘 지성인은 …… 비도덕적이고 무정한 것에 …… 이끌릴 수 있다. 그리고 그가 비도덕적이고 무정한 옷을 걸쳤을 때 유쾌하고, 심지어 매력적으로 보일 수도 있다."[49] 이러한 철학자는 단순히 도덕적 덕의 일부를 갖추지 못한 것일까, 아니면 전혀 도덕적이지 않은 것일까?

결론

이번 장에서는 철학의 가치에 대한 러셀의 질문을 두고 다양한 각도로 답을 제시해 보았다. 철학적 산물은 철학의 수행과 구분되며, 또한 개인 혹은 사회 전반에 미치는 철학의 영향도 구분할 수 있었다. 철학적 산물의 한편에는 개념에 대

---

49) Newman 1947 : 107.

한 단편적 분석이 포함되고, 다른 한편에는 좀 더 체계적인 연구(포괄적 세계관을 제시하거나 혹은 세계관 형성에 공헌하려는 연구)가 존재한다. 또한 이러한 철학적 산물의 가치를 두 가지로 구분할 수 있었다. 기존의 생각에서 잘못된 개념을 삭제하는 기능과 가치가 높은 것을 추가하는 기능이 바로 그것이다. 많은 세계관에는 평가적 요소가 들어 있는데, 우리가 이로부터 도덕적 진보를 기대하는 것이 합당한지에 대한 질문을 제기했다. 응용 윤리학은 종종 도덕적 판단에 좀 더 직접적으로 영향을 미치고자 하는데, 이러한 목표의 장점도 논의했다. 철학의 수행에 대해서는 그 가치의 다양한 이해를 살펴보았으며, 다양한 지적 덕을 조성할 수 있다는 생각을 검토하면서 낙관적인 결론을 맺었다.

References

Ambrose, A. 1992. 'Linguistic Approaches to Philosophical Problems', in R. Rorty (ed.) 1992a, pp. 147-55.

Apel, K.-O. 2001. 'What Is Philosophy?', in Ragland and Heidt (eds.), pp. 153-82.

Aristotle. 1976. The Nicomachean Ethics, trans. J. A. K. Thomson and H. Tredennick. Harmondsworth : Penguin.

    1984. 'Metaphysics', trans. W. D. Ross . In J. Barnes (ed.), The Complete Works of Aristotle, Vol. II. Princeton : Princeton University Press.

Arrington, R. L. and Glock, H.-J. (eds.). 1996. Wittgenstein and Quine. London : Routledge.

Augustine. 1961. Confessions, trans. R. S. Pine-Coffin. Harmondsworth : Penguin.

Austin, J. L. 1962. Sense and Sensibilia, ed. G. J. Warnock. Oxford : Oxford University Press.

    1979. Philosophical Papers, ed. J. O. Urmson and G. J. Warnock. Oxford : Oxford University Press .

Ayer, A. J. 1949. 'Science and Philosophy', in Ideas and Beliefs of the Victorians. London : Sylvan Press, pp. 205-14.

    1969. Metaphysics and Common Sense. London : Macmillan.

    1984. Philosophy in the Twentieth Century. London : Unwin Paperbacks.

Babich, B. 2003. 'On the Analytic-Continental Divide in Philosophy : Nietzsche's Lying Truth, Heidegger's Speaking Language, and Philosophy', in Prado (ed.) 2003a, pp. 63–103.

Baker, G. 2003. Wittgenstein's Method. Oxford : Blackwell.

Baker, L. R. 2007. 'Naturalism and the First-person Perspective', in G. Gasser (ed.), How Successful is Naturalism? Heusenstamm : Ontos Verlag, pp. 203–26.

Barnard, F. M. (ed.) 1969. J. G. Herder on Social and Political Culture. Cambridge :

Cambridge University Press.

Bealer, G. 1998. 'Intuition and the Autonomy of Philosophy', in DePaul and Ramsey (eds.), pp. 201–39.

Beaney, M. (ed.) 2007. The Analytic Turn : Analysis in Early Analytic Philosophy and Phenomenology. New York : Routledge.

Beaney, M. 2009. 'Analysis', in E. N. Zalta (ed.), The Stanford Encyclopedia of Philosophy. Available at : http://plato.stanford.edu/entries/analysis/.

Bennett, M. R. and Hacker, P. M. S. 2003. Philosophical Foundations of Neuroscience. Oxford : Blackwell.

Biletzki, A. 2001. ' Introduction : Bridging the Analytic-Continental Divide ', International Journal of Philosophical Studies 9 : 291 –4.

Bix, B. 2003. ' Raz on Necessity ', Law and Philosophy 22 : 537 –59.

Blackburn, S. 2004. 'Foreword', in H. Carel and D. Gamez (eds.), What Philosophy Is. London : Continuum, pp. xiii–xviii.

Boer, T. de 1986. 'An Ethical Transcendental Philosophy', in R. A. Cohen (ed.), Face to Face with Levinas. Albany, NY : SUNY Press, pp. 83–115.

Bontempo, C. J. and Odell, S. J. (eds.) 1975. The Owl of Minerva: Philosophers on Philosophy. New York : McGraw-Hill.

Botton, A. de 2000. The Consolations of Philosophy. London : Hamish Hamilton.

Boulter, S. 2007. The Rediscovery of Common Sense Philosophy. Houndmills : Palgrave Macmillan.

Bouveresse, J. 2000 . 'Reading Rorty: Pragmatism and Its Consequences', in Brandom (ed.) 2000a, pp. 129–45.

Bowie, A. 2003. Introduction to German Philosophy. Oxford : Polity Press.

Brandom, R. B. (ed.) 2000a. Rorty and His Critics. Oxford : Blackwell.

Brandom, R. B. 2000b. 'Vocabularies of Pragmatism : Synthesizing Naturalism and Historicism', in Brandom (ed.) 2000a, Rorty and His Critics, pp. 156–82.

2002. Tales of the Mighty Dead : Historical Essays in the Metaphysics of Intentionality. Cambridge, MA : Harvard University Press.

Braver, L. 2011. 'Analyzing Heidegger : A History of Analytic Reactions to Heidegger', in D. O. Dahlstrom (ed.), Interpreting Heidegger : Critical Essays. Cambridge : Cambridge University Press, pp. 235–55.

Brennan, J. 2008. ' Beyond the Bottom Line ', Oxford Journal of Legal Studies 28 : 277 –96.

Broad, C. D. 1927. Scientific Thought. London : Kegan Paul, Trench, Trubner & Co.

Carnap, R. 1959. 'The Elimination of Metaphysics through Logical Analysis of Language', trans. A. Pap, in A. J. Ayer (ed.), Logical Positivism. London : George Allen and Unwin, pp. 60–81.

   1967. The Logical Structure of the World, trans. R. A. George. London : Routledge and Kegan Paul.

   1992. 'On the Character of Philosophic Problems', in R. Rorty (ed.) 1992a, pp. 54–62.

Carr, D. 1999. The Paradox of Subjectivity : The Self in the Transcendental Tradition. New York : Oxford University Press.

Cassin, B. 2000. ' Who's afraid of the Sophists? ', Hypatia 15 : 102 –20.

Cavell, S. 1979. The Claim of Reason. New York : Oxford University Press.

   1988. In Quest of the Ordinary. Chicago : Chicago University Press.

   2002. Must We Mean What We Say? A Book of Essays, updated edn. Cambridge : Cambridge University Press.

Cerbone, D. R. 2003. 'Phenomenology : Straight and Hetero', in Prado (ed.) 2003a, pp. 105–38.

Chase, J. and Reynolds, J. 2011. Analytic versus Continental : Arguments on the Methods and Value of Philosophy. Durham : Acumen.

Churchland, P. M. 2008. 'Eliminative Materialism and the Propositional Attitudes', in W. G. Lycan and J. J. Prinz (eds.), Mind and Cognition : An Anthology, 3rd edn. Oxford : Blackwell, pp. 231–44.

Cobb-Stevens, R. 1990. Husserl and Analytic Philosophy. Dordrecht : Kluwer Academic Publishers.

Cockburn, D. 2001. An Introduction to the Philosophy of Mind. Houndmills : Palgrave Macmillan.

Code, L. 1987. Epistemic Responsibility. Hanover, NH : University Press of New England.

Cooper, D. E. 1994. ' Analytic and Continental Philosophy ', Proceedings of the Aristotelian Society 94 : 1 –18.

   2009. ' Visions of Philosophy ', Royal Institute of Philosophy Supplement 65 : 1 –13.

Crane, T. 2006. 'Is There a Perceptual Relation?', in T. S. Gendler and J. Hawthorne (eds.), Perceptual Experience. Oxford : Oxford University Press, pp. 126–46.

Crary, A. and Read, R. (eds.) 2000. The New Wittgenstein. London : Routledge.

Critchley, S. 2001. Continental Philosophy : A Very Short Introduction. Oxford : Oxford

University Press.

Cummins, R. 1998. 'Reflection on Reflective Equilibrium', in DePaul and Ramsey (eds.), pp. 113–27.

Dancy, J. 2004. Ethics Without Principles. Oxford : Clarendon Press.

Deleuze, G. and Guattari, F. 1994. What Is Philosophy?, trans. H. Tomlinson and G. Burchill. London : Verso.

Dennett, D. C. 1991. Consciousness Explained. Boston : Little, Brown and Company.

   2003. ' Who's On First? Heterophenomenology Explained ', Journal of Consciousness Studies 10 (9–10) : 19 –30.

   2006. ' Higher Order Truths about Chmess ', Topoi 25 : 39 –41.

DePaul, M. R. 1998. 'Why Bother with Reflective Equilibrium?', in DePaul and Ramsey (eds.), pp. 293–309.

DePaul, M. R. and Ramsey, W. (eds.) 1998. Rethinking Intuition : The Psychology of Intuition and Its Role in Philosophical Inquiry. Lanham, MD : Rowman and Littlefield.

Derrida, J. 1982. 'White Mythology', in his Margins of Philosophy. Chicago : Chicago University Press, pp. 207–71.

Derrida, J. , Moore, A. W. et al. 2000. ' Discussion ', Ratio 13 : 373 –86.

Descartes, R. 1985. The Philosophical writings of Descartes, Volume 1, trans. J. Cottingham et al. Cambridge : Cambridge University Press.

Diamond, C. 1996. 'Wittgenstein, Mathematics and Ethics', in H. Sluga and D. G. Stern (eds.), The Cambridge Companion to Wittgenstein. Cambridge : Cambridge University Press, pp. 226–60.

Dietrich, E. 2011. ' There Is No Progress in Philosophy ', Essays in Philosophy 12 : 329 –44. Available at : http://commons.pacificu.edu/eip.

Dilthey, W. 1976. Selected Writings, trans. H. Rickman. Cambridge : Cambridge University Press.

Dummett, M. 1978. 'Can Analytic Philosophy be Systematic and Ought it to Be?', in his Truth and Other Enigmas. London : Duckworth, pp. 437–58.

   1993. Origins of Analytical Philosophy. Cambridge, MA : Harvard University Press.

   2010. The Nature and Future of Philosophy. New York : Columbia University Press.

Eddington, A. S. 1928. The Nature of the Physical World. Cambridge : Cambridge University Press.

Feynman, R. 1986. 'Appendix F : Personal Observations on the Reliability of the Shuttle', Report of the Presidential Commission on the Space Shuttle Challenger Accident, Volume II. Washington DC : Presidential Commission. Available at : http://history.nasa.gov/rogersrep/v2appf.htm.

Foley, R. 1998. 'Rationality and Intellectual Self-Trust', in DePaul and Ramsey (eds.), pp. 241–56.

Føllesdal, D. 1996. ' Analytic Philosophy : What Is It, and Why Should One Engage in It? ', Ratio 9 : 193 –208.

Friedman, M. 2000. A Parting of the Ways: Carnap, Cassirer, and Heidegger . Chicago : Open Court.

Gadamer, H.-G. 1976. Philosophical Hermeneutics, trans. and ed. David E. Linge. Berkeley : University of California Press.

1989. Truth and Method, 2nd rev. edn, trans. J. Weinsheimer and D. G. Marshall. London : Sheed and Ward.

Gallagher, S. and Zahavi, D. 2008. The Phenomenological Mind. London : Routledge.

Garver, N. 1973. 'Preface', in J. Derrida, Speech and Phenomena and Other Essays on Husserl's Theory of Signs, trans. D. B. Allison. Evanston, IL : Northwestern University Press, pp. ix–xxix.

Gettier, E. L. 1963. ' Is Justified True Belief Knowledge? ', Analysis 23 : 121 –3.

Gilbert, P. and Lennon, K. 2005. The World, the Flesh and the Subject : Continental Themes in the Philosophy of Mind and Body. Edinburgh : Edinburgh University Press.

Glendinning, S. 2006. The Idea of Continental Philosophy, Edinburgh : Edinburgh University Press.

Glock, H.-J. 2004. ' Was Wittgenstein an Analytic Philosopher? ', Metaphilosophy 35 : 419 –44.

2008. What is Analytic Philosophy? Cambridge : Cambridge University Press.

Goldman, A. and Pust, J. 1998. 'Philosophical Theory and Intuitional Evidence', in DePaul and Ramsey (eds.), pp. 179–97.

Grayling, A. C. and Greenfield, S. 2010. ' Is Hawking Right to Attack Philosophy? ' Today , BBC Radio 4, 8 September 2010.

Grice, H. P. 1989. Studies in the Way of Words. Cambridge, MA : Harvard University Press .

Griswold, C. L. 2002. 'Plato's Metaphilosophy : Why Plato Wrote Dialogues', in C. L.

Griswold (ed.), Platonic Writings / Platonic Readings. University Park, PA : Pennsylvania State University Press, pp. 143–67.

Gutting, G. 1998. '"Rethinking Intuition" : A Historical and Metaphilosophical Introduction', in DePaul and Ramsey (eds.), pp. 3–13.

2009. What Philosophers Know : Case Studies in Recent Analytic Philosophy. Cambridge : Cambridge University Press.

Habermas, J. 1986. 'Philosophy as Stand-in and interpreter', in K. Baynes, J. Bohman and T. McCarthy (eds.), After Philosophy : End or Transformation. Cambridge, MA : MIT Press, pp. 296–316.

1990. The Philosophical Discourse of Modernity, trans. F. Lawrence. Oxford : Polity Press.

2006. 'Levelling the Genre Distinction between Philosophy and Criticism', in L. Thomassen (ed.), The Derrida-Habermas Reader. Edinburgh : Edinburgh University Press, pp. 13–34.

Hacker, P. M. S. 1996. Wittgenstein's Place in Twentieth-Century Analytic Philosophy. Oxford : Blackwell.

1998. 'Analytic Philosophy : What, Whence, and Whither?', in A. Biletzki and A. Matar (eds.), The Story of Analytic Philosophy : Plot and Heroes. London : Routledge, pp. 3–34.

2009. ' Philosophy : A Contribution, not to Human Knowledge, but to Human Understanding ', Royal Institute of Philosophy Supplement 65 : 129 –53.

Hagberg, G. 2007. 'Wittgenstein's Aesthetics', in E. N. Zalta (ed.), The Stanford Encyclopedia of Philosophy. Available at : http://plato.stanford.edu/entries/wittgenstein-aesthetics/.

Hampshire, S. 1975. 'A Statement about Philosophy', in Bontempo and Odell (eds.), pp. 89–101.

Hawking, S. and Mlodinow, L. 2010. The Grand Design. London : Bantam Press.

Heidegger, M. 1962. Being and Time, trans. J. Macquarrie and E. Robinson. Oxford : Blackwell.

1971. Poetry, Language and Thought, trans. A. Hofstadter. New York : Harper and Row.

1988. Basic Problems of Phenomenology, trans. A. Hofstadter. Bloomington : Indiana University Press.

1993. 'What Is Metaphysics?', trans. D. F. Krell, in M. Heidegger, Basic Writings, ed. D. F.

Krell. New York : HarperCollins, pp. 93–110.

 1995. Ph a nomenologie des religi o sen Lebens, ed. M. Jung, T. Regehly and C. Strube. Frankfurt a. M. : Vittorio Klostermann.

 1996. Einleitung in die Philosophie, ed. O. Saame and I. Same- Speidel. Frankfurt a. M. : Vittorio Klostermann.

Himma, K. E. 2002. ' Substance and Method in Conceptual Jurisprudence and Legal Theory ', Virginia Law Review 88 : 1119 –228.

Hobson, R. P. 2004. The Cradle of Thought: Exploring the Origins of Thinking. London : Pan Macmillan.

Holmes, R. 2008. The Age of Wonder : How the Romantic Generation Discovered the Beauty and Terror of Science. London : Harper Press.

Hume, D. 1975. Enquiries concerning Human Understanding and concerning the Principles of Morals, ed. L. A. Selby-Bigge and P. H. Nidditch. Oxford : Clarendon Press.

 1978. A Treatise of Human Nature, ed. L. A. Selby-Bigge and P. H. Nidditch. Oxford : Clarendon Press.

Hursthouse, R. 1999. On Virtue Ethics. New York : Oxford University Press.

Husserl , E. 1959 . Erste Philosophie (1923/24), Zweiter Teil , ed. R. Boehm . The Hague : Martinus Nijhoff .

 1965. 'Philosophy as Rigorous Science', in Phenomenology and the Crisis of Philosophy, trans. and ed. Q. Lauer. New York : Harper & Row, pp. 71–147.

 1970. The Crisis of European Sciences and Transcendental Phenomenology, trans. D. Carr. Evanston, IL : Northwestern University Press.

 1973. Experience and Judgment : Investigations in a Genealogy of Logic, trans. J. S. Churchill and K. Ameriks. London : Routledge and Kegan Paul.

 1982. Ideas Pertaining to a Pure Phenomenology and to a Phenomenological Philosophy, First Book : General Introduction to a Pure Phenomenology, trans. F. Kersten. Dordrecht : Kluwer Academic Publishers.

 1995. Cartesian Meditations : An Introduction to Phenomenology, trans. D. Cairns. Dordrecht : Kluwer Academic Publishers.

Jackson, F. 1998. From Metaphysics to Ethics : A Defence of Conceptual Analysis. Oxford : Clarendon Press.

Johnstone, H. W. 1978. Validity and Rhetoric in Philosophical Argument. University Park, PA : Dialogue Press.

Joll, N. 2010. 'Contemporary Metaphilosophy', Internet Encyclopedia of Philosophy. Available at : http://www.iep.utm.edu/con-meta/.

Kant, I. 1929. Critique of Pure Reason, trans. N. Kemp Smith. London : Macmillan.

Kauppinen, A. 2007. ' The Rise and Fall of Experimental Philosophy ', Philosophical Explorations 10 : 95 –118.

Kekes, J. 1980. The Nature of Philosophy. Oxford : Blackwell.

Kelly, S. D. 2008. Review of D. W. Smith's Husserl, Times Literary Supplement, 25 April 2008.

Knobe, J. 2007. ' Experimental Philosophy ', Philosophy Compass 2 (1): 81 –92.

Knobe, J. and Nichols, S. (eds.) 2008a . Experimental Philosophy. New York : Oxford University Press.

Knobe, J. and Nichols, S. 2008b. 'An Experimental Philosophy Manifesto', in Knobe and Nichols (eds.) 2008a, pp. 3–14.

Kornblith, H. 2006. 'Appeals to Intuition and the Ambitions of Epistemology', in S. Hetherington (ed.), Epistemology Futures. Oxford : Clarendon Press, pp. 10–25.

Kriegel, U. 2007. 'The Phenomenologically Manifest', in No e (ed.), pp. 115–36.

Kuhn, T. 1962. The Structure of Scientific Revolutions. Chicago : University of Chicago Press.

LaFollette, H. 2003. 'Introduction', in H. LaFollette (ed.), The Oxford Handbook of Practical Ethics. Oxford : Oxford University Press, pp. 1–11.

Lang, B. 1990. The Anatomy of Philosophical Style. Oxford : Blackwell.

Lazerowitz, M. 1970. ' A Note on "Metaphilosophy" ', Metaphilosophy 1 : 91.

Levinas, E. 1998. Collected Philosophical Papers, trans. A. Lingis. Pittsburgh : Duquesne University Press.

Levy, N. 2003. ' Analytic and Continental Philosophy: Explaining the Differences ', Metaphilosophy 34 : 284 –304.

Lewis, D. 1983. Philosophical Papers, Volume 1. New York : Oxford University Press.

Locke, J. 1997. An Essay Concerning Human Understanding, ed. R. Woolhouse. Harmondsworth : Penguin.

Lycan, W. G. 1996. ' Bealer on the Possibility of Philosophical Knowledge ', Philosophical Studies 81 : 143 –50.

MacIntyre, A. 1990. Three Rival Versions of Moral Enquiry. London : Duckworth.

Magee, B. 1982. Talking Philosophy : Dialogues with Fifteen Leading Philosophers. Oxford

: Oxford University Press.

Marx, K. 1969. 'Theses on Feuerbach', in L. Feuer (ed.), Marx and Engels : Basic Writings on Politics and Philosophy. London : Collins, pp. 283–6.

McCulloch, G. 1995. The Mind and Its World. London : Routledge.

McDowell, J. 1996. Mind and World, 2nd edn. Cambridge, MA : Harvard University Press.

1998. Mind, Value and Reality. Cambridge, MA : Harvard University Press.

McGinn, C. 1993. Problems in Philosophy : The Limits of Inquiry. Oxford : Blackwell.

2002. The Making of a Philosopher. New York : HarperCollins.

Meisels, T. 2008. The Trouble with Terror. Cambridge : Cambridge University Press.

Merleau-Ponty, M. 1964a. The Visible and the Invisible, trans. A. Lingis. Evanston, IL : Northwestern University Press.

1964b. The Primacy of Perception, ed. J. M. Edie, various trans. Evanston, IL : Northwestern University Press.

2002. Phenomenology of Perception, trans. C. Smith. London : Routledge.

Misak, C. 2000. Truth, Politics, Morality. London : Routledge.

Moore, G. E. 1953. Some Main Problems of Philosophy. London : George Allen and Unwin.

1959. Philosophical Papers. London : George Allen and Unwin.

1991. Principia Ethica. Cambridge : Cambridge University Press.

Morrow, D. R. and Sula, C. A. 2011. ' Naturalized Metaphilosophy ', Synthese 182 : 297–313.

Mulligan, K. 1991. ' Introduction : On the History of Continental Philosophy ', Topoi 10 : 115–20.

Mulligan, K., Simons, P. and Smith, B. 2006. ' What's Wrong with Contemporary Philosophy? ', Topoi 25 : 63–7.

Nadelhoffer, T. and Nahmias, E. 2007. ' The Past and Future of Experimental Philosophy ', Philosophical Explorations 10 : 123–49.

Nagel, E. 1955. ' Naturalism Reconsidered ', Proceedings and Addresses of the American Philosophical Association 28 : 5–17.

Nagel, T. 1979. Mortal Questions. Cambridge : Cambridge University Press.

1986. The View from Nowhere. New York : Oxford University Press.

Newman, J. H. 1947. The Idea of a University. New York : Longman.

Nietzsche, F. 1990. Beyond Good and Evil : Prelude to a Philosophy of the Future, trans. R.

J. Hollingdale. London : Penguin Books.

Noë, A. (ed.) 2007. ' Special Issue on Dennett and Heterophenomenology '. Phenomenology and the Cognitive Sciences 6 (1–2) : 1 –270.

Norris, C. 1985. The Contest of Faculties. London : Methuen.

2011. ' Hawking Contra Philosophy ', Philosophy Now 82 : 21 –4. Available at : http://www.philosophynow.org/issue82/Hawking_contra_Philosophy.

Nozick, R. 1989. The Examined Life. New York : Simon and Schuster.

Nussbaum, M. 1990. Love's Knowledge. Oxford : Oxford University Press.

1997. Cultivating Humanity. Cambridge, MA : Harvard University Press.

2010. Not for Profit. Princeton : Princeton University Press.

O'Neill, O. 2009. ' Applied Ethics : Naturalism, Normativity and Public Policy ', Journal of Applied Philosophy 26 : 219 –30.

Overgaard, S. 2010. ' Royaumont Revisited ', British Journal for the History of Philosophy 18 : 899 –924.

Padilla Gálvez, J. (ed.) 2010. Philosophical Anthropology : Wittgenstein's Perspective. Heusenstamm : Ontos Verlag.

Papineau, D. 2002. Thinking about Consciousness. Oxford : Oxford University Press.

2009. ' The Poverty of Analysis ', Proceedings of the Aristotelian Society Supplementary Volume 83 : 1 –30.

Passmore, J. 1961. Philosophical Reasoning. London : Gerald Duckworth.

Peacocke, C. 1991. ' The metaphysics of Concepts ', Mind 100 : 525 –46.

Perloff, M. 2011. 'Writing Philosophy as Poetry : Literary Form in Wittgenstein', in O. Kuusela and M. McGinn (eds.), The Oxford Handbook of Wittgenstein. Oxford : Oxford University Press, pp. 714–28.

Philipse, H. 2009. ' Can Philosophy Be a Rigorous Science? ', Royal Institute of Philosophy Supplement 65 : 155 –76.

Plant, B. 2012. ' This Strange Institution Called "Philosophy" : Derrida and the Primacy of Metaphilosophy ', Philosophy and Social Criticism. doi : 10.1177/0191453711430930.

Plato. 1892. The Dialogues of Plato, trans B. Jowett, 3rd edn. Oxford : Oxford University Press. Available at : http://oll.libertyfund.org/?option=com_ staticxt&staticfile=show.php%3Ftitle=166.

1989. The Collected Dialogues, ed. E. Hamilton and H. Cairns, various trans. Princeton

: Princeton University Press.

Popper, K. R. 1968. Conjectures and Refutations : The Growth of Scientific Knowledge. New York : Harper & Row.

    1975. 'How I see Philosophy', in Bontempo and Odell (eds.), pp. 41–55.

Posner, R. A. 1996. Law and Legal Theory in England and America. Oxford : Clarendon Press.

Poulakos, J. 1983. ' Towards a Sophistic Definition of Rhetoric ', Philosophy and Rhetoric 16 : 35–48.

Prado, C. G. (ed.) 2003a. A House Divided : Comparing Analytic and Continental Philosophy. Amherst, NY : Humanity Books.

Prado, C. G. 2003b. 'Introduction', in Prado (ed.) 2003a, pp. 9–16.

Price, H. 2004. 'Naturalism without Representationalism', in M. De Caro and D. Macarthur (eds.), Naturalism in Question. Cambridge, MA : Harvard University Press, pp. 71–88.

Priest, G. 2006. ' What Is Philosophy? ', Philosophy 81 : 189–207.

Prinz, J. J. 2008. 'Empirical Philosophy and Experimental Philosophy', in Knobe and Nichols (eds.) 2008a, pp. 189–208.

Pust, J. 2001. 'Against Explanationist Skepticism Regarding Philosophical Intuitions ', Philosophical Studies 106 : 227–58.

Putnam, H. 1975. 'The Meaning of "Meaning"', in his Mind, Language, and Reality : Philosophical Papers, Volume 2. Cambridge : Cambridge University Press, pp. 215–71.

    1992. Renewing Philosophy. Cambridge, MA : Harvard University Press.

    1997. Realism with a Human Face. Cambridge, MA : Harvard University Press.

    2004. 'The Content and Appeal of "Naturalism"', in M. De Caro and D. Macarthur (eds.), Naturalism in Question. Cambridge, MA : Harvard University Press, pp. 59–70.

Quine, W. V. O. 1953. From a Logical Point of View. Cambridge, MA : Harvard University Press.

    1960. Word and Object. Cambridge, MA : MIT Press.

    1969. 'Epistemology Naturalized', in his Ontological Relativity and Other Essays. New York : Columbia University Press, pp. 69–90.

    1975. 'A Letter to Mr. Ostermann'. In Bontempo and Odell (eds.), pp. 227–30.

    1981. Theories and Things. Cambridge, MA : Harvard University Press.

1995. From Stimulus to Science. Cambridge, MA : Harvard University Press.

Quinton, A. 2005. 'Continental Philosophy', in T. Honderich (ed.), The Oxford Companion to Philosophy. Oxford : Oxford University Press. Oxford Reference Online.

Ragland, C. P. and Heidt, S. (eds.) 2001. What Is Philosophy? New Haven : Yale University Press.

Ratcliffe, M. 2007. Rethinking Commonsense Psychology : A Critique of Folk Psychology, Theory of Mind and Simulation. Basingstoke : Palgrave Macmillan.

Reid, T. 1969. Essays on the Intellectual Powers of Man. Cambridge, MA : MIT Press.

Rescher, N. 2001. Philosophical Reasoning : A Study in the Methodology of Philosophizing . Oxford : Blackwell.

Robinson, H. 1994. Perception. London ; Routledge.

Rorty, R. 1979. Philosophy and the Mirror of Nature. Princeton : Princeton University Press.

    1982. The Consequences of Pragmatism. Minneapolis : Minnesota University Press.

    1989. Contingency, Irony and Solidarity. Cambridge : Cambridge University Press.

    1991a. Objectivity, Relativism and Truth. Cambridge : Cambridge University Press.

    1991b. Essays on Heidegger and Others. Cambridge : Cambridge University Press.

Rorty, R. (ed.) 1992a. The Linguistic Turn : Essays in Philosophical Method. Chicago : Chicago University Press.

Rorty, R. 1992b. 'Introduction : Metaphilosophical Difficulties of Linguistic Philosophy', in Rorty (ed.) 1992a, The Linguistic Turn : Essays in Philosophical Method, pp. 1–39.

    1992c. 'Twenty-five Years After', in Rorty (ed.) 1992a, The Linguistic Turn : Essays in Philosophical Method, pp. 371–4.

    1995. 'Response to Hartshorne', in H. J. Saatkamp (ed.), Rorty and Pragmatism. Nashville : Vanderbilt University Press, pp. 29–36.

    1996. ' Something to Steer by ', London Review of Books 18 (12) : 7 –8.

    1997. ' What Do You Do When They Call You a Relativist? ', Philosophy and Phenomenological Research 57 : 173 –7.

    1998. 'Pragmatism as Romantic Polytheism', in M. Dickstein (ed.) The Revival of Pragmatism. Durham, NC : Duke University Press.

    1999. Philosophy and Social Hope. London : Penguin.

    2000a. 'The Decline of Redemptive Truth and the Rise of a Literary Culture'. Available at : http://olincenter.uchicago.edu/pdf/rorty.pdf.

2000b. 'Response to Bouveresse', in Brandom (ed.) 2000a, pp. 146–55.

2003. 'Analytic and Conversational Philosophy', in Prado (ed.) 2003a, pp. 17–31.

2004. 'Philosophy as a Transitional Genre', in S. Benhabib and N. Fraser (eds.), Pragmatism, Critique, Judgement. Cambridge, MA : MIT Press , pp. 3–28.

2006. 'Habermas, Derrida and the Functions of Philosophy', in L. Thomassen (ed.), The Derrida-Habermas Reader. Edinburgh : Edinburgh University Press, pp. 46–70.

2007. Philosophy as Cultural Politics. Cambridge : Cambridge University Press.

Russell, B. 1956. Portraits from Memory and Other Essays. London : George Allen and Unwin.

1959. My Philosophical Development. London : George Allen and Unwin.

1998. The Problems of Philosophy. Oxford : Oxford University Press.

Ryle, G. 1949. The Concept of Mind. London : Hutchinson.

1956. 'Introduction', in A. J. Ayer et al., The Revolution in Philosophy. London : Macmillan, pp. 1–11.

1971. 'Autobiographical', in O. P. Wood and G. Pitcher (eds.), Ryle. London : Macmillan , pp. 1–15.

2009a. Collected Papers, Volume 1 : Critical Essays. London : Routledge.

2009b. Collected Papers, Volume 2 : Collected Essays 1929–1968. London : Routledge.

Sacks, O. 1986. The Man Who Mistook His Wife for a Hat. London : Picador.

Sandel, M. J. 2005. Public Philosophy : Essays on Morality and Politics. Cambridge, MA : Harvard University Press.

Sandford, S. 2000. ' Johnny Foreigner ', Radical philosophy 102 (July/August) : 42 –5.

Santas, G. 2001. Goodness and Justice. Oxford : Blackwell.

Sartre, J-P. 1966. Existentialism and Humanism, trans. P. Mairet. London : Methuen.

Schlick, M. 1992. 'The Future of Philosophy', in Rorty (ed.) 1992a, pp. 43–53.

Searle, J. 1983. Intentionality : An Essay in the Philosophy of Mind. Cambridge : Cambridge University Press.

1999. ' The Future of Philosophy ', Philosophical Transactions of the Royal Society of London B 354 : 2069 –80.

Sellars, W. 1991. Science, Perception and Reality. Atascadero : Ridgeview.

Sesonske, A. 1968. ' To Make the Weaker Argument Defeat the Stronger ', Journal of the History of Philosophy 6 : 217 –32.

Siewert, C. 2011. 'Philosophy of Mind', in S. Luft and S. Overgaard (eds.), The Routledge

Companion to Phenomenology. London : Routledge, pp. 394–405.

Simons, P. 2001. ' Whose Fault? The Origins and Evitability of the Analytic-Continental Rift ', International Journal of Philosophical Studies 9 : 295 –311.

Singer, P. 1972. ' Moral Experts ', Analysis 32 : 115 –17.

Skidelsky, E. 2000. Review of Allain de Botton's The Consolations of Philosophy, The New Statesman, 27 March 2000.

Skilleäs , O. M. 2001. Philosophy and Literature. Edinburgh : Edinburgh University Press.

Smart, J. J. C. 1975. 'My Semantic Ascents and Descents', in Bontempo and Odell (eds.), pp. 57–72.

1993. 'Why Philosophers Disagree', in J. Couture and K. Nielsen (eds.), Méta-Philosophie : Reconstructing Philosophy? Canadian Journal of Philosophy, Supplementary Volume 19. Calgary : University of Calgary Press, pp. 67–82.

Smith, A. D. 2002. The Problem of Perception. Cambridge, MA : Harvard University Press.

2003. Routledge Philosophy Guidebook to Husserl and the Cartesian Meditations. London : Routledge.

Smith, B. et al. 1992. Letter in The Times (London), 9 May 1992. Available at : http://ontology.buffalo.edu/smith/varia/Derrida_Letter.htm.

Smith, D. W. and Thomasson, A. L. (eds.) 2005. Phenomenology and Philosophy of Mind. Oxford : Clarendon Press.

Soames, S. 2003. Philosophical Analysis in the Twentieth Century, Volume 1. Princeton : Princeton University Press.

Sosa, E. 1980. ' The Raft and the Pyramid ', Midwest Studies in Philosophy 5 : 2 –25.

1998. 'Minimal Intuition', in DePaul and Ramsey (eds.), pp. 257–69.

Stich, S. 1998. 'Reflective Equilibrium, Analytic Epistemology and the Problem of Cognitive Diversity', in DePaul and Ramsey (eds.), pp. 95–112.

Strawson, P. F. 1956. 'Construction and Analysis', in A. J. Ayer et al., The Revolution in Philosophy. London : Macmillan, pp. 97–110.

1959. Individuals : An Essay in Descriptive Metaphysics. London : Methuen.

1985. Skepticism and Naturalism : Some Varieties. London : Methuen.

1992. Analysis and Metaphysics : An Introduction to Philosophy. Oxford : Oxford University Press.

2011. Philosophical Writings, ed. G. Strawson and M. Montague. Oxford : Oxford

University Press.

Stroud, B. 'What Is Philosophy?', in Ragland and Heidt (eds.), pp. 25–46.

Taylor, C. 1995. Philosophical Arguments. Cambridge, MA : Harvard University Press.

    2007. A Secular Age. Cambridge, MA : Harvard University Press.

Turner, G. W. 1973. Stylistics. London : Penguin.

Uniacke, S. and Carter, A. 2008. ' Editorial ', Journal of Applied Philosophy 25 : 1.

Villa, D. 2001. Socratic Citizenship. Princeton : Princeton University Press.

Waismann, F. 1959. 'How I See Philosophy', in A. J. Ayer (ed.), Logical Positivism. London : George Allen and Unwin, pp. 345–80.

Wang, H. 1985. Beyond Analytic Philosophy : Doing Justice to What We Know. Cambridge, MA : MIT Press.

Weber, Z. 2011. ' Issue Introduction' , Essays in Philosophy 12 (2) : 195 –9. Available at : http://commons.pacificu.edu/eip.

Weinberg, J. M. , Nichols, S. and Stich, S. 2008. 'Normativity and Epistemic Intuitions', in Knobe and Nichols (eds.) 2008a, pp. 17–45.

White, A. R. 1975. 'Conceptual Analysis', in Bontempo and Odell (eds.), pp. 103–17.

Whitehead, A. N. 1933. Adventures of Ideas. Cambridge : Cambridge University Press.

Wild, J. 1958. ' Is There a World of Ordinary Language? ', The Philosophical Review 67 : 460 –76.

Williams, B. 1985. Ethics and the Limits of Philosophy. London : Fontana Press.

    2003. 'Contemporary Philosophy : A Second Look', in N. Bunnin and E. P. Tsui-James (eds.), The Blackwell Companion to Philosophy. Oxford : Blackwell , pp. 23–34.

    2006. Philosophy as a Humanistic Discipline, ed. A. W. Moore. Princeton : Princeton University Press.

Williamson, T. 2007. The Philosophy of Philosophy. Oxford : Blackwell.

Winch, P. 1958. The Idea of a Social Science. London : Routledge.

Wisdom, J. 1953. Philosophy and Psychoanalysis. Oxford : Blackwell.

Wittgenstein, L. 1958. Philosophical Investigations, trans. G. E. M. Anscombe. Oxford : Blackwell.

    1961. Tractatus Logico-philosophicus, trans. D. F. Pears and B. F. McGuiness. London : Routledge and Kegan Paul.

    1967. Zettel, ed. G. E. M. Anscombe and G. H. von Wright, trans. G. E. M. Anscombe. Berkeley : University of California Press.

1968. On Certainty, ed. G. E. M. Anscombe and G. H. von Wright, trans. D. Paul and G. E. M. Anscombe. Oxford : Blackwell.

1979. Wittgenstein's Lectures 1932–35, ed. A. Ambrose. Oxford : Blackwell.

1998. Culture and Value, revised 2nd edn, ed. G. H. von Wright and H. Nyman, trans. P. Winch. Oxford : Blackwell.

Wood, A. 2001. 'Philosophy : Enlightenment Apology, Enlightenment Critique', in Ragland and Heidt (eds.), pp. 96–120.

Yeo, R. 1993. Defining Science : William Whewell, Natural Knowledge and Public Debate in Early Victorian Britain. Cambridge : Cambridge University Press.

Zabala, S. 2007. 'Introduction : Gianni Vattimo and Weak Philosophy', in S. Zabala (ed.), Weakening Philosophy : Essays in Honour of Gianni Vattimo. Montreal : McGill-Queens University Press, pp. 1–34.

Zahavi, D. 2007. 'Subjectivity and Immanence in Michel Henry', in A. Grøn, I. Damgaard and S. Overgaard (eds.), Subjectivity and Transcendence. Tubingen : Mohr Siebeck, pp. 133–47.

An Introduction to Metaphilosophy
Copyright © 2022 Søren Overgaard, Paul Gilbert and Stephen Burwood
Korean Translation Copyright © 2022 by T&H Press

Korean edition is published by arrangement with Cambridge University Press,
through Duran Kim Agency.

이 책의 한국어판 저작권은 듀란킴 저작권 에이전시를 통해
Cambridge University Press와 독점 계약한
(도)생각과 사람들에 있습니다.
저작권법에 의해 한국 내에서 보호를 받는 저작물이므로
무단 전재와 무단 복제를 금합니다.

메타철학이란 무엇인가?
An Introduction to Metaphilosophy

2014년 6월 15일 초판 1쇄
2022년 7월 28일 초판 2쇄

지은이	쇠렌 오버가르드·폴 길버트·스티븐 버우드
옮긴이	김랜시
펴낸이	오준석
교정교열	신동소
디자인	변영지
기획자문	변형규
인쇄	BOOKTORY
펴낸곳	도서출판 생각과 사람들
	경기도 용인시 수지구 신봉2로 72
	전화 031-272-8015 팩스 031-601-8015 이메일 inforead@naver.com

·잘못 만들어진 책은 구입처에서 교환하여 드립니다.
·ISBN 978-89-98739-18-8 13110